浙江省社科规划课题
"中国英语能力等级量表对大学英语学习者思辨能力的反拨效应研究"成果
（20NDJC345YBM）

CSE对大学生思辨能力的
反拨效应研究

徐海艳 著

AN EXPLORATIVE STUDY ON
THE BACKWASH EFFECT OF CSE ON THE COLLEGE
STUDENTS' CRITICAL THINKING ABILITY

ZHEJIANG UNIVERSITY PRESS
浙江大学出版社

前　言

作为一名读者，我更喜欢读前言部分讲述作者写作有感而发的真实心理活动，而非一板一眼没有温度的东西。作为一名老师，比起说教式的教学，我更喜欢讲授能激发学生思考的东西。思考是我们人类的共同特征和需要。我们每天都在思考，以获取知识、分析问题、解决问题、求取成功。但是会思考，善于思考，拥有思路清晰、逻辑缜密的思考能力并非天生就会。如某招生简章写"十天快速掌握全部英语语法"，或某培训机构的广告"十天口语速培实现出国旅游"，这些宣传口号的合理性是值得商榷的。当今这个信息爆炸的时代对我们的思考能力和认知能力提出了更高的要求。是盲目相信还是辨别真伪、判断优劣而后采取行动，取决于思辨思维水平的高低。

"何为思辨"这个问题，很难用一两句话概括清楚。"思辨"在不同历史背景不同学科的发展阶段都有不同的语义解读。随着时间流逝和个人阅历的丰富，对思辨内涵的理解会发生变化。接触到的文献愈多，你会发现思辨能力在哲学、教育学、心理学、医学等各个学科都引起广泛的关注。或许你会疑惑：到底什么是思辨能力，为何不同领域的学者做出的解读角度各异。因此，本书还是有必要理清思辨发展的来龙去脉，做整体把握和理解，而不是单单停留在某个概念上。

"为何思辨"这个问题大家可以在许多文献中找到很多答案，我们不再赘述。国家教育需要培养具有创新能力的人才，而思辨思维是创新能力的重要前提之一。基础教育课标、高考指导方针、大学英语教学指南（2020）都明确提到思辨能力培养的重要性。

"如何思辨"是本书的重点。思辨能力的重要性在当今社会已经不言而喻。在高等教育、职业教育、基础教育中许多教师和学者围绕培育学生的批判性思维已经并且正在积极地贡献自己的智慧。目前有开设专门的课程与基于学科内容开展思辨能力教育两种主流的育人模式，其中后一种，结合学科潜移默化地培养学生思辨能力的方式接受度更广。

中国英语能力等级量表（China Standards of English，简称CSE），是以语言运用为导向，蕴含着对思辨能力的鼓励和发展（刘建达，2019：193），不仅可以为大学阶段的外语教学提供标准，还为基于外语学科协同发展大学生思辨能力提供了教学空间。量表自 2015 年经过三年的充分论证，在 2018 年 6 月由国家教育部发文并开始在全国正式实施。目前最大的问题是，如何运用量表指导我们的英语教学以及如何切实提高教学效果。因此，基于中国英语能力等级量表，我们以实证研究探讨其对大学英语学习者语言能力与思辨能力的影响，是从实践层面对丰富、发展量表的探讨。

我们首先对如何将量表运用于英语学习进行阐释，之后再针对量表所带来的反拨效应做出说明。服务于学习、教学和评估的量表，给我们的语言学习带来许多教学启示。中国英语能力等级量表可以作为中国英语教、学、测的能力框架参照，也可作为英语学习者进行学习自评估的一个工具。本书研究正是基于此，将量表用于学习者自评，以学生在语言学习检测过程中体现出的薄弱项为侧重点实施弥补性教学干预，并于两个实验周期后观察量表对学习者语言能力和思辨能力所产生的反拨效应。本书将量表自评描述语采用行为清单的方式进行学习者语言能力自评，帮助学生科学定位自己的学习能力、语言水平，这一过程就是培养学生运用思辨技巧改进自身学习、提高语言能力的良好开端。基于自评估数据驱动，依据量表对语言理解能力、思维认知过程的层级划分而制定层级性任务，遵循由简入繁、由低到高的思维发展规律，较传统模式更能实现英语教学的精准性，更有利于学习者思辨能力元素的培养和促进。对量表描述语任务进行分析与对比、评价与反思等一系列思辨性思维的过程，是基于量表将语言学习与思辨能力培养相结合的一种努力和尝试。

中国英语能力等级量表提供模块化的能力描述语，分为三段九级的学习者能力层级。本书虽然是以高职学生实施对象，但量表本就是致力于衔接各学段学习者，所以本书基于量表而实施的教学干预研究同样适合高中学生、大学生以及其他学习群体的借鉴。本书的写作过程其实是一个教学相长的过程，写作中我们意识到课堂中受授课时长的限制，思辨能力和语言能力的培养不能形成系统性和持续性。统一的语言能力等级量表，在语言教学中起到"量同衡"的作用（刘建达，2019：03），如果本书基于量表的层级性任务教学方法可以在基础、提高、熟练学段运用，就可以提升我国外语教学的系统性和科学性（刘建达，2019：03），同时有助于增强英语学科中学生思辨思维发展的可持续性，而达到提高外语教学水平的功效。

此外，我们需要对本书做三点说明：第一，思辨性思维也称为"批判性思维"，但因为"批判性思维"容易给人行动上的误导，易于被解读为"批评"，因此我们在本书中统一使用"思辨性思维"，旨在以更理性、辩证性的思维指导我们的学习和工作。第二，"反拨效应"一词专指在教育领域中测试对教学的影响或反作用。将量表应用于教学过程中，必然对师生的语言和思辨能力产生一种自然的推动作用，而教师与学生运用量表指导学习的过程也是对量表的反思、修正和完善，这是一种相互的关系和影响，因此本书采用"反拨效应"一词，取代"影响"这种单向性的作用。第三，研究实施前我们曾组织学生参加外研社自主研发的在线诊学高中版与大学版测试，由于高职院校学生的学情特殊性，没有特别契合的诊断学段，但在线诊断测试给我们的研究带来一些启发，在此特别表示感谢。研究同时得到浙江省教科规划课题"基于 CSE 大规模标准化评估驱动下高职学生思辨能力表征研究"（2020SCG45）、浙江省教育厅国内访问学者教师专业发展项目"CSE 量表评估驱动下中国高校大学生思辨能力增效研究——以复旦高校为例"（2020120）的经费支持。

在产生研究思路并将成果付梓的过程中，我需特别感谢亦师亦友的朋友与同事：浙江大学盛跃东教授、华中科技大学客座教授董毓、台州职业技术学院周仲强教授、沈阳工业大学王亚光教授、上海外国语大学胡加圣教授、华北电力大学张倩副教授，感谢你们以不同的方式一路指导、帮助、鼓舞与陪伴。同样感谢喜欢超越传统智慧、坚持独立思考的学生们，感谢尽职尽责、辛苦校对稿件的编辑。专著编写尚存在不足之处，还请学界同行不吝指教，使中国英语能力等级量表在教学中得到更高层级的升华与更广泛的应用。

徐海艳

目 录

CONTENTS

第一章

绪　论

1.1　研究缘起

语言能力量表（Language Proficiency Scales），又称语言能力标准，是对语言使用者运用某种语言能力的一系列描述。（韩宝成，2006）国外语言能力量表的研究最早可追溯到 1955 年美国制定的 FSI 量表，以及 1979—2001 年在欧、美、加等迅速涌现出 SLPR、ALTE、CEFR 等语言能力量表，其中以 2001 年欧洲委员会的 CEFR，即《欧洲语言共同参考框架》（Common European framework of reference for languages，Council of Europe 2001，简称《欧框》）较具代表性。《欧框》基于莱尔·巴克曼与艾德里安·帕尔默（Lyle Bachman & Adrian Palmer）的交际语言能力模型，提出一种新的理念，即意义的合作式共同构建，（刘建达、彭川，2017）使用多语言能力和策略完成测评任务。（刘建达，2017）《欧框》具有使用用途多元化、适用语境多样性、操作性强、具有发展性与兼容性等特点，（刘建达、彭川，2017）为中国英语能力等级量表的建设提供了参考范式。

然而，CEFR 量表创始环境是外语母语国家，中国英语能力等级量表须立足于中国国情和现状。（刘建达，2017）自 2014 年国务院提出加强外语能力测评体系建设后，汲取欧框量表的优点并根据我国英语教学和评测的实际情况，《中国英语能力等级量表》（China Standard of English，简称 CSE），于 2018 年 6 月正式发布。CSE 量表提出面向运用的理论框架，更加注重对英语实际应用能力的培养。（刘建达，2015）研究通过相关国内外文献的梳理与研读，按照时间维度将 CSE 量表的研究分为三个阶段：（1）国外语言能力量表的引介期；

（陈国华，2002；傅荣，2003；杨惠中、桂世春，2006；王淑花，2008；韩宝成，2016；韩宝成、常海潮，2011；方绪军，2008；蔡基刚，2012 等）（2）中国语言能力量表的研制期；（刘健达，2015；韩宝成，2017；彭川，2017a；朱正才，2016a；郭宝仙，2014；王丽、范劲松，2017；何莲珍，2016；金艳、揭薇，2017 等）（3）中国语言能力量表的应用期。（王巍巍，2017；许艺、穆雷，2018；吴介焜、赵雯，2018 等）CSE 量表研究角度具有多样性，研究范围较广，《量表》的研究已经初具规模。（李玉龙、辜向东，2019）然而，相对于量表引介和前期研制而言，后期量表加以应用的研究相对不足。

量表以"学习者为中心"，尤其鼓励学习者间的合作学习和思辨性思维。（刘建达，2017；王守仁，2018）思辨性思维在我国也可称为批判性思维、评判性思维，在西方广泛使用"Critical Thinking Skills"。Critical 源于古希腊语中的两个词根：critikos（做出眼光敏锐的判断）和 criterion（标准），意为：基于一定的标准做出敏锐有理据的判断。（Paul&Elder，2006：20）实际上，批判性思维并不是直接地去反对什么，它是一种重要的思维技能。美国的约翰·杜威（John Dewey）最早提出 reflective thinking，将其引入教育研究领域，并引起更多研究者的关注。西方国家如美国，将思辨能力写入官方文件（Panel，1991）并认定为高等教育的核心目标（Kuhn，1999）。（陈则航、邹敏等，2018：12）中国《国家中长期教育改革和发展规划纲要（2010—2020 年）》明确指出，要"倡导启发式、探究式、讨论式、参与式教学，帮助学生学会学习"，要"营造独立思考、自由探索、勇于创新的良好环境"。培养英语学习者的思辨能力早已纳入我国教育发展的长期目标。（孙桐、陆路，2019）思考是我们人类的共同特征和需要。我们每天都在思考，以获取知识、分析问题、解决问题、求取成功。但是会思考、善于思考、拥有清晰充足的思考能力并非天生就有。在我们当今这个充满信息的时代，它对我们的思考能力和认知能力提出了更高的要求。是盲目相信还是辨别真伪、判断优劣而后采取行动取决于是否善于带着思辨的视角来思考问题。对于思辨能力的重要性，我们无须赘言。这是所有英语教师的共同责任。

自 2013 年起我们从翻转课堂、阅读课文的选材、CBI 教学法等方面开展了相关的思辨能力研究工作。随着研究的深入与大量文献的研读，我们意识到不少研究者根据自身对思辨能力的认识和理解而设置相应的教学任务和活动。囿于学科局限性或自身局限性，语言思辨教学的进展程度不一。当然对于思辨能力或批判性思维能力的理解至今也没有达成共识，思辨能力本身就是允许思辨相关的教学能够多样性、多元化。我们的困顿主要是指是否有一种媒介或标尺可以为英语教学与思辨能力的融合创设基本的环境土壤，广大教师在其基础上可以精进、深耕。

中国英语能力等级量表的面世为我们的问题打开了一扇窗。面向运用的语言能力量表把语言使用作为描述方向，主要描述不同能力水平的语言学习者和使用者的典型语言行为。（刘建达、韩宝成，2017：78）在描述不同等级的语言行为表现的同时，量表注重衡量学习者的思辨能力，各项描述语体现了思辨能力认知技能及思维标准。（黄建敏、魏周，2020：64）如量表的阅读理解能力分量表区分 3 个层级的阅读认知过程：识别与提取书面信息的能力、概括与分析书面信息的能力、批判与评价书面信息的能力。（刘建达，2019：107）思维能力层级的提升源于本杰明·布鲁姆（Benjamin Bloom）修订模型从低至高对每一能力层级的描述，从记忆、理解、应用到分析、评价、创造的思维发展过程。（杨莉芳，2018）量表的描述语具体指标蕴含着大量显性与隐性的思辨元素，为英语能力发展和思辨培养提供了极强的可操作性空间。中国英语能力等级量表依据交际语言能力框架理论，在整体上描述语言交际需要的语言能力，并从听力理解、阅读理解、口头表达、书面表达、组构能力、语用能力、口译能力、笔译能力（口译与笔译分别对 6 级和 5 级学习者才有相应要求）8 个分项做出描述。那么我们的研究需要以哪些分项能力为载体，才能更好地观测学习者语言学习过程中的语言行为与思辨能力表现呢？

在阐释二语习得的机理方面，心理学家列弗·维果茨基（Lev Vygotsky）（1962）提出，互动是各类学习的源头。迈克尔·朗（Michael Long）（1983）提出了二语学习的互动假说。（王初明，2014：44）斯蒂芬·克拉申（Stephen Krashen）（1981，1985，1989）的输入假设认为，可理解性语言输入是语言习得发生的重要条件，且以输入的语言材料略高于学习者的现有语言水平为最佳。而输出假设在承认语言输入必要性的基础上提出可理解语言输出同样是语言习得发生的重要前提。（徐浩、高彩凤，2007：14）语言的输入与输出始终是语言习得的核心要素。听说读写的学习互动中,听与读属于语言输入活动,说和写属于输出性学习活动。其中读写结合是较为常见的结合模式。董亚芬(2003)在《我国英语教学应始终以读写为本》一文中,专门论述了读写的重要性。王初明(2014、2015、2016、2017、2018)专门论述读写结合的促学机理。因此,以上述理论为基础基于中国英语能力量表阅读理解能力分量表,实施读写结合的层级性任务教学干预,研究的创新点主要体现在以下三方面:

第一,书面阅读采用先诊断后教学,基于量表描述语评估学生阅读学习形成诊断数据,较传统阅读教学更有针对性。传统阅读教学一般采用终结性考评方式评估学生阅读能力是否得到提高,存在的问题是教学未对学生的语言能力形成强有力的针对性。研究基于书面阅读理解能力量表的描述语对学生进行诊断,38条描述语按照学生自评估数据分类排序,以文本类型为切分点筛选并确定学生在不同文本维度的阅读强弱项表现。本书依据诊断测评促学的理念和方法处理测试与阅读教学的关系,并充分利用诊测的反馈信息开展阅读补救教学,是一种有益的实证探索。

第二,书面阅读任务从布鲁姆教育目标学与任务型教学为学理依据,体现思维认知过程的层级性,既检测学生了解和掌握文章表层语言信息的能力,也训练学生运用思辨思维的认知技能和态度进行文本阅读与意义建构的能力,即识别与提取书面信息的能力、概括与分析书面信息的能力、批判和评价书面信息的能力、创造性理解书面信息的能力。具体体现为:(1)列举类任务、记忆类任务——主要培养阅读中学生运用阐释认知技能识别和提取书面信息的能力;(2)排序与分类、比较类任务、概括类任务、预测类任务——主要培养学生运用思辨阐释、分析认知技能概括与分析文本并做出预测和推断的能力(尤其以学生薄弱项:比较主次情节为重点);(3)解决难题类任务、交流个人经历——主要培养学生运用阐释、分析、推断和评价等综合思辨认知技能提高学生对阅读文本进行批判、评价的能力(尤其以学生薄弱项:评价反思为重点);(4)同题再写任务——阅读后紧跟同题再写,是一种对阅读、写作、思维三者产生积极促进作用的促学形式。有无英语输入的协同对英语的学习和使用有显著影响。阅读英语之后续写能够抑制母语汉语迁移,阻止汉语语境知识补缺,英语写得更地道,犯错率也更低。(王初明,2012:5)

第三，思辨思维有助于学习者对阅读文本进行创造性的理解与意义建构，并促进语言输出过程中学习迁移与创造行为的发生。传统的写作教学往往倾向于纠错，以提高学生的语言输入与输出质量。而随着认知的深入，我们发现创造条件激发学生的学习潜能是首要前提。（牛瑞英、郑小湘，1999）在本书中，考虑到基于量表的阅读活动是含有学生对原文本信息的评价和思考，那么评价和思考后所产生的差异或不同看法将如何呈现？如果是简单回答问题的形式就失去了思辨性阅读的意义。因此这里有一个很大的思维空间，连接阅读与写作。紧跟阅读之后进行写作，协同效应马上显现，这正是外语教学所追求的学习效应。（王初明，2012：5）在读写结合的活动中，王初明认为读物的选取将直接影响学习者的续写表现。（王初明，2012）我们认为读物好与坏，师生之间存在差异，生生之间存在差异，很难形成统一标准。而在我们的研究中，我们发现书面阅读理解能力量表鼓励思辨性阅读与写作，可有效避免读物选取的误区。基于阅读分量表描述语指标而形成的层级性任务将读与写作为整体教学，最大限度地保障良性学习效益的发生，对阅读、写作与思辨思维具有独特的促学魅力。从整体任务设计而言，阅读任务和思辨运用也是兼具梯度性。阅读理解和思维技能的侧重点在不同类型的语言材料中根据学生的薄弱点侧重点有所不同。

因此，出于上述原因和理据，我们于 2019—2020 年以阅读理解能力分量表为例，开展为期两个学期的历时研究，以探究 CSE 阅读分量表对大学生思辨能力所产生的变化以及由思辨变化而触发的语言能力的变化。

1.2　研究意义

第一，从理论层面而言，我们的研究在一定程度上有利于深化 CSE 量表对大学英语教学的普适价值。CSE 量表，是中国英语教、学、测的标杆，在分析《欧框》优缺点，总结已有量表经验的基础上，量表在描述性和规定性、描述框架、描述语收集、描述语质量、描述语分级验证（刘建达，2017）等方面最大限度地确保了我国英语能力等级量表的科学性。习惯于遵循英语教学指南开展教学与学习活动、安排教学和学习任务的外语教师、外语学习者与相关研究者，对量表表现出极大的关注。因此当前环境下，厘清量表与大学英语教学的关系和学理理据极其重要。本书抛砖引玉，以书面阅读理解能力分量表为例，助推听力理解能力、书面表达能力等其他分量表研究的进一步发展，助力 CSE 量表整体上对大学英语教学的重要价值。

第二，从实践层面而言，我们的研究有利于为量表的使用者、相关利益群体提供及时有益的实证反馈信息。CSE 量表从听力能力、阅读能力、语用能力、策略等多重维度对我国英语学习、教学、测评可能会产生什么影响，或者说量表对我国英语学习、教学、测评有何启示，这些问题都需大量的理论和实证研究。（刘建达，2019：7）研究中我们选取阅读理解能力量表维度，从实践层面验证 CSE 量表对大学生的语言学习所产生的指导价值。具体而言，量表是以学习者为中心的英语学习，可以用于学习者英语能力的自我评估，英语学习目标的确立、学习方法的运用，在理论层面具有科学的指导意义。而在实际执行过程中，学生用于自我评估的信度和效度如何，或是学生执行过程中所遇到的问题又有哪些？量表对大学英语教学的设定也有启发作用，如量表是基于语言应用的，它描述不同级别上的语言活动，对教学内容活动以及活动的安排有参考作用。（刘建达，2019）那么实际应用过程中，又存在哪些问题？基于 CSE 量表"面向应用的教学新理念"，我们优化了英语学习目标与要求，重设了学习内容与任务、检测手段等一系列教学干预，从实践教学层面与量表进行了对接，所产生的实验发现与思考，为更多外语教学人员与学习者的实证研究提供参考和借鉴。

第三，量表克服了《欧框》不考虑学习者认知能力的缺陷，（North，2014）通过描述语体现学习者的认知能力，强调语言学习和教学应包括认知能力培养和发展，（刘建达，2019：9）有利于形成协同发展学生语言能力和思辨能力的新格局。量表采用的描述语基于本杰明·布鲁姆教育目标分类学修订模型，即知识维度包含事实性知识、概念性知识、程序性知识、元认知知识，认知维度包含记忆、理解、应用、分析、评价、创造六个层次而设定，且描述语认知动词依据认知思维特点区分描述语级别。由此，基于量表阅读分量表，依据不同层级的认知能力描述语而设置的教学活动呈现层级性，即关注学生阅读认知较低层次（记忆、理解、应用）的同时，也注重培养较高认知能力（分析、评价、创造）。CSE 量表阅读分量表用于指导中国大学生进行英语学习评估，规划与调整学习活动，审视与反思自身学习过程中蕴含的大量隐性与显性的思辨元素。微观教学单元操作层面，在阅读材料的处理中做到对学生认知思维的推动循序渐进，符合学生阅读认知特征；从宏观维度，CSE 量表三段九级的描述语清晰翔实地反映了不同等级能力的典型特征，促进各学段英语教学的衔接，（刘建达，2019：8）也为各阶段语言教学中思辨思维的可持续性发展提供了土壤。这一学习过程既是语言知识与语言技能整合发展的过程，也是思维品质不断提升、文化意识不断增强、学习能力不断提高的过程。（梅德明，王蔷，2018；刘建达，2019：8）

1.3　研究框架与内容

本书基本框架如下。

第一章主要介绍本书的写作源起，尤其是分析目前中国英语能力等级量表的研究态势与研究空间，阐明研究的缘起、研究意义与研究框架。

第二章为文献综述，梳理国内外学者对思辨能力的概念界定与理论模型的相关研究，分析其优缺点。基于前人研究基础与自身研究所需，界定本书的思辨理论框架和思辨分项，厘清中国英语能力等级量表与思辨能力元素的辩证关系。

第三章为研究设计介绍。主要介绍研究背景、研究对象、研究内容、研究工具和研究方法与步骤。其中，研究背景主要阐述课程目标与量表的对接与整合；研究方法与步骤为本书的前导性研究，重点阐述如何通过阅读理解能力和思辨能力评估与诊断发现问题、分析问题，进而在教学目标，教学内容、教学方法等方面对接量表，实施教学干预与学习者学习干预。

第四章为研究实施章节。详细阐述了教师如何通过量表指导、检测、调整自身的教学目标、教学任务、教学过程，学习者如何通过使用量表指导、检测、调整自身学习目标、学习内容等学习活动。具体而言，在学生自评数据驱动下，以布鲁姆认知教育目标分类学与任务型教学法为任务设置依据，从四个书面文本维度，展开阅读理解能力"信息识别与提取、概括与分析、批判与评价"三层级的阅读认知任务；在充分论证阅读与写作结合促学机理和实证研究的基础上，紧随三层级阅读理解任务我们设定了第四层级创造性阅读，即"同题再写"学习任务，重点说明如何将四级量表书面表达能力与四级书面理解能力相融合，如何从理解阅读文本传达的信息过渡到通过英语写作产出，表达和交流思想的过程，并详细阐释学生基于四种文本的写作特征与写作文本表现。学习干预主要是学习者以档案袋为载体，在学习目标制订、学习内容与学习方法的选择与优化三个关键点，对自身学习进行调控、管理而实施的自主学习活动。

第五章为数据分析与讨论章节。着重汇报基于 CSE 阅读理解能力分量表读写结合的层次性整体教学干预下，学生思辨能力与语言能力的具体表现。第一部分具体说明调查问卷回收、数据评判标准与评判过程等细节。第二部分具体对学生思辨能力与语言能力，整体与分项变化进行汇报，并对影响因素与影响机理进行了深入的讨论和分析。

第六章为研究结论与反思。首先综述研究中挖掘与发现的隐性思辨元素：隐性的学习活动对学习者思辨技能与气质有多方面的促进作用，较为一致地体现在运用量表描述语进行自我诊断与评估的意识和方法、学习目标的设立与学习过程的自我调节，资源的检索与评判。其次，阐述实证研究中学习者思辨能力与语言能力变化相关的显性特征与表现。最后，阐述研究对教学带来的启示与不足，并对下一步如何对接量表进行更多的教学实践进行展望。

第二章

文献综述

本章中，我们首先梳理思辨能力在哲学、心理学等学科的发展，介绍领域内代表性学者所给出的概念界定。其次，阐述国内外较具代表性的相关思辨理论模型，使读者了解"何为思辨""为何思辨"并消除某些认识歧义；基于前人研究基础，提出本书研究所需的思辨能力框架与分项界定。最后，阐述基于中国英语能力等级量表阅读分量表的读写结合整体任务与思辨能力的辩证关系。

2.1 思辨能力概念界定

"何为思辨"这个问题是一个特别复杂、难以用一言一语完成的概念。就像其他语义丰富的名词概念有多种定义一样，"思辨能力"在不同的学科、不同的历史阶段有不同的概念界定。在某种程度上我们从事外语教学的人员可以结合不同课程类型，围绕自身对于概念的理解将其渗入学科进行潜移默化的训练。接触到更多的文献，你会发现思辨思维作为人类独立的思维形态在哲学、教育学、心理学、医学等各个学科皆引起广泛的关注。或许你会疑惑：到底什么是思辨能力？为何不同领域的学者所做出的解读各有不同？因此，我们还是有必要从思辨思维发展的来龙去脉中做整体把握和理解，而不是单单停留在单个的概念上。

2.1.1 哲学形态的思辨含义

思辨能力首先起源于西方哲学文化背景，而后在心理学、教育学方面得到发展和深化。因此，本书循着这条脉络，简明扼要地介绍哲学领域内具有代表性的定义。西方哲学家关于思辨能力的问题上，并没有正式提出"思辨能力"

这一术语，他们的思想论述是思辨能力的初级形态。罗清旭（2002）对与思辨思维性质的界定有较紧密关系的相关研究进行了分析，并将其归纳为"巴门尼德否定形态—苏格拉底对话形态—培根适当拒绝形态—康德普遍怀疑形态—笛卡尔批判形态—黑格尔反思形态—实践形态"的发展过程。虽然这些代表性哲学家的思想和论述在概念上并没有形成统一，但是我们沿着罗清旭所归纳的脉络可以发现，无论是从思维的"认知形态"发展为思维的"实践形态"，还是从"个体的思维发展"到对"社会的影响和促进"都离不开"辩证的探究"。

多数文献普遍认为思辨思维最早可追溯至 2500 年前的古希腊哲学家苏格拉底（Socrates）的 Probing Questioning，即一种探究性质疑（约公元前 469—约前 399）。目前，"苏格拉底法"常用于教学研究。理查德·保罗与琳达·埃尔德（Richard Paul & Linda Elder，1997）通过文献研究，认为"思辨思维的最早源于苏格拉底的教学实践"。（罗清旭，2002：13）

苏格拉底的教学实践亦称为"苏格拉底方法"或"苏格拉底诘问"。正如苏格拉底所言："我教不了别人任何东西，我只能促使他们思考。"苏格拉底很少进行大段的论述，"苏格拉底方法"主要基于日常语境展开对话，并引导谈话者进行自我反思，产生新知。通过归纳的逻辑思维方法，产出新的观念。"苏格拉底诘说"本质是通过对常规理念的质疑与辨析，着重思维的明晰性与相关性。（武宏志，2014：10）它通过归纳寻求概念的含义，形成普遍概念，使人们的思维从"不清晰"到"清晰"，从"非理性"到"理性"，从"暗藏"到"明确"，从"没有经过检验"到"检验"，从"不一致"到"一致"，皆是苏格拉底问答法的典型特点。（罗清旭，2002：16）

2.1.2 心理学领域的思辨含义与发展

思辨思维在心理学上的研究，从 1910 年至 2000 年经历了 4 个时期。我们将对思辨思维在不同阶段的发展逐一进行阐释。

（1）1910—1939 年，**初级萌芽阶段**：在这段时间，思辨能力在心理学领域研究文献不是很充分。思辨研究主要以约翰·杜威为代表人物。（罗清旭，2002：24）20 世纪初，被誉为"现代思维能力运动"之父的杜威在《我们怎样思维》一书中提出 "reflective thinking"（反思性思维，旧译反省思维）并系统地论述过思辨思维问题。约翰·杜威在该书中指出："反思性思维是对个人的思想行为等方面进行持续性的反省与思考。思维的反思过程为："寻求问题所在，综合平衡并主动地进行实践的检验。"（杜威，王承绪，译，1990）杜威比起苏格拉底的"探究性质疑辨析证据"来说，他把"反省思维"等同于"科学的方法"，将它看作是一个解决问题的过程，全面地概述了"反思性思维"的思维过程，初步区分了反省思维与形式逻辑和语言之间的关系，把概念、分析、综合、判断、理解、推理、假设、检验作为反省思维的基本要素。（罗清旭，2002：24）反省思维研究是一种系统框架，无疑是思辨思维发展的标志性一步。

（2）1940—1960 年，**逐步发展阶段：**思辨思维（critical thinking）作为专门的术语开始独立出现在历史的舞台上。格拉泽·爱德华（Glaser Edward）在1940 年出版的《批判性思维发展实验研究》一书中较早提出 "critical thinking" 的概念，他认为："思辨思维是态度、知识和技能的综合体，一个思辨思维者必须有质疑的态度、阐明引起深思问题的知识以及分析、综合和评价结果的认知能力。"（黄芳，2013）格拉泽·爱德华提出包括知识成分在内的要素，这使思辨思维在教育领域得以应用与发展。

这一时期的突出变化表现为：一是思辨思维术语正式提出，其意义得到了更宽泛的拓展。相对于约翰·杜威的"反省思维"，思辨能力构成要素有了更清晰的分类。二是思辨思维的思考过程更为明晰、具体、有据可依。

（3）1961—1980 年，**进一步发展阶段：**在这一阶段的 20 年里，思辨能力的研究有了进一步的发展。思辨能力研究发展为两条路线：一是受让·皮亚杰（Jean Piaget）儿童心理学和认知发展理论的影响，用认知发展阶段的方式研究思辨思维成为心理学领域中一道亮丽的风景线；二是思辨思维的技能理论研究初露锋芒。（罗清旭，2002：26）

美国思辨思维运动的开拓者罗伯特·恩尼斯（Robert Ennis）于 1962 年在《思辨思维的概念》中，进行了深入分析与说明。在罗伯特·恩尼斯早期理论中，他的思辨能力主要指"以形式逻辑能力"为主的一系列技能。但是这一论断，受到其他研究人员的批判，因此我们对其概念不做详细阐述。然而，毋庸置疑，"思辨思维"概念的提出堪称是思辨能力发展史上的里程碑。

（4）1981—2000 年，**初步繁荣到盛世阶段：**在这一时期，思辨能力的研究由初步繁荣走向盛世，思辨研究的相关成果显著增加，专门研究进一步分化和深入。思辨思维技能研究在这段时期的研究中仍然继续占据主体地位，但较早期过渡阶段强调思辨技能而言，学者们越来越关注思辨者的"态度"和"习性"。此外，受到信息加工学派的影响，思辨能力的研究中加入了"反省认知"（或称为元认知）的概念，强调思维的"自我调节"和"修正"。

耗时两年，运用 Delphi 方法进行研究，1990 年彼得·范西昂（Peter Facione）向美国哲学协会预科哲学委员会提交了一份 46 位心理学家、教育研究者及哲学家的共识声明，他们一致认为思辨思维的特点是："一种有目的的、自我调节的判断，通过这种判断得到针对它所依据的那些证据性、观念性、方法性、标准性或情境性思考的阐释、分析、评估、推导以及解释……"报告指明了这种一般性定义的判断所需的核心技能和子技能，同时列出了"理想的批判性思维者"应具有的心智习惯（mental habits，如寻找真相、开放思维、具有分析能力和系统化能力、具有自信心和好奇心）。（戴维·希契柯克，2012）

1991 年，罗伯特·恩尼斯对思辨思维所作的表述为："思辨思维是为决定相信什么或做什么而进行的合理的、反省的一种思维"，并且思辨思维分为认知技能和情感意向两个维度。

1992 年，理查德·保罗将元认知引入思维能力研究，并给出下面定义："就是通过一定的标准评价思维，进而改善思维。思辨思维是积极地、熟练地解析、应用、分析、综合、评估支配信念和行为的那些信息的过程。这些信息通过观察、实验、反省、推理或沟通收集或产生。"（黄芳，2013）

从上述描述，我们可以发现，三位代表人物在各自所给出的定义中都强调了"元认知思维"。罗清旭认为，领域内学者所作出的定义边界不清晰，"决定相信什么和做什么"涉及面太宽，没有说明思辨思维和解决问题的联系和区别。（罗清旭，2001：39）

2.1.3　思辨概念在国内的初始与发展

国内思辨能力的研究始于 20 世纪 80 年代，初期阶段主要是对国外理论的引介，以阐述创造力和思辨或思维的关系为主。直至 1991 年，思辨思维逐渐引起国内学者的关注。相似于国外的发展曲线，初期思辨思维主要在哲学、心理学、医学、教育学等学科中大量应用并呈现井喷态势。下面我们就代表性人物所做的概念进行介绍。

朱智贤、林崇德（2002）认为：思辨思维是指对客观对象进行缜密分析与思考所具备的态度和意识，是思维过程中对事物分析与评判性思考的深度。

谷振诣（2007）认为：从宏观而言，思辨思维没有学科边界，有助于提高人们对事物的辨识能力。从微观而言，思辨思维就是做出理性的思考与决策的思维能力。而其中，能够提出问题，能提出合理的问题，做出严谨的推理是重中之重。

董毓（2010）对理查德·保罗的定义进行了个人的解读，他认为思辨思维，就是根据理智标准，对认识和实践中的思考、推理和论证进行多方面、反思性的探究、分析、评价并做出决策的一系列思维活动。

2.2　思辨能力多维理论模型

本节主要阐述国内外思辨思维理论框架，从国外罗伯特·恩尼斯单维结构模型、"特尔斐"项目组（1990）双维结构模型、理查德·保罗三元结构模型到国内层级结构模型与鱼骨图，并基于上述理论基础，构建适合本书研究所需的思辨能力框架体系。

2.2.1　单维结构模型

前面章节中，我们曾对罗伯特·恩尼斯所给定的思辨概念做过阐述。本章节中我们将对其单维结构模型做详细说明。作为思辨思维研究领域的活跃分子，在其早期理论中，罗伯特·恩尼斯把思辨技能定义为"以逻辑推理为主"的技能，并最早识别出 6 种思辨思维技能。罗伯特·恩尼斯用 FRISCO 表达了他的六要素模式：聚焦核心、辨别理由、评估推理、联系语境、话语明确与自我反思。20世纪 90 年代，罗伯特·恩尼斯将思辨倾向也包括在其理论框架中。在思辨思维倾向方面，罗伯特·恩尼斯认为一名合格的思辨思维者应具备以下特点：（1）坚定信念，具备自信心；（2）诚实、开放；（3）尊重他人。（罗清旭，2001：38）尽管罗伯特·恩尼斯后期把思维倾向纳入其理论框架，但其认识重点仍然放在

"思维技能"上，因此我们在这里仍将其理论模型称为"单维结构模型"。

2.2.2 双维结构模型

从 1988 年 2 月到 1989 年 12 月，以彼得·范西昂为代表的"德尔斐"项目组提出"双维结构模型"，将思辨能力分为两个维度，即认知技能维度和情感特质维度。其中，思辨思维的认知技能指以"形式逻辑"为主的一系列技能，包括阐释、分析、评价、推理、解释和自我调节 6 个分项技能。思辨思维的情感特质是一种精神气质，指"个体能主动应用思辨思维的态度和思维习惯"等，包括探索真理、思想开放、分析性、系统性、公正性、自信心和好奇性七个维度。（Facione，1990）见表 2-1。

表 2-1 双维结构模型

认知能力（cognitive skills）						情感特质 （affective dispositions）
阐释 （interpretation）	分析 （analysis）	评价 （evaluation）	推理 （inference）	解释 （explanation）	自我调节 （self-regulation）	
归类 理解意义 澄清意思	分析看法 找出论据 分析论证 过程	评价观点 评价论据	质疑证据 说明方法 得出结论	陈述结果 说明方法 得出论据	自我评估 自我纠正	好奇、自信、开朗、 灵活、公正、诚实、 谨慎、好学、善解人 意等

彼得·范西昂的理论认为思辨思维是一种实践取向的曲线型思维。个体既可以将思辨思维应用于自身的学习、工作和生活，也可将之应用于交流的主体之间。一名合格的思辨思维者需对自身的认知进行分析、比较、评估与全面的审视。（罗清旭，2001：45）

2.2.3 三元结构模型

美国哲学家和教育学家理查德·保罗与琳达·埃尔德（2006：15-18）提出"三元结构模型"，他们认为任何思维活动都包括思维元素、标准和智力特征（见表 2-2）。思维元素是指目的、视角、概念、问题、信息、预设、推理、结果与启示。思辨者可以运用 10 条思维标准对他人以及自己的思维活动进行评价或监控，并且基于此种标准的思维评价活动的思考随着思维能力的发展而逐步发展谦虚、自主、正义、勇气等思维特征。

表 2-2　三元结构模型

标准（The standards）	
清晰性	精确性
准确性	重要性
相关性	完整性
逻辑性	理据性
广度	深度
元素（The elements）	
目的	假设
问题	视角
信息	推理
概念	启示
智力特征（The intellectual traits）	
谦虚	坚持不懈
独立	自信
正直	富有同情心
勇敢	公正无私

必须应用

必须逐步发展

2.2.4　层级结构模型

在国内，学者林崇德（2006）较早提出三棱结构模型，他认为思辨思维应包括思维目的、思维过程、思维材料、思维自我控制、思维品质、思维中的认知与非认知因素。然而这六种因素与理查德·保罗、琳达·埃尔德提出的"三元结构"模型有较多相似之处。（文秋芳，2012：3）文秋芳在借鉴双维模型、三元模型与三棱模型的基础上提出了层级模型。见表 2-3。（文秋芳，2008）

表 2-3　思辨能力层级理论模型

元思辨能力（自我调控能力）——第一层次		
思辨能力——第二层次		
认知		情感
技能	标准	好奇（好疑、好问、好学） 开放（容忍、尊重不同意见、乐于修正自己的不当观点） 自信（相信自己的判断能力、敢于挑战权威） 正直（追求真理、主张正义） 坚毅（有决心、毅力、不轻易放弃）
分析（归类、识别、比较、澄清、区分、阐释等） 推理（质疑、假设、推论、阐述、论证等） 评价（评判预设、假定、论点、论据、结论等）	精晰性（清晰、精确） 相关性（切题、详略得当、主次分明） 逻辑性（条理清楚、说理有根有据） 深刻性（有广度与深度） 灵活性（快速变化角度、娴熟自如地交替使用不同思辨技能）	

该模型的特点主要体现在：

（1）层级结构模型将思辨能力细化为元思辨能力和思辨能力两个思维层次。第一层次元思辨能力是指对自己的思维活动进行自我调控与自我认知。第二层级包括思辨认知技能和思维标准和思辨情感品质。两者属于上下层级关系。（2）层级结构模型将思辨技能整合为三个技能大类，即分析技能、推理技能和评价技能。基于双维模型的框架将双维结构模型的阐释认知技能（原分技能为：归类、理解意义和澄清意思）归并为分析认知技能，将解释认知技能（原分技能为：陈述结构、说明方法和得出论据）归并为评价认知技能。（3）层级结构模型将双维结构模型所提出的思辨情感品质简化为五类，并融入相关的认知标准：精晰性、相关性、逻辑性、深刻性和灵活性。

2.2.5 鱼骨图

国内学者董毓老师在其专著《批判性思维原理和方法》一书中对思辨思维工作的主要任务和步骤进行了专门论述，俗称"鱼骨图"。

董毓老师没有专门给这类图一个特殊名字，他认为罗伯特·恩尼斯和戴维·希契科克（David Hitchcock）也只是以思维图来指称这类图，讨论时他用"恩尼斯提出的思维图"等来指称它们。在国内的批判性思维教学中，这类图俗称为"鱼骨图"。

理论上，它渊源于罗伯特·恩尼斯和戴维·希契科克（特别是他后期）的思维图（见批判性思维和创新教育公号上期推送到的"批判性思维教育理念"一文）。实践上，它几乎一一对应于美国 GRE 考试的官方文件中提出的那些提示性的问题：议题（问题）、概念、证据、推理、假设、反驳和对反驳的考察（《批判性思维原理和方法》第51—52页说明了这一点）。所以这个思维图全面包括了目前美国推行的思辨思维的实际要求和内容。

这个鱼骨图展现的是"探究实证"过程的具体步骤。探究实证，是思辨思维开放理性精神的实现。探究实证就是从提出和分析问题开始，通过全面搜寻证据、信息，进行仔细的分析和推理，通过辩证（正反正）对话，最后得出得到"好论证"支持的综合平衡的判断。

2.3 思辨能力共性特征分析

虽然不同流派、不同时期的学者对思辨能力的概念界定存在诸多差异性，如苏格拉底、约翰·杜威、格拉泽·爱德华等人认为思辨思维只是评估已经存在的理智成果，如假说、语句和论证等；（戴维·希契柯克，2012）以马克思为代表的社会批判理论则将思辨范围从已存在的认知范畴拓展到社会实践，并随实践的发展而发展；格奥尔格·黑格尔（Georg Hegel）、罗伯特·恩尼斯、理查德·保罗等人则认为思辨思维不单局限在评估层面，反思性思维是创造的起点，促使主体认知不断发展而趋于完整；格拉泽·爱德华、罗伯特·恩尼斯早期的研究更注重思辨认知技能，而理查德·保罗更强调思辨情感态度。虽然具有普遍意义的整体概念描述难以形成一致，但从上述思辨能力概念与理论模型的梳理中，我们可以归纳出思辨思维所存在的共性。

1.思辨思维的构成要素

随着思辨思维研究的发展和深入，国内外学者在其构成要素上基本达成共识：思辨能力分为思辨认知技能和思辨情感态度或习性。关于思辨思维的技能，格拉泽·爱德华、罗伯特·恩尼斯、彼得·范西昂、林崇德、文秋芳、董毓等学者均作出过阐释。其中恩尼斯和范西昂所给定的概念界定的相对使用更广泛，罗伯特·恩尼斯、彼得·范西昂发展了最为完整的关于思辨思维技能的观念。（戴维·希契柯克，2012）尽管有所不同，但他们所列出的思辨思维的技能要素有以下共同点：（1）澄清意义；（2）分析论证；（3）评估证据；（4）判断推导是否合理；（5）得出可靠的结论。

此外，格拉泽·爱德华、罗伯特·恩尼斯和彼得·范西昂发展了最为完整的关于思辨思维者的习性和态度要素的观念。（戴维·希契柯克，2012）他们列出的思辨思维习性和态度的特征中有以下共同点：（1）开朗；（2）正直；（3）坚持不懈；（4）好学；（5）换位思考；（6）自信；（7）灵活、谦虚。

罗伯特·恩尼斯、彼得·范西昂两人均认同思辨思维不仅仅是一种评估的工具，也是发展和创造知识的过程，包含思辨认知技能和思辨情感习性两个方面。关于思辨认知技能，罗伯特·恩尼斯按照思维认知过程列出12个方面，彼得·范西昂则按照思辨类型划分6项核心技能。这些核心技能不是一种特别的思维技能或方式，而是各种"高阶思维技能"或者"解决问题的技能"的总称。

2. 评估规范和标准

思辨思维在分析和评估问题的解决方法等情况时，需要使用一些理智的标准，这些标准成为判断一个方案是否可行或可行度有多高的指导原则。比如，什么样的方案对相应的问题而言是好的方法，什么样的提议是合理的，这些很大程度上取决于评估规范，是衡量思辨思维技能或态度的基本依据。国外学者罗伯特·恩尼斯、理查德·保罗与琳达·埃尔德和国内学者文秋芳提出了理智或认识的标准。理查德·保罗与琳达·埃尔德列出 10 条标准区衡量和检验思维的元素。文秋芳认为 10 条标准过于繁杂，在上述基础上将其精练为 5 条思维检测标准。无论是繁杂抑或是精练的思维检测标准，在辨析问题时需学会运用这些理智标准指导自身思维工作的任务与思维过程，从而提高自身的思辨品质。

3. 思辨思维的过程

明确思辨思维技能和态度，理解相应的理智规范和标准，仍然不能确保能很好地运用这些要素辩证地思考某个问题、假设或实例。我们需要一些关键要目来解释思维的运行过程。换言之，需要一个框架来揭示和查验我们的思维过程。

戴维·希契科克用首字母缩写词 OMISTOG 总结了一个七要素模式：（1）识别论点或问题（overview）；（2）理解意义（meaning）；（3）分析论证过程（structure）；（4）审查论据（inference）；（5）评价论据（truth）；（6）给予替代性论据（other）；（7）评价、定级（grade）。戴维·希契科克提炼了思维过程的七个要素，并将其描述为解决问题的一种形式。

美国斯蒂芬·布鲁克菲尔德（Stephen Brookfield）认为思辨过程由四个步骤组成：（1）识别主要观点或问题；（2）分析论证过程；（3）评估论点与论据；（4）反思与决策。

董毓利用批判性思维鱼骨图概括了 8 个任务来描述思辨思维的思考过程：（1）理解主题问题；（2）分析论证结构；（3）澄清观念意义；（4）审查理由质量；（5）评价推理关系；（6）挖掘隐含假设；（7）考察替代的论证；（8）综合组织论证。

在这里我们必须认识到以上学者所概括的思维要目的先后顺序并不是固定不变的，它们可以变动、交替和重复。虽然各位学者所提出的思维图在具体细节上存在差异，但是我们仍然能在其所描述的思维任务过程中找到思辨思维要素的共性所在。我们将三位学者所归纳的思辨要素进行对比分析，其共性特征一目了然。思辨共性特征以表格的形式进行了简单的对应。见表 2-4。

表 2-4　批判性思维过程比较

戴维·希契科克	斯蒂芬·布鲁克菲尔德	董毓
1. 分析文章形成观点	辨识假设	理解主题问题
2. 澄清意义、描述论证结构		分析论证结构、澄清观念意义
3. 检查推理	查验假设	审查理由
4. 评估论据		评价推理关系
5. 考虑其他相关证据	多角度审视	挖掘隐含假设、考虑替代
6. 给段落评级	采取理智行动	综合组织论证

另外，为探究董毓老师所提出的"思维论证鱼骨图"与德尔菲项目组所提出的"二维结构模型"是否存在共性，笔者专门详询了董毓老师，在我们的信件往来中，董老师给出了下面所述说明："虽然鱼骨图更是按照罗伯特·恩尼斯的流程方式列出，但鱼骨图中的 8 个方面是好论证的 8 个任务或 8 个步骤，在探究实证过程中，这八大任务不计次序和次数，最终是完成既有论证的评估和新论证的构建。八大任务中，每个任务对应一种或几种彼得·范西昂提出的核心技能，如审查理由质量对应'分析'和'评估'，评价推理关系对应'推理'和'评估'。八大任务的实施过程中包含了范西昂的 6 大核心技能。提出的是批判性思维要进行的工作，以此保证思维的全面性和严密性，所以我们在鱼骨图看到列的是技能和任务，没有明确列出精神习性的方面。在每一步骤上，各自有对应的不同的习性。比如在第一步，体现的是好奇心、主动性、质疑、提出问题和分析问题的意识，在澄清观念意义步骤上，体现的是清晰、具体和细致的思维习性；在推理的步骤上，体现的是谨慎、讲究基本逻辑规律、有条理和实践性的习性，在隐含假设和辩证综合的步骤上，背后反映的习性是深入性、全面性和综合性。"

当然这种简单的对照不能全面科学地再现其理论思想，笔者所做的工作仅仅是想说明在思辨思维发展的长河中，虽然不同领域、不同国别的学者都对思辨思维做出了不同的阐释和界定，我们仍能发现思辨思维最根本、最本质的思想。我们认为它是一种重要的思维，且需要具备一定的技能和意识才能帮助我们更好地分析问题和解决问题。

我们认为"思辨能力"较"批判性思维"的中译名更为合理，前者更多强调辩证性的思考，在很大程度上避免认知误导。如今涌现了很多新名词，如"水课""低头族""网络喷子"等等。大学生生动、活泼、独立、思想鲜活，但为什么很多现实教学下出现了低头族、睡觉族，还被称为一种网络流行的常态，种种问题和表现表明我们对思辨思维的价值和认识还不够清晰，不够深刻。它教给我们要审时度势，依据标准对事物去做更合理的判断，是一种重要的思维技能和意识。它能够帮助我们冲破盲从、真正地独立思考，它是生产知识的能力和方法，也是学术传统的精髓和规范，它可以被称为发散和汇聚的思维能力，最大限度保障我们人类和社会理性化。（董毓，2010：6-15）反映在教育中，我们外语教学的目的不能再单纯教授语言层面，还需要培养学生成为思想者而不是被动的接收者。我们需要培养学生运用一定的技能主动探索和分析信息，不仅要知道和了解知识是什么，还要探究知识产生的基础、背景、过程、方法和逻辑关系。我们还要教育学生要敢于挑战知识，变成知识的生产者。当然单单拥有质疑的精神还不够，思辨的过程需要我们依据思维的标准，掌握基本的方法和技巧，才能更合理地指导我们的行动。

2.4　适用研究所需的思辨能力框架构建

在本节研究中，我们在梳理、比较、思考前人研究成果的基础上，对思辨能力作出了自己的解读和分析，制定了适用于本书研究所需的思辨理论框架和分项界定。研究中，我们基于中国英语能力等级量表阅读理解能力分量表进行读写结合的整体性教学，我们在阅读和写作的一体化活动中，以整体性任务为载体激发学生运用一系列思辨的技能和方法对所读文本进行思考，分析、理解、评判与鉴赏等信息加工活动，并最终以写作的形式将与文本作者进行交流的思想过程进行产出。输入和产出的过程始于对文本提出问题开始，通过全面搜寻证据，进行仔细的分析和推理，辩证（正反正）对话与反思，最终基于同一阅读主题得出超越原文的"好论证"。

考虑到思辨能力框架和分项解析是研究中书面文本观测与评判的重要依据，为更直观、全面地帮助理解，我们对思辨能力框架和分项展开详细阐释与解析。

双维结构模型是1978年美国哲学联合会召集教育科学专家和学者历时两年而完成的。"特尔菲"项目组构建的双维结构模型框架较具代表性。在本书中，我们对原有的六类分项技能（阐释、分析、评价、推理、解释、自我调节）进行了归并——由于"阐释"和"解释"都含有对概念、信息、意义的解读和理解性的表达，且"阐释"含有"阐明、解释"双重性质，我们将"解释"与"阐释"归为一类。另外，我们以德尔菲项目组思辨认知技能子项的分类为主体参照，并以美国学者彼得·范西昂与诺琳·范西昂（Noreen Facione）所提出的"思辨能力整体评价标准"与国内学者文秋芳"思辨能力层级模型"（文秋芳，2012：32）所创立的"思维能力标准"为指导原则，借鉴英语演讲活动中的思辨分析技能（孙旻，2017：35），编制了适合指导读写结合活动的思维能力分项技能框架。

适用于本书研究所需的思辨能力模型主要以德尔菲项目组"双维结构模型"为参考，书面文本量化研究中，以思辨能力框架为指导，以作文评测法为量具，根据学生在作文写作思维过程的基本环节："审题、立意、布局、论述"（文秋芳、刘润清，2006），进行同题再写文本数据收集和分析。见表2-5。

表2-5　思辨能力框架

	任务类型及阶段	思辨分项技能	
阅读文本	三层次阅读理解能力 审题	分析原文本内容、风格、作者意图、论证过程 推断主题与读者的相关性 建立主题更全面的认识和观点	信息识别与提取
			概括与分析
			评价与批判性赏析
同题写作	写前 立意 布局 （思维导图呈现）	探讨对主题进行论说的多种角度	分析
		检验信息来源相关性、准确性、权威性	评价
		定义核心观点或概念	分析
		区分事实与主观观点	分析
		（读者角度）阐释主题信息	分析
		反思、修改立意布局	分析、评价、自我调节

续表

任务类型及阶段		思辨分项技能	
同题写作	写中论述	阐述中心论点	阐释、分析
		阐释并合理组织要点	阐释、推理
		提供相反观点和理据支撑要点	推理
		反驳对方观点、提供理据	评价 / 推理
		检验预设并防范逻辑谬误	分析、推理、评价
		得出合理结论	阐释
同题写作	写后修改	检验论点是否阐明准确、明晰	评价 / 自我调节
		检验核心概念的清晰性和一致性	评价 / 自我调节
		检验论据对论点支持的全面性、一致性	评价 / 自我调节
		检验语言层面的准确度与修正，调控	自我调节

　　本书研究主要以学生在创造性阅读层级任务，即同题再写作文本所体现的分析、推理、评价、阐释、自我调节五项思辨核心技能为评测依据。

　　审题的过程就是理解命题的意义以及对命题辨析与综合思考的过程。对题意与材料的认知程度决定了文本写作的契合度。（文秋芳、刘润清，2006：50）读写任务中，审题往往已经在阅读教学完成，因此我们将审题环节归在阅读文本的活动中。从思维逻辑而言，写作始于审题，合于立意与布局，忠于论述。（文秋芳、刘润清，2006：51）立意与布局两个环节往往交叉进行，教学干预中我们以思维导图的形式要求学生对论证布局进行呈现。立意是确立文本写作的核心思想。作者根据阅读文本的主题，在对阅读文本进行概括与分析、批判性思考的基础上确立同题再写作文本的总论点与分论点。谋篇布局环节，以阅读文本的同一主题为出发点，确定主题与再写作文本结构的关系问题。（文秋芳、刘润清，2006：51）

　　立意与布局环节，教师需要对学生再写作文本论说的角度、信息的相关性等方面进行整体分析、把控与反馈。学生需要对自己的立意布局进行反思、自我修正。文本写作需以特定文本的图式结构与行文规范为标准进行论述。论证过程应尽可能做到严谨、充分、全面。这需要教师引导学生明确思辨思维的技能和态度审查自身的论证过程，不断反思，作出修正与完善。（文秋芳、刘润清，2006：51）

　　论述部分所明细化的思辨分项技能主要是基于图尔敏模型的论证语步

（Stapleton，2001），以彼得·范西昂与诺琳·范西昂"思辨能力整体评价标准"为评分依据，辨认学生作文中体现思辨能力特征的关键要素，包括：论点、论据、提出对方观点、反驳及谬误。（陈则航、邹敏等，2018：21）

读写活动中的自我调节不仅计划、检验、调节、管理与监控认知能力，对非认知因素起着同样的作用。（文秋芳，2012：30）在过程性读写任务中，我们增加了修改完善环节，时间限制在 48 小时，写后修改环节体现在对语言和语篇结构方面的完善，包括词语选择、逻辑结构衔接等修辞。首先，写作任务是基于批改网人工智能写作平台执行，平台所给出的建议是学生在语言修改完善和自我反思的主要依据。其次，教师对论证过程提供反馈，观察学生修改情况。不同于阐释、分析、推理等 4 项子技能，自我调节应该是长期训练中所养成的行为和习惯意识，对本项技能的检测需要把学生过程中的表现纳入。因此学生自我调节技能主要是对写前、写后与学生论述文本所进行的修正或调节要素进行对比与评估。

需要说明的是，这些思维环节并不是严格意义上的区别与划分，思维的进行往往是交叉进行的，我们所创立的读写思辨能力框架对思辨分项技能的界定是相对意义上的区别与划分。

2.5　CSE 与思辨思维关系之辨

第二章的思辨能力理论模型综述部分，我们已经对思辨能力的概念和核心分项有了较全面的阐述。接下来专门厘清阅读理解能力与布鲁姆教育目标分类学（主要是认知技能维度）以及思辨能力三者之间的共性和关联，从而有助于读者明白我们如何基于阅读理解能力量表合理有序地在读写活动过程中开展学生思辨能力的培育和训练。首先我们来论述阅读理解能力与布鲁姆教育目标分类学（主要是认知技能维度）的关联。其次论述阅读理解能力和思辨能力模型的关联。最后论述三者的交叉联系和区分。

本杰明·布鲁姆教育目标分类学 1956 年版和 2001 年修订版对教育实践影响深远。本杰明·布鲁姆教育目标分类学认知领域（1956 年原版）将教育目标分为知识、理解、应用、分析、综合和评价 6 个主要类别，目的是提供可评价学生学习结果的组织框架，以指导教学。优点：从关注教师行为发展为关注学习结果，可系统评价学习；缺点：分类理论关于关注测评可指导教育评价，但对教与学的指导性操作性不高。本杰明·布鲁姆教育目标分类学认知领域（2001年修订版）借鉴当代认知心理学界对学习的研究成果，将单维度教育目标细分为双维度：知识维度和认知过程维度。知识维度帮助教师将对知识的单一理解细化为事实性知识、概念性知识、程序性知识、元认知策略知识四个方面；认知过程维度是明确学生掌握和应用知识的认知过程。认知过程主要分为：记忆（Remember）、理解（Understand）、应用（Apply）、分析（Analyze）、评价（Evaluate）、创造（Create）。这 6 个认知技能呈现思维从低到高、由浅入深的螺旋发展态势。相对于原版，修订版在重点方面的修订、术语修订、结构修订等方面共做多达 12 处修订，其中重点方面的修订体现为：

1. 相对原版关注测评而言，修订版更关注课程计划、教学和测评中分类体系的应用；

2. 相对原版主要关注高等教育而言，修订版针对读者范围更广，每个年级段的教师群体都有涉及；

3. 相对原版重视测验题型，修订版收纳了测评任务实例，主要为帮助阐明和澄清各种类别的含义；

4. 原版强调六大类别，修订版更强调类别的亚类。

从宏观的重点修订我们发现，使用对象更广，类别亚类更为细化。修订版本操作性更强。此外，较原版而言，修订版分类框架更科学，将累积性层级修订为具有层级结构。从概念上说，如果从简单到复杂的连续体上标出认知过程维度中每个类别的范围，那么从记忆到创造每个类别中的复杂程度会逐步加深。（Anderson，2012：244-246）

研究者认为语言学习并不仅仅是了解语言，更是为寻求和传达人类生活中的基本意义，理解材料中的人物、事件、思想和生活。（王淑花，2012：65）因此，早期的阅读理解能力研究深受本杰明·布鲁姆认知分类学的影响，划分了阅读理解能力的层次。从理查德·格雷（Richard Gray）（1960）提出阅读"读懂"包括三层 reading the lines、reading between the lines、reading beyond the lines；托马斯·巴雷特（Thomas Barrett）（1972）提出 literal comprehension、reorganization、inferential comprehension、evaluation、appreciation 5 类阅读理解能力，到著名的评测机构如美国国家教育质量评估（National Assessment of Educational Progress）把阅读理解分为基础理解、拓展理解、个人反应、批判理解；联合国合作与发展组织（简称 OECD）对阅读理解的检测也是从 5 个层面进行检测。实际的操作层面从提取识别信息的能力、概括解释信息的能力、评价材料内容和形式的能力。

阅读理解层次的划分源于教育目标认知分类学，涵盖了大部分思维认知过程，而又有所不同。研究者对于阅读概念的划分点不同，阅读过程中的理解层次有所不同，但都呈现的是从字面意义的识别到评价和创造这样一个连续的认知过程。

中国英语能力等级量表阅读理解能力是基于本杰明·布鲁姆和洛林·安德森（Lorin Aderson）的认知目标分类学为将阅读理解能力分为识别与提取书面信息的能力、概括与分析书面信息的能力、批判与评价书面信息的能力。（刘建达，2019：106）这三个层级的划分体现修订版教育目标分类学认知领域在结构方面的最主要的特点，即层级结构，学习者具有低层次的认知理解能力，如学习者面对语言材料首先从字面理解进行认知，随后进行推断性理解和批判性理解等高层次思维能力。阅读理解量表中"识别与提取"指学习者识别出材料中的具体信息是字面理解能力；（王淑花，2012：72）刘建达（2019）对"识别与提取"的解释为：学习者基于阅读文本，有效辨别并提取详实信息的能力。虽然两者所做的概念解释具体有所不同，但其含义都与认知目标分类中的"记忆"相对应，是字面理解能力。概括与分析是指学习者对阅读文本的本质和内在联系进行分析和归纳的基础上，做出推理与判断的能力。（刘建达，2019：107）"概括"与认知目标分类中的"理解"大致对应，是学习者语用比较、归类、释义、解释、举例及概括认知技能对于材料内容的理解。而"分析"主要是指在"理解"的基础上厘清材料的内部关系，做出推断和预测的能力。"概括与分析"层面包括了修订版布鲁姆教育目标分析学认知领域的"理解"中的"推断"和"分析"这一过程。"批判与评价"书面信息的能力是指学习者基于背景知识，对阅读文本做出辩证性思考、评价的能力。（刘建达，2019：107）刘建达所给出的解释涵盖"评价"和"反思"。王淑花对"评价和赏析"能力所做的解释为：学习者能够根据客观标准或主观经验对材料的内容及其表现形式进行评价和鉴赏。她认为评价和鉴赏包括了对阅读材料的批判性理解和欣赏，涵盖了认知目标分类中的"评价"和"创造"。两者对于"评价"所涵盖的认知亚类有不同的认知。在此我们认为，评价可能产生创造性成果，（Marzano et al.，1988）也可能没有产生创造性成果。学习者在理解材料的过程中，"批判与评价"的过程，基于客观标准对信息进行评价，也可能是依据标准进行自我主观的反思而形成的评价。批判性理解就是不拘泥书面信息，形成自己的思考和理解，并一定会产生创造的因素，因此我们认为"批判理解和评价"涵盖了认知目标分类中的"评价"的维度。但创造通常以批判为前提，我们以创造为终极目标。因此正如前文所讲：阅读理解层次的划分源于教育目标认知分类学，涵盖了大部分思维认知过程，而又有所不同。

阅读理解能力层级性基于且与本杰明·布鲁姆和洛林·安德森的认知目标分类学研究结果趋同。（刘建达，2019：16）而批判性思维的一系列技能，以产生知识（认识）的要素和机制为内在逻辑，跟布鲁姆有交叉也有不同。除却某些子技能的不同，学者也出于不同的因素考虑归入不同的核心技能，但思维的特点和认知过程有异曲同工之妙。

至今为止，学者和各个领域的专家并未就"思辨能力"这一术语和结构达成关键性共识，概念和模型的认识未形成统一，但是我们不难发现，虽然使用不同的名称，比如批判性思维、反思性思维问题、问题解决技能、高阶思维等等，都是指理解、运用、分析、推理、评价等思维技能的使用。二维模型下思辨能力测评至今仍在沿用，在一定程度上说明了其模型使用的普及型和科学性。因此，本书沿用其二维结构模型作为研究中学生思辨能力培养的理论根据。

以彼得·范西昂为代表的思辨能力模型分为认知能力和情感特质两个维度。核心认知技能仍然为 6 项核心技能：阐释、分析、评价、推理、解释、自我调节。每项核心技能又包括若干子技能。在情感特质方面包括寻求真理、思维开放性、分析性、系统性、自信、探究性和成熟性 7 个维度。由于精神和习性隐含在技能背后，在技能的每一步骤上，各自有对应的不同的习性。比如在阐释澄清观念意义步骤上，体现的清晰、具体和细致的思维习性；分析看法找出论据体现的是好奇心、主动性、质疑、提出问题和分析问题的意识，在推理质疑证据、找出替代假设的步骤上，体现谨慎、讲究基本逻辑规律、有条理和实践性的习性，在评价观点和论据的步骤上，背后反映的习性是深入性、全面性和综合性。所以培养思辨能力，是技能和习性的双重培养。因此，本书英语阅读理解过程中思辨能力的培养主要是注重读写过程中学生思辨技能的应用和训练，而达到思辨态度与思辨技能两种要素的协同发展。

以彼得·范西昂为首的"特尔斐"项目组所呈现的二维结构于 1989 年 12 月最终形成。本杰明·布鲁姆的教育目标分类学，分别经过 1956 年版本和 2001 年版本优化并最将呈现，无论单维结构还是双维度结构，每一类别和亚类都是从简单到复杂、从具体到抽象的连续体分布。随着认知心理学的发展，虽然认知技能相互交叉而又相对独立，我们必须认识到认知思维是有层级性的特性。对"德尔斐"项目组所呈现的思辨二维结构模型的沿用与发展，将思辨技能和态度维度蕴含的思辨思维，按照认知思维层级性的特点与阅读理解能力的认知过程进行了关联分析。由于思辨能力的实质、含义和要素的范围要比阅读认知技能广且宽，因此我们考虑认知技能的层级性、共性时还需考虑其思辨探究实证的本质和贯通性。以学生自评数据为依据进行课程设计、阅读写作教学设计，有针对性、有层级性地训练学生阅读理解能力与书面表达能力的同时，兼顾学生思辨思维的培养和提高。

第三章

研究设计

3.1 研究背景

3.1.1 课程概况

本校"大学英语"是根据《高职高专教育英语课程教学基本要求》开设的一门通识必修课程，系台州职业技术学院公共基础课。自 2016 年 9 月起，我校将两学期共 128 课时的"大学英语"教学分解为第一学期 64 课时的通用基础英语学习和第二学期 64 课时的实用英语学习。第一学期"基础英语"是一门语言基础知识课程，也是拓宽知识、了解世界文化的人文素质教育课程。第二学期的"实用英语"将英语语言知识与专业知识融合并服务于学生专业的发展，根据不同专业的需求和选择细化为翻译英语、影视英语与配音、职场英语等方向，加强语言技能与应用的结合，提高语言的应用性。

课程分为两个学期进行，第一学期"通用英语"，使用的教材是《21 世纪实用英语教程》；第二学期为"实用英语"，采用《捷近英语》。第二学期的编排本着"基础 + 实用"的目的，在夯实学生语言知识的基础上有计划地加入能提高学生职业技能与英语实用性的课程。授课时间为每学期 16 周，每周 4 课时，其中每隔一周 2 课时为试听课程。

3.1.2 课程目标

课程原教学目标分为两学期实施，第一学期侧重培养学生听、说、读、写、译的各项技能，并传授掌握这些技能所必需的语言知识。第二学期，侧重培养学生阅读和翻译相关英文资料的翻译技巧和相关能力。第二学期结束，力求学生能借助词典阅读和翻译初级英语资料，在涉外交际的日常活动和业务活动中进行简单的口头和书面交流，并为进一步提高英语的应用能力打下一定的基础。教学内容由贴近大学和生活、拓宽知识、了解世界文化的人文素质类内容组成。我们在授课过程中基本按照教学大纲从词汇、语法、听力理解、口头表达、阅读理解、书面表达、翻译等方面来培养学生的综合能力。具体如下：

●词汇：认知 1500 个英语单词（含中学应掌握词汇）以及由这些词构成的常用词组。

●语法：掌握基本的英语语法规则，在听、说、读、写、译中能正确运用所学语法知识。学生需掌握的语法项目有：名词、代词、冠词、数词、形容词、副词、介词、动词及其时态和语态、虚拟语气、非谓语动词、句子成分、英语的基本句型、一致关系、复合句、倒装句、it 的用法、省略、否定、强调、构词法。

●听力理解：能听懂涉及日常交际，结构简单，语速较慢（每分钟 40 词左右）的英语简单对话和陈述，理解正确。

●口头表达：能在学习过程中用英语进行一般的交流，能就日常话题和英语国家的人士进行简单交流，能就所熟悉的话题经一定准备后作简短发言，表达比较清楚，语音、语调基本正确。能在交谈中使用基本的会话策略。

●阅读理解：能基本读懂一般题材的英文材料，理解基本正确。在阅读生词不超过总词数 3% 的英文资料时，阅读速度不低于每分钟 30 词。能读懂常见的简单应用文体的材料，如信函、通知、使用说明书、图表等，理解正确。能在阅读中使用有效的阅读方法。

●书面表达：能运用所学词汇和语法写出简单的短文；能套用和使用生活中常见的应用文，如信函、通知、个人简历等。内容基本完整，用词基本恰当，语意连贯，能掌握基本的写作技能。

●翻译（英译汉）：能借助词典将难度较低的一般题材的文字材料译成汉语。理解正确，译文基本准确、流畅，格式恰当。

根据我院高职教育的培养目标和对毕业生的基本要求，本课程在整个教学过程中必须突出实际运用能力培养，通过本课程的学习，学生基本能够达到以上教学目标的要求。

3.1.3　课程内容

教材的编排都是围绕课文主题内容进行的。根据学生兴趣需求和教学安排，每个学期挑选代表性单元安排教学进度。第一学期采用复旦大学出版社《21 世纪实用英语综合教程 1》，授课内容为 4 个单元，分别为 Unit 1、Unit 2、Unit 3、Unit 6。第二学期选用外研社《捷进英语》，授课内容分别为 Unit 1、Unit 5、Unit 7，语篇 A 为精读文章、语篇 B 为选读文章。见表 3-1。

表 3-1　"基础英语"课程教学内容

序号	第一学期 教学单元	知识要求
1	Unit 1	Text A: College—A Transition Point in My Life Text B: What I Hope to Gain from a College Education
2	Unit 2	Text A: He Helped the Blind Text B: Don't eat the tomatoes；They are poisonous！
3	Unit 3	Text A:Thanks, Mom for All You Have Done Text B: His Life's Work
4	Unit 6	Text A: Tracking Down My Dream Text B: From Crutches to a World-class Runner
5	Unit 1 Virtually Connected	Text A: Social Media's Influence on How One Sees Himself Text B: Watching or Posting
6	Unit 5 Dinner Table of the World	Text A: Feeding the World Text B: Foods with Meaning
7	Unit 7 In My Mind	Text A: Sense and Memory Text B: Don't Forget

3.2　研究对象

"大学英语"作为浙江台州职业技术学院的一门公共基础课，是根据《高职高专教育英语课程教学基本要求》开设的语言通识课程。作为全校重要的公共选修课，大学英语课程受众面广、跨时长，是中西方文化交流、交锋最突出的课程。而选修"大学英语"课程的学生来自我校土木工程学院装饰班级、公共管理专业市场营销班级、医药学院药质合班，每个专业都是作为平行班分层分配的，选择哪两个平衡班作为研究对象，是我们研究中的一个重要的关键点。考虑到中国英语能力等级量表于 2018 年 6 月刚刚面世，对学生而言相对陌生。所教授学生班级按照高考成绩实施分层，划为 A 层、B 层、C 层。A 层学生来自医药学院，但班级属于混合专业。C 层学生成绩较差，学生学习动机不强，对于量表的执行未必尽如人意。B 层学生班级高考均分在 80 分（总分 150 分），更能集中反映在校高职学生的平均水平。因此，在三个英语段的学生中，我们从 B 层英语水平中选取两个平行班级，分别为市场营销 1 班与 2 班两班学生作为实验对象。简言之，本书研究对象是我校非英语专业市场营销班级学生，高考均分为 80 分，学生年龄在 18—21 岁之间，实验班 1 班共计 44 名学生，其中男生 16 人、女生 28 人。对照班 2 班共计 42 名学生，其中男生 16 人、女生 26 人。实验进行前，他们在中国外语环境中接受正规学校英语教育 9—10 年，第一语言为汉语，未有出国经历。有一定的语篇理解与书面写作能力，根据教育部国家语言文字工作委员会 2018 年颁布的《中国英语能力等级量表》阅读理解能力自评估，可对应五级，大学英语学段。学生全程参与实验未获得报酬，对实验目的不知情。

3.3 研究内容

本书重点研究中国英语能力等级量表阅读分量表对大学生英语阅读学习过程语言能力和思辨思维的反拨作用。基于 CSE 阅读分量表对学生进行测评，基于测评数据重新调整教学目标、教学内容，开展教师和学生双线方向的教学实施，可称为基于 CSE 阅读分量表的"测教学"三位一体教学，主要内容包括：基于量表的学习诊断；基于量表诊断而形成的教学目标；基于量表诊断而形成的教学内容和教学任务整合；学习策略与学习产出。研究实施过程中没有向学生刻意讲授思辨能力的培养方法，而是基于学科内容，以隐性的层级性任务为载体实施思辨培养。思辨始于基于量表的学习诊断，引导学生去反观自己的整体和微观英语技能，制订"有针对性的学习目标"。思辨隐于以思辨为导向的内容设计和任务执行中，实现持续动态的学习过程，而助力基于结果产出的英语学习。CSE 量表依据我国英语学习环境的特殊性，把语言能力清晰界定为语言理解和表达意义的能力，如果按照听力理解能力、阅读理解能力、口头表达能力、书面表达能力、组构能力、语用能力、口译能力、笔译能力 8 项分项技能来实施，规模大且课堂不容易把控；阅读能力和写作能力是学生相对熟悉的微技能，在促进学生思辨思维的培养方面有着积极的促进作用。因此，我们聚焦阅读理解能力和书面表达能力两项微技能展开教学。

3.4 研究工具

本书采用多样化的数据收集方式，阅读理解能力测量基于量表改编形成阅读理解能力定级问卷和阅读理解能力自评测试；思辨能力测量采用作文评测表作为主观测试量具，采用加利福尼亚思辨倾向调查问卷作为客观测试量具。

3.4.1 阅读理解能力定级问卷

阅读理解能力定级量表由中国英语能力量表分项表阅读理解能力自评量表改编，包括学生基本信息和"能做"描述语构成，目的在于自评大学生阅读理解能力现有水平，共 4 个条目。

3.4.2 阅读理解能力自评问卷

阅读理解能力自评问卷采用《阅读理解能力量表》"能做"描述语，目的在于诊断受试学生语言能力的强弱项，包括理解书面描述、理解书面叙述、理解书面说明、理解书面指示、理解书面论述、理解书面互动、理解策略共 40 个项目。阅读能力总表描述语概括性太强，未包括在内。量表采用 Liket 5 级量表，即从"完全不能"，到"完全能"逐条进行评估。

阅读理解测试：采用分层考试中的阅读理解测试作为学生自我评价的外部校标。阅读理解均选自 2000 年至 2019 年浙江省大学英语水平考试的阅读理解部分，共 5 篇文章。

3.4.3 思辨能力主观测试量具作文评测表

由于"德尔菲"项目组量表申请时间过长，因此，本书研究没有使用其团队的思辨技能测试工具 CCTST。由于写作过程蕴含大量的分析、推理、评价、阐释、反思等思辨活动，通过写作活动评价学生的思辨能力表现是比较直接的方法（陈则航、邹敏等 2018：25）。文秋芳（2012）构建作文评测量具，孙旻（2017）基于"双维结构模型"提炼思辨技能分项观测演讲文本的思辨变化，陈则航、邹敏（2018）基于国内外理论基础构建适宜英语思维能力表征框架，观测中学生写作文本等实证研究证明基于作文文本观测学生思辨技能是可行的。

　　基于德尔菲报告的基础上，美国学者彼得·范西昂与诺琳·范西昂设计了"思辨能力整体评价标准"。该评价标准将学生写作者中的思辨能力表现分为四级：strong、acceptable、unacceptable、weak，评分依据主要包括学生在写作中准确解释问题、证据、表格和图形。辨识支持和反对某事物的重要观点、论据和声明。深入分析和评价主要观点，得出合理、公正的结论，论证主要结果和过程，阐述假设和理由的能力。（陈则航、邹敏等，2018）"思辨能力整体评价标准"是测量学生写作中思辨能力表现的有效工具，是基于德尔菲报告，考察整体效果，评分易操作。（陈则航、邹敏等，2019：23）虽然有学者认为该标准无法考查学生思辨技能分析的特点，但我们可以参考其评分依据，这对于考查学生写作中的思辨整体表现具有重要参考价值。

　　由于阅读过程中思辨能力的考察主要是评测学生解决文本非结构性问题的思辨水平，因此采用主观性量具可以涵盖阅读和写作两项连续性活动。读写活动中阅读是写作的基础和前提，写作是阅读结果的产出，能否理解作者的写作意图、写作框架等方面都需要良好的识别信息并进行分析、推断和评价的能力。基于原文做出合理的理解并阐述自己观点，是一系列连续的思维活动，因此作文评测量具较客观性量具更能考查学生的辩证思维和解决问题的能力。

　　文秋芳团队基于前人的研究基础，涵盖阅读和写作两项活动，设计了大学生思辨能力测试量具，（文秋芳，2012）对学习者"写作"或"以读而产出的写"思辨过程的解读和内涵有异曲同工之处。文秋芳团队对思辨能力的考察主要针对分析、推理、评价三项核心技能，而本书以德尔菲项目组思辨认知技能分类为主体参照界定五项核心技能，因此我们对文秋芳团队的作文评测量具进行了修订，以适应本书研究所需。修订后的作文评测量具，涵盖阐释与解释、分析、推理、评价、自我反思五项技能，对读写结合整体任务中的思辨思维观测更为具体。见表3-2。

表 3-2 作文评测量具

测试形式	测试目的	字数	时间	评价标准
阅读短文	考察整体阅读能力。		10	
书面解释问题	识别和解释写作目的、文章讨论的主要问题和主要结论。			
书面分析论证过程	分析文中作者论证结构和证据、概念论点和论断的关系，区分文中整体信息和局部信息的关系，分析不合理的论断。			相关性 清晰性 逻辑性
书面评价论证过程	评价是否观点明确、举例恰当、逻辑严密，考虑问题的深度和广度，见解的独特新颖性。阐明自己的立场和观点并说明原因和理据。	150—300	40	深刻性 灵活性 文章切题性 论点明确性 篇章连贯性 说理透彻性 论证灵活性
书面推理和预测	考虑作者推理的合理性，形成多样化解决问题的方案，要求观点明确、思路清晰、论证充分、逻辑严密。			
自我调节	针对组织框架是否进行反复揣测，写作过程中是否思考逻辑性、清晰性等方面内容。			

本书既采用了质化的思辨能力主观测试量具，也采用了量化的思辨能力客观测试量具。

3.4.4 思辨能力客观测试量具 CTDI-CV

"Critical thinking disposition" 最初是由"特尔斐"项目组提出，在国内翻译为"思辨思维人格特质"，主要是针对人们思辨活动中的观念、态度、价值、行为习惯和意愿的探究。CCTDI（California Critical Thiking Disposition Inventory）是由彼得·范西昂等人于 1995 年创建，分为寻真性、开放性、分析性、系统性、自信度、好奇心、认知成熟度 7 个维度，量具整体信度为 0.90；7 个维度的信度 alpha 在 0.72—80。研究采用信效度较高的思辨思维情感特质测量表中文版 CTDI-CV。测量表分别测试思辨思维 7 个维度的情感特质，共有 70 个条目，测量表总分为 70~420 分。得分 > 350 分表明思辨思维能力强，≥ 280 分表明有正性思辨思维能力，210~280 分表明思辨思维能力中等，< 210 分表示负性思辨思维能力。各维度得分 ≤ 30 分表明负性思辨思维能力，30~40 分表示

思辨思维能力中等，大于 40 分表示正性思辨思维，≥ 50 分思辨思维能力强。

思辨思维情感特质问卷提供了学习者在 7 个维度的情感特征和变化。国内学者分为两部分，一部分认为 CTDI-CV 是测量思辨人格倾向的量具，而以国内彭美慈为代表的一部分学者认为它是测量思辨能力的量具，在此我们认为由于维度中包含分析性和系统性，这两个维度强调的是思辨能力对事物的分析能力和解决问题的系统性，是逻辑能力的体现，因此不能单向认为是倾向的量具。但相对于前面我们已经有针对思辨技能方面的作文评测量具，那么 CTDI 中文版作为思辨思维情感特质测量的客观量具，对学习者在阅读学习过程中思辨态度和习性的变化进行观测，以丰富整体数据。以上是本书所采用的全部测量量具，下面我们阐述研究方法和步骤。

3.5　研究方法和步骤

长期的传统阅读教学习惯将听说读写等语言技能一起抓，往往导致语言技能发展不均衡，因此我们一直在思考是否可以对学生语言技能进行诊断后再有针对性地进行训练。阅读教学中师生双方疲于字词句段的表层工作，而乏于引领学生对阅读主题进行思辨性的思考和思维的碰撞。因此，我们一直在探究中国英语能力等级量表阅读理解能力量表对大学生语言与思辨能力的影响和作用，一方面检测学生的语言能力进而发现问题；另一方面，能以诊断为手段刺激、激发和培养学生反思自己的学习，发展学生发现问题且能主动解决问题的高阶思维能力。

3.5.1　发现问题：学习者自评估诊断

中国英语能力等级量表的推出和实施，一方面为广大教师评估学生的英语语言能力提供了统一标准，有利于教师从微技能语言层面获取精准的数据反馈，从而灵活调整教学目标和教学活动，使"以学生为中心"的理念更为切实可行；另一方面，为英语学习者提供了自我评价的标准，帮助诊断各维度语言水平，从而制订详细的语言学习计划和可行的学习方案。自我评价是学习者通过反思、评估自己的学习和知识，发现优势和不足，进而获得学习进步的评价方式。（辜向东，2019）学生根据自评任务对自己的学习和语言表现做出反思的过程，无疑需进行大量、分析、对比、反思并做出决断的思维活动，不但是培养学生自主学习的必要手段，（Little，2009）也是培养学习者思辨能力的重要途径。因此，基于中国英语能力等级量表阅读理解能力量表，我们进行学习者自评诊断以发现问题进而解决问题。

目前，关于自评的研究主要集中在自我评价的信度、效度和影响因素三方面。自我评价的信度、效度主要关注学习者是否能够对自己的语言能力做出相对准确与有效的评价，通常以客观测试或教师评价为校标，分析自评与二者的相关性。研究者对自我评价的信度和效度问题进行了研究，但研究结果和结论不尽相同。部分研究者认为自我评价是有效和可靠的。（徐锦芬，2009；Butler & Lee，2010；辜向东，2019）而另一部分学者认为学生自我评价与客观测试相关性不高，学习者对自己的语言能力的评价准确度和可靠性不高。（Orsmond，et al.，2000；Strong-Krause，2000）当然自评有效性可能受到自评运用方面的影响包括自评问卷的措辞设计、被测试的语言能力、学习者的语言水平、文化背景、自我评价任务的概括和具体程度，（Strong-Klause，2000）学习者的心理特征和个性特点。（Alfallay，2004）不同的研究结果给我们以启示，我们在使用自我评估测试方法需尽量做到科学、规范。其中，基于标准的描述语从措辞上保障了自评的科学性。有研究表明，基于《欧框》的"能做"描述语利于学习者准确进行自评，（Ross，1998；Tigchelaar et al.，2017）帮助学生评价自身阅读能力和写作能力，发现学习强项和不足。（Liu & Brantmeier，2019）基于 ACTFL 的描述语进行自我评价具有较好的信度。（Brown et al.，2014）以上研究采用的语言标准和行为描述是适用于国外背景下的学习者。那么立足于中国国情和现状，于 2018 年 6 月正式实施，以交际语言能力模型为基础，采用"能做"描述语对我国英语学习者的语言能力表现做出描述的《中国英语能力等级量表》是否适合中国大学生的学习自评，值得探讨。

国内有关《中国英语能力等级量表》用于学习者自我评价的研究相对不多，且大多从理论层面探讨，相关实证研究更是凤毛麟角，如李雪平、曾用强发现高中生能够基于阅读能力和阅读子能力量表多个维度进行评估，研究显示学生自评与阅读成绩有显著正相关关系。辜向东等人发现高中学生能使用 CSE 描述语有效地评价自己的英语阅读能力。然而上述研究对象为高中生，高职学生这个群体的自评状况一直缺乏有力的实证研究。高职学生虽已达到高中毕业标准，但其大学入学成绩分布不均，因此很难一刀切归为 CSE 量表所划定的 5 级（大学生）水平。由此，验证高职大学生英语阅读能力自我评价的有效性，为量表在大学英语教学中的推广将大有裨益。本书研究主要回答下面三个问题：

（1）通过阅读理解能力自评估，高职学生处于《量表》所划定的哪个等级？

（2）高职学生能否准确地对自己的英语阅读能力做出评价？通过阅读理解能力自评数据所表现出的学生阅读强项和弱项分别是什么？

（3）高职学生阅读理解能力的自评估是否受到语言水平的影响？

研究量具包括问卷一《阅读理解能力定级量表》和问卷二《阅读理解能力自评量表》。问卷一《阅读理解能力定级量表》用于受试者对自己的阅读理解能力进行自评定级，问卷以四级阅读理解能力量表描述语为基础，包括 4 个条目描述语，题目整体分值为 4~20 分，4 项目全部选择"完全能"选项，得分为 20分则表明其阅读理解能力水平在 5 级水平，应参加 5 级测试；4 项目整体得分小于 20 分表明其目前阅读理解能力水平为 4 级水平，应参加 4 级测试。问卷二《阅读理解能力自评量表》，以 CSE 阅读理解能力分量表为基础编制形成，包括学生个人信息基本情况和任务描述语，主要目的是检测学生目前所处的阅读理解能力水平。问卷二总分为 156 分，任务条目共 38 项：涵盖描述、叙述、说明、指示、论述、策略等 7 个维度。问卷二采用李克特 5 级量表。

阅读理解测试：进行自我评价与外部测试的相关性分析，验证学生自我评价的效度，并进一步对问卷二的结果进行分析，检验学习者语言水平对其自我评价的影响。

3.5.2　测量数据：收集与分类

研究从阅读理解能力定级、阅读理解能力自评、学生阅读理解能力自评信效度三个方面收集数据，结果如下。

（1）阅读理解能力定级问卷数据结果

条目 1："我能阅读简短的故事、散文或说明文"的班级调查数据平均分为3.15 分，表示"完全不能完成"的学生占比为 5%、"不能"为 20%、"不确定"

为 36.67%、"基本能"为 31.67%、"完全能"为 3.67%。

条目 2："我能读懂旅游见闻中关于事件、人物、地点等信息"的班级调查数据平均分为 2.97，表示"完全不能完成"的学生占比为 6.67%、"不能"为 23.33%、"不确定"为 40%、"基本能"为 26.67%、"完全能"为 3.33%。

条目 3："我能从社会生活相关的简短议论文中分析作者的观点"的班级调查数据平均分为 2.48，表示"完全不能完成"的学生占比为 11.67%、"不能"为 38.33%、"不确定"为 40%、"基本能"为 10%、"完全能"为 0%。

条目 4："我能利用略读、寻读、跳读等不同的阅读技巧，找出文章中的重要信息"的班级调查数据平均分为 2.83，表示"完全不能完成"的学生占比为 10%、"不能"为 20%、"不确定"为 48.33%、"基本能"为 20%、"完全能"为 1.67%。见表 3-3。

表 3-3　四级阅读理解能力定级问卷数据结果

选项	平均分	比例				
		完全不能	不能	不确定	基本能	完全能
1. 我能阅读简短的故事、散文或说明文。	3.15	5%	20%	36.67%	31.67%	6.67%
2. 我能读懂旅游见闻中关于事件、人物、地点等信息。	2.97	6.67%	23.33%	40%	26.67%	3.33%
3. 我能从社会生活相关的简短议论文中分析作者的观点。	2.48	11.67%	38.33%	40%	10%	0
4. 我能利用略读、寻读、跳读等不同的阅读技巧，找出文章中的重要信息。	2.83	10%	20%	48.33%	20%	1.67%

（2）阅读理解能力自评问卷数据结果

我们采用 SPSS20.0 软件，将学生的自评问卷进行均值分析，数据得出 38 项任务描述语均值、标准差、方差、最大值、最小值、最大值占比，见表 3-4。

表 3-4　四级阅读理解能力自评问卷数据结果

题项：描述语	均值	标准差	方差	最小值	最大值	最大比例
理解书面描述						
1. 在读语言简单的游记时，能理解景物特征。	2.88	1.11	1.20	1	5	2/39.39
2. 在读语言简单的抒情散文时，能辨识作者的情感表达方式。	2.55	0.97	091	1	5	2/39.39
理解书面叙述	2.94	1.14	1.27	1	5	2/30.3

题项：描述语	均值	标准差	方差	最小值	最大值	最大比例
3. 在读语言较复杂的社会生活类文章，如旅游见闻等时，能提取时间、人物、地点等信息。	2.52	0.91	0.80	1	5	2/45.45
4. 在读语言较复杂的故事时，能提取表达人物情感和态度的信息。	2.52	0.91	0.80	1	5	2/45.45
5. 在读语言较复杂的人物轶事时，能概括出人物特点。	2.42	0.83	0.67	1	5	2/48.48
6. 在读语言和情节较复杂的历史故事时，能概括故事发展脉络。	2.39	0.90	0.78	1	5	2/39.39
7. 在读语言较复杂的有关日常生活的短文时，能理解作者隐含的观点和态度。	2.39	0.93	0.84	1	5	2/42.42
8. 在读语言和情节简单的人物传记时，能理解主要内容。	2.64	1.06	1.08	1	5	2/36.36
9. 在读语言简单、有关社会生活的记叙文时，能推断作者的写作意图。	2.61	0.86	0.72	1	4	3/39.39
10. 在读语言简单的小说节选时，能区分主要情节与次要情节。	2.33	0.69	0.46	1	4	2/51.52
理解书面说明						
11. 在读科普类短文时，能理解其主要内容。	2.52	0.91	0.80	1	5	3/42.42
12. 在读中外文化类说明性短文时，能概括主要内容。	2.55	0.90	0.79	1	5	2/42.42
13. 在读简单的数据表格类材料时，能理解数据所传递的信息。如升高、下降幅度，总体趋势。	2.39	0.97	0.91	1	5	2/45.45
14. 在读日常生活中常见的公告、招贴、广告时，能理解其大意。	2.85	0.87	0.73	1	5	3/42.42
15. 在读语言较复杂的有关热点话题的新闻报道时，能提取关键信息。如新冠病毒相关新闻。	2.61	0.90	0.78	1	5	3/42.42
理解书面指示						
16. 在读简单的流程图时，能理解各流程间的关系。如思维导图。	2.61	0.97	0.91	1	5	3/39.39
理解书面论述						
17. 在读有关热点话题的简短议论文时，能找到体现作者观点的关键词。	2.52	1	0.98	1	5	2/36.36
18. 在读话题熟悉、涉及社会现象的简短议论文时，能分析作者观点。	2.48	0.97	0.92	1	5	2/45.45
19. 在读语言简单、涉及热点话题的议论文时，能评价论点与论据的一致性。	2.30	0.88	0.76	1	5	2，3/39.39

续表

题项：描述语	均值	标准差	方差	最小值	最大值	最大比例
20. 在读社会热点类的短篇议论文时，能区别主要观点和次要观点。	2.33	0.82	0.65	1	5	2/48.48
21. 在读语言简单的演讲稿时，能识别事实和观点。	2.48	0.83	0.67	1	5	2，3/42.42
22. 在读语言简单的哲理性议论文时，能理解其主题思想。	2.42	0.75	0.55	1	4	3/48.48
理解书面互动						
23. 在读有关日常生活的信件时，能提取其中的主要信息。	2.73	0.98	0.93	1	5	3/54.55
24. 在读语言简单的信件时，能评价其语言的得体性。	2.58	0.90	0.79	1	4	3/48.48
25. 在读商务信函时，能提取其中的主要信息。	2.45	0.87	0.73	1	4	2/42.42
阅读理解策略						
26. 能通过浏览文章，了解文章长度及结构等特点，帮助规划阅读过程。	2.45	0.79	0.61	1	4	2/45.45
27. 能通过比较、对比等方法分析文章的主要观点，帮助理解。	2.64	0.78	0.60	1	4	3/45.45
28. 能通过提炼提纲，梳理或记忆阅读内容。	2.76	0.87	0.73	1	5	3/48.48
29. 能通过分析构词法帮助理解词义。如 goodness，词根 good+ 词缀 ness，词义接近 good。	2.58	0.97	0.91	1	4	3/36.36
30. 能通过判断句子的交际功能，如请求、拒绝、命令等，帮助理解材料的内容。	2.42	0.75	0.55	1	4	3/48.48
31. 能利用略读、寻读、跳读等不同的阅读技巧，找出文章中的重要信息。	2.48	0.76	0.55	1	4	2/48.48
32. 能通过理清句子之间的关系，理解材料中的观点。	2.55	0.83	0.67	1	5	3/48.48
33. 能迅速找到与自己阅读目的相关的信息。	2.70	0.98	0.94	1	5	2/36.36
34. 在阅读时，能始终知道自己的阅读目的。	2.79	0.93	0.83	1	5	3/39.39
35. 在阅读时，清楚自己正在使用的阅读方法，并能根据理解效果做相应调整。	2.64	0.86	0.72	1	4	3/42.422.61
36. 能通过分析文章的写作手法，如对比与对照等，帮助理解。	2.61	0.86	0.72	1	4	3/48.48

题项：描述语	均值	标准差	方差	最小值	最大值	最大比例
37. 在阅读结束后，能通过提炼主题词，检查自己对文章的理解程度。	2.73	0.98	0.93	1	5	3/36.36
38. 能评估自己阅读策略的有效性，适时调整。	2.64	0.78	0.60	1	4	3/45.45

（3）阅读理解能力定级调查问卷信度、效度分析

阅读理解能力定级问卷信度系数值为 0.874，大于 0.8，因而说明问卷信度质量较好；量表效度分析得出 KMO 值 =0.814，大于 0.8，Bartlett 球形度检验，p 值 < 0.05（p=.000），因此说明研究数据效度非常好。

（4）阅读理解能力自评调查问卷信度、效度分析

阅读理解能力自评调查问卷信度系数值为 0.969，大于 0.8，因而说明问卷信度质量较好；阅读理解能力自评调查问卷效度分析得出 KMO 值 =0.916，大于 0.8，Bartlett 球形度检验，p 值 < 0.05（p=.000），因此说明研究数据效度非常好。

此外，思辨能力（CTDI-CV）前测独立样本 T 检验显示：实验班（243.79 ± 17.60）和对照班（240.27 ± 19.72）学生的思辨能力认知技能前测成绩没有显著性差异，t(42)=.664，p>0.05(p=.866)。符合实验条件。

3.5.3 分析问题：结果与讨论

3.5.3.1 阅读理解能力定级问卷结果分析

本书研究所要回答的第一个问题是：通过阅读理解能力自评估，高职学生处于量表中的哪个等级？研究采用问卷一《阅读理解能力自评定级问卷》，对受试班级进行调查，问卷回收和数据统计见表 3-4。

表 3-4 统计数据显示四级阅读理解能力自评量表 4 项目均值介于 2.48—3.15，说明受试班级对四级阅读任务整体掌握情况属于中等偏下水平。从自评数据结果分析，受试班级目前的阅读理解能力水平属于四级高中水平，未达到量表所规定的大学五级语言水平。以受试班级入学的高考成绩为参照，班级 100 分以上为 4 人，最高分 124 分，80—100 分为 19 人，受试班级英语能力水平分布与受试班级阅读理解能力自评测试水平分布基本吻合。

受试班级本次阅读理解能力自评测试的总体情况，包括测试基本信息、阅读理解能力总体表现、各级别人数分布、成绩分布四个部分。阅读理解能力总分为 156 分，班级平均分为 71.14 分。受试班级学生的阅读理解能力分值大致分布在 0—140.4 分之间，最高分为 131.4 分，最低分为 19 分；相比中上下线之间的距离，班级中两线之间的距离较短，说明学生水平比较集中；班级中位数分数是 71.14。系统选取了班级学生高、中、低水平的学生：班级前 5% 为高分组，学生人数为 5 人（分数段 109.2—131.4），后 5% 为低分组，学生人数为 7 人（19—46.8）与中间组（46.8—109.2）学生。在本次测试中，班级学生的阅读理解能力分布在 3 个级别：其中最大群体为四级（77.8%），最小群体为五级（2.2%），具有五级（相当于 CET4 级）及以上水平的学生在大学生群体中位于中等偏上层次。

基于阅读理解能力定级问卷数据，我们发现受试班级学生阅读理解能力水平均分未达到量表所划分的五级学段，且 77.8% 的班级最大群体学生处于中国英语能力等级量表阅读理解能力分量表的四级水平，为中级英语学习者。因此，我们采用了 CSE 量表的四级阅读理解能力描述语对接受试班级。受试班级阅读理解能力整体水平定级界定后，我们需要对第二个问题展开探讨：高职学生能否准确地对自己的英语阅读能力做出评价？自评阅读理解能力所表现出的阅读强项和弱项分别是什么？

3.5.3.2　阅读理解能力自评问卷与外部测试的相关性分析

为了回答研究的第二个问题，高职学生英语阅读理解能力自评准确性，我们需要对受试班级英语阅读成绩和学生整体自评均分进行相关性分析。

我们以浙江省大学英语等级考试（B 级）阅读测试成绩作为参照，对学生英语阅读成绩和阅读理解能力自评成绩进行相关性分析，$r=.488$，$p < 0.05$（$p=.013$），结果显示学生大学英语等级考试（B 级）阅读成绩与阅读理解能力自评成绩有显著相关性，且为正相关（双侧），说明整体而言高职学生可以使用阅读理解能力分量表对自己的英语阅读理解能力进行有效的自评。

研究结果发现，高职大学学习者能够对自己的阅读能力做出比较可靠、有效的自我评价。此研究结论和安东尼·布朗（Anthony Browne）、丹·杜威与特洛伊·考克斯（Dan Dewey & Troy Cox，2014）、辜向东（2019）的结论基本是一致的，即学习者能够使用能做描述语对自己的阅读能力做出有效的自评。然而玛利亚·萨默斯（Maria Summers）和特洛伊·考克斯（2018）、李雪平（2019）认为学习者具备一定的自我评估的能力，但弱相关系需要学习者的自评准确性有待提高。与 Summers 等（2019）发现 92 名成年学习者用"能做"描述语自评英语写作能力与口语能力时，存在低能高评的现象不同，我们发现受试学生自评自身阅读理解能力未出现低能高评的现象。

3.5.3.3　学生阅读理解能力强弱性分析

探讨高职学生英语阅读理解能力自评准确性的问题外，我们还需要分析高职学生英语阅读理解能力自评数据所反映出来的阅读理解能力强弱项的问题。

由于阅读理解能力是语言使用者围绕书面语言材料建构意义的能力，（刘建达，2019：107）根据文本的功能，阅读理解能力分量表将文本划分为 6 类文本材料，即描述性、叙述性、说明性、指示性、论述性和交际性。（王淑花，2012）因此，依据阅读理解能力分量表描述语而改编形成的问卷，可以基于阅读文本材料的文本类型对受试班级学生自评问卷数据进行分析。

第一，将四级阅读理解能力自评量表受试学生的自评数据进行降序排列分析，得出均值表现最高的十条描述语与均值表现最低的十条描述语。见表 3-5 与表 3-6。

表 3-5　阅读理解能力自评前十条描述语数据

1. 在读语言简单的游记时，能理解景物特征。	2.88
9. 在读语言简单、有关社会生活的记叙文时，能推断作者的写作意图。	2.85
8. 在读语言和情节简单的人物传记时，能理解主要内容。	2.79
7. 在读语言较复杂的有关日常生活的短文时，能理解作者隐含的观点和态度。	2.76
6. 在读语言和情节较复杂的历史故事时，能概括故事发展脉络。	2.73
5. 在读语言较复杂的人物轶事时，能概括出人物特点。	2.7
4. 在读语言较复杂的故事时，能提取表达人物情感和态度的信息。	2.64
36. 能通过分析文章的写作手法，如对比与对照等，帮助理解。	2.64
35. 在阅读时，清楚自己正在使用的阅读方法，并能根据理解效果做相应调整。	2.64
34. 在阅读时，能始终知道自己的阅读目的。	2.61

表 3-6　阅读理解能力自评后十条描述语数据

19. 在读语言简单、涉及热点话题的议论文时，能评价论点与论据的一致性。	2.45
18. 在读话题熟悉、涉及社会现象的简短议论文时，能分析作者观点。	2.42
17. 在读有关热点话题的简短论文时，能找到体现作者观点的关键词。	2.42
16. 在读简单的流程图时，能理解各流程间的关系。如思维导图。	2.42
15. 在读语言较复杂的有关热点话题的新闻报道时，能提取关键信息。如新冠病毒相关新闻。	2.39
14. 在读日常生活中常见的公告、招贴、广告时，能理解其大意。	2.39
13. 在读简单的数据表格类材料时，能理解数据所传递的信息。如升高、下降幅度，总体趋势。	2.39
12. 在读中外文化类说明性短文时，能概括主要内容。	2.33
11. 在读科普类短文时，能理解其主要内容。	2.33
10. 在读语言简单的小说节选时，能区分主要情节与次要情节。	2.3

第二，以阅读文本类型为切分点，将阅读理解能力自评前十条描述语数据与阅读理解能力自评后十条描述语数据进行归类分析。

①阅读理解能力自评前十条描述语归类为理解书面描述和理解书面叙述两大文本类型。

理解书面描述

1. 在读语言简单的游记时，能理解景物特征。

理解书面叙述

4. 在读语言较复杂的故事时，能提取表达人物情感和态度的信息。

5. 在读语言较复杂的人物轶事时，能概括出人物特点。

6. 在读语言和情节较复杂的历史故事时，能概括故事发展脉络。

7. 在读语言较复杂的有关日常生活的短文时，能理解作者隐含的观点和态度。

8. 在读语言和情节简单的人物传记时，能理解主要内容。

9 在读语言简单、有关社会生活的记叙文时能推断作者意图。

阅读理解策略

34. 在阅读时，能始终知道自己的阅读目的。

35. 在阅读时，清楚自己正在使用的阅读方法，并能根据理解效果做相应调整。

36. 能通过分析文章的写作手法，如对比与对照等，帮助理解学生相对擅长识别对比、对照帮助理解。

②阅读理解能力自评后十条描述语归类为"理解书面叙述""理解书面说明""理解书面指示"和"理解书面论述"四类文本类型。

理解书面叙述

10.在读语言简单的小说节选时，能区分主要情节与次要情节。

理解书面说明

11.在读科普类短文时，能理解其主要内容。

12.在读中外文化类说明性短文时，能概括主要内容。

13.在读简单的数据表格类材料时，能理解数据所传递的信息。如升高、下降幅度，总体趋势。

14.在读日常生活中常见的公告、招贴、广告时，能理解其大意。

15.在读语言较复杂的有关热点话题的新闻报道时，能提取关键信息。如新冠病毒相关新闻。

理解书面指示

16.在读简单的流程图时，能理解各流程间的关系。如思维导图。

理解书面论述

17.在读有关热点话题的简短议论文时，能找到体现作者观点的关键词。

18.在读话题熟悉、涉及社会现象的简短议论文时，能分析作者观点。

19.在读语言简单、涉及热点话题的议论文时，能评价论点与论据的一致性。

③受试学生阅读理解能力强弱项数据分析与结果讨论

通过对学生阅读理解能力自评数据进行归类，我们发现学生的阅读强项集中在"理解书面描述"与"理解书面叙述"两种文本类型；受试学生的阅读弱项集中在"理解书面叙述""理解书面说明""理解书面指示""理解书面论述"四个文本维度。其中，描述性材料常嵌入其他文本类型中，用于描述场景或营造特定的情绪和氛围，使读者对有关人物、地点、场景等有清晰的视觉再现（刘建达，2019：17）。鉴于描述性材料常嵌入其他文本的特点，我们未单独对其展开分析。因此，根据学生在阅读理解能力的数据分析发现：受试班级学生擅长"书面叙述"与"书面描述"类语言文本材料，不擅长"书面说明""书面指示""书面论述"类语言文本材料。首先，叙述类材料共使用七条描述语，学生在此条描述语只有一条为弱项表现，即学生在"读语言简单的小说节选，区分主要情节和次要情节"方面稍弱；在阅读理解策略方面，学生数据表现未显示显著性阅读理解能力弱项；其次，"书面说明"类材料使用了五项任务描述语，受试学生在"书面说明"类材料五项任务描述语全部表现为弱项；说明性材料如新闻报道、公告、广告、科普短文等等，自评数据显示，受试学生在"提取信息、理解大意或信息、概括主要内容"等方面表现稍弱；再次，"书面指示"类材料使用了一项任务描述语，学生自评数据显示，学生在"读简单的流程图时，能理解各流程间的关系"方面稍弱；最后，书面论述类材料共使用六项描述语，学生在此项任务表现中有三项描述表现为弱项。具体在"识别作者观点""分析作者观点""评价论点和论据"方面表现稍弱；最后，学生在完成"阅读理解策略"任务描述时，无弱项表现。

阅读理解能力分量表在建构描述语时，受布鲁姆教育目标分类学的深远影响，将阅读理解能力区分为识别与提取能力、概括与分析能力以及批判与评价能力三个层级。（刘建达，2019：71）研究者通常认为文本意义的字面理解是最低层次的理解，对意义的重组和推断是较高层级的理解能力，而对文本进行评价和欣赏则是最高层次的理解。（刘建达，2019：71）获取知识的认知过程存在层级性。我们需要针对学生在阅读理解能力自评中阅读认知技能的表现进行深层次分析，才能对后续的教学干预与任务设置提供更有利的指导。此外，阅读理解能力量表除六种语言文本材料的任务描述语外，还包括阅读理解策略任务描述语。因此，基于文本材料类型我们从阅读认知技能、文本类型、阅读策略三方面展开微观分析。

第一，阅读理解能力强项表现微观分析。

首先，从阅读认知技能维度进行分析。第一句与第八句任务描述语的认知词语为"理解"，学生只需对景物特征进行简单信息匹配就能够了解的层面，属于最低层次的阅读字面理解阶段；第四句描述语的认知词语为"提取"，指识别并提取材料中能够反映出人物态度与情感的单词或短语。这需要学习者基于所读材料，从长时记忆中复现词语信息即可以完成，属于最低层次的阅读字面理解阶段。第五句与第六句描述语的认知词语为"概括"，指语言学习者能对所读文本材料信息进行整体把握，能在比较、总结的基础上厘清各要素的关系，如人物特点、故事发展脉络等，并进行重组和总结，属于较高的阅读理解能力要求。第七句与第九句描述语的认知词语为"推断"，指语言学习者能在理解文本词、句、段、篇章信息的基础上，比较事物或观点的关系，能够从呈现的信息中推断作者的意图和观点，且合乎逻辑，有理有据。此种推断性理解也是属于更高级别的阅读理解能力要求。

其次，从文本类型维度进行分析。十条弱项描述语中有一条属于书面描述文本类型，六条属于书面叙述文本类型，因此学生相对擅长阅读贴近生活类的文本材料，其中话题内容多以"游记""记叙文""人物传记""历史故事"为主；结合第一个阅读认知微技能维度，我们发现学生所表现出来的阅读强项集中在"书面描述"和"书面叙述"两种体裁上，在论述性材料、指示性材料等语言材料上未有强势表现。

最后，从阅读理解策略的维度进行分析。阅读策略的概念为：学习者有意识地利用已有资源通过某种手段达到自己的阅读目的。其中，手段指思维活动，也指可视的行为；已有资源指语言知识也指非语言知识；阅读目的指为解决某个问题、辅助理解或提高阅读效果。（刘建达，2019：115）要回答阅读策略维度的自评表现，我们需要结合学生日常阅读习惯进行联系分析。常规教学中，学生能够主动跟随教师的指令理解文本信息，其态度、行为和第一条描述语基本一致。当然，也存在一些学生阅读时出现走神或对文本具体语言知识的处理上出现障碍，但大多数学生会从头开始重新进行阅读，这也说明学生能够根据理解效果进行相应调整。对比、对照等基本的写作策略在日常学习中较多运用，这和前面两个维度所表现出来的阅读特征是非常吻合的，即学生在"字面理解""推断性理解"两个层次表现稍强。这两个层次是侧重对比与分析等思辨技能，而对较复杂的思辨技能关注不够，批判和评价书面信息评判性理解未有良好表现。其中原因应该和高中英语教师多侧重理解课文主旨大意、获取细节等训练有关，也与教材选材多选用故事情节强的文章有很大的关系。

以上所述为实验班学生的阅读强项分析，但学生阅读理解能力自评均分处于 2.61~2.88。在辜向东老师对于高中生所做的阅读自评测试中，学生的自评均分处于 2.57~2.91，即基本能达到任务要求。从数据来分析，虽然双方 likert 选项设置稍微存在差异，但我校 B 层高职学生阅读理解情况和高中生阅读情况基本吻合。这给我们教师在阅读材料的补充广度和对现有材料的开发利用方式上给出了宝贵的反馈意见。在后续的教学内容的重构这部分，我们将详细阐述基于学生的数据反馈，我们所做的教学内容的调整和重构。

第二，阅读理解能力弱项表现微观分析。

首先，从阅读认知技能维度进行分析。

第 10 句任务描述语使用的认知词语是"区分"，"区分"是能够分辨文本材料的主次关系，可以识别出事物的最主要特征，属于更高级阅读能力要求。在思辨能力认知技能中，"区分"隶属于"分析"核心技能。"区分观点或情节"的任务描述语需要学生能够分析整体和部分的关系，识别并比较事物的主要信息特征。学生在"区分主要情节和次要情节"的任务表现弱项，浅层原因有两点：第一，单词成为阅读的主要阻碍；第二，表明受试学生阅读过程没有理解文本要素的内在逻辑关系。各情节隶属关系在思维上没有明晰的概念，需要我们后续注意加以训练。英语学科教学，都有其内在逻辑结构，尤其阅读和写作对理解性和结构化思考要求更高。20 世纪 80 年代由东尼·博赞创建的思维导图是把各级主题的关系用相互隶属与相关的层级图表现出来。思维导图可有效地帮助学生将精力集中在关键知识点上，使其摆脱因文章太长或太难抓不住主题的困扰，（马武林，2008）也可以有效地锻炼学生对于信息从属关系、层级关系的理解和应用。我们后续教学需要有针对性地运用思维导图策略训练学生此方面的思维能力和阅读理解能力。本节我们重点分析学生的弱项表现，从而为下一步教学提供反馈。

第 11—15 句描述语使用的认知词语是"理解""概括"与"提取"。在前面阅读强项表现分析时我们已经对阅读者的理解与概括两种思辨认知技能做出解读，这里不再重复。需要注意的一点为："理解书面描述与书面叙述"是学生的阅读强项，而在"理解书面说明"文本材料时则变成了阅读弱项。阅读技能的概念和性质没有发生变化，唯一区别是文本类型的变化。说明学生对"理解书面说明"类文本资料，输入量不够。

第 16 句描述语反映出学生对于流程图的架构关系掌握稍薄弱，与第 10 点关联比较大。思维导图能很好地解决学生此条目的阅读弱项。

第 17、18 条目描述语使用的认知词语是"分析"，属于阅读理解能力中更高级的思辨认知要求。在第 7 句和第 9 句描述语中学生阅读强项转为弱项。同第11—15句，唯一区别是文本类型由叙述文转为论述类文本资料。由此可以不难得出总结，受试班级学生对说明性文本、指示性文本和论述性文本输入量不足。

第19条目描述语使用的认知词语是"评价"。阅读量表中"评价"是指评价书面信息的能力，即语言使用者能够将先前知识与所读材料结合，对所读材料的内容、形式、风格及意图做出反思、评判的能力。（刘建达，2019：107）"评价"和"批判"是最高级的阅读理解能力要求。读者要先学会理解字面意思，然后才能进行信息的推断，最后才能进行评价和批判。（Alderson，2000）在德尔菲项目的思辨能力"双维结构"模型中，"评价"可分为评价观点和评价论据。在布鲁姆教育目标分类理论中，"评价"的界定处于"金字塔"上层结构，这要求学生在阅读中能够对所学文本进行思辨学习。不难发现，注重学生阅读过程中思辨能力的培养是未来英语教学中的一个重要目标和趋势。

其次，从文本类型维度进行分析，十条阅读弱项描述语有1条关联书面叙述文本，5条关联书面说明文本，1条关联书面指示文本，3条关联书面论述文本。书面叙述文本总共包括第4、5、6、7、8、9、10共7条描述语，有6项是学生相对强项，只有第10条描述语"主次情节"掌握不佳。究其原因，不是对语言材料输入的不足，我们不需着力叙述资料的补充，而是需要借助不同题材优化教学设计，强化学生对文本逻辑关系的理解能力，变阅读弱项为强项；"理解书面说明"的任务描述语共5条，全部显示为阅读弱项，说明教学中需要补充书面说明类语言材料，并强化学生围绕说明性材料，如技术报告、调查报告、图表等材料建构意义的能力；"书面指示"共1条描述语，自评显示为学生的阅读薄弱项，描述语是"在读简单的流程图时，能理解各流程间的关系"。内容指向流程图内容要素关系的理解，与"理解书面叙述"的弱项"在读语言简单的小说节选时，能区分主要情节与次要情节"大致属于一类微技能，即文本的逻辑关系、系统性、条理性偏弱，后续我们使用思维导图这一策略来进行弥补性教学；"书面论述"类语言材料描述语共6条，其中3条描述语表现偏弱，说明教学中需要增加论述性材料，如议论文、社会时评、演讲词、辩论等。

最后，阅读策略方面，学生未有弱项表现。我们从阅读认知技能、语言材料类型、阅读策略三个维度，基于受试学生阅读理解能力自评数据，对学生阅读理解能力做出微观分析。班级学生中阅读表现特别突出、分数段处于109.2~131.4 的学生为 5 人，处于成绩尾部的有 7 人。后续教学中，我们在保持教学步调的同时，需进行个性化教学，从而实现学生整体读写水平提高的教学目标。实验班学生阅读弱项均分在 2.3~2.45，稍高于辜向东老师所得出的高中学生阅读弱项均值 1.83~2.08。实验班学生阅读能力稍高于高三学生，这也恰好说明高职受试学生已经完成高三学业，对英语阅读的认知能力介于大学本科和高中学业水平之间。

本部分主要对学生的阅读水平定位、阅读自评有效性和阅读理解能力强弱项三个方面进行了讨论与分析，研究结果表明：受试班级学生整体上能使用阅读理解能力分量表对自身的英语阅读理解能力进行有效的评价。通过学生阅读理解能力自评调查，我们发现受试班级学生英语阅读能力多集中于四级水平，表现较强和稍弱的学生分散两端，高分学生为 5 人，低分学生为 7 人。综上所述，从上述描述语的数据，受试班级学生阅读弱项为理解书面叙述、书面说明、书面论述、书面指示类语言文本材料。我们教学中需要有意识地针对上述四类文本类型，并充分考虑阅读理解能力的认知层级性特点进行科学、合理的任务设计和教学干预。

3.5.4　解决问题：行动与布局

阅读研究自 20 世纪 60 年代至今已有数十年的历史。随着语言习得和认知心理学的发展，学界出现多种阅读模式。语言工作者对阅读模式的探讨多集中在三种阅读模式：自下而上阅读模式、自上而下阅读模式和交互作用阅读模式。自下而上阅读模式主要由菲利普·高夫（Philip Gough，1972）、戴维·拉伯奇（David LaBerge）和杰伊·塞缪尔斯（Jaye Samuels，1974）、马塞尔·贾斯特（Massels Just）和帕特丽夏·卡朋特（Patricia Carpenter）（1980，1987）等研究者从行为主义研究的角度提出，并不断完善。菲利普·高夫认为阅读是读者从小到大，从字形序列到音位的转换和解码形成语义信息。此种模式重视词汇、句法，狭隘地把阅读理解的重心放在句子上，而不是放在命题或文本上。他的这一观点"依赖于界定不清的、不可测的加工处理机制"。（倪锦诚，2013：40）戴维·拉伯奇和杰伊·塞缪尔斯（1974）提出从字形、音位到语义表达的更加完善的自下而上阅读模式。但他提出的阅读模式对意义未多加解释，使人认为感知是关键因素，而忽略了理解的重要性。（Bernhardt，1991：7）马塞尔·贾斯特和帕特丽夏·卡朋特认为读者和文本之间是积极认知和产生反馈的双向过程。较前几位学者而言，他们提出的阅读模式立足于文本，考虑读者的背景知识，强调读者和文本之间的认知互动作用。交互的阅读模式既不能削弱认知活动在字、词、句、短篇理解和意义构建中的作用，也不能因为过分强调较高层次的思维技能，如通过背景知识对主题预测、推断等，影响了阅读技能的发挥。阅读理解能力更强调读者与文本的互动性，是语言使用者围绕书面语言材料由低到高获取知识的认知过程。交互阅读模式为我们实施教学干预指明了方向。

我们下一步的工作重点是对原授课内容进行优化，基于学习者阅读理解能力诊断数据所体现的阅读理解能力强弱项，即理解书面叙述、理解书面说明、理解书面指示、理解书面论述四类文本语言材料进行教学干预，协同发展学生的语言与思辨能力。外语学习者的内部干预和外部干预共同决定了外语学习的实现程度。因此，兼顾班级整体性和学生个性特征，我们从教师外部教学干预和学习者内部学习干预两方面进行课程整体布局。

外部教学干预主要是有意识地针对学生阅读理解能力自评弱项四类文本材料类型，并充分考虑阅读理解能力认知层级性特点进行科学、合理的任务设计与实施。首先，基于中国英语能力等级量表阅读分量表对阅读理解能力的层级划分为初级阅读任务、中级阅读任务、高级阅读任务，遵循由浅入深的阅读认知过程和思维特征；其次，在充分论证阅读与写作结合理论促学机理和实证研究的基础上，三层级任务后我们设定了第四层级任务，即"同题再写"读写学习任务，将四级量表"书面表达能力"与四级"书面理解能力"相融合，从理解阅读文本传达的信息过渡到通过书面表达交流思想。我们首先将原教学目标进行目标重构与优化，并阐述任务设置的理论基础。最后，通过梳理和归纳授课教材阅读文本的文本类型，根据学生阅读理解能力自评数据和阅读文本的内容特性，详细阐释本书中的层级性任务设计并开展实施，以达到提高语言运用和思维发展的目标。

1. 教学目标重构与优化

本书是基于阅读自评证据而进行学生阅读理解能力培养的探索，而阅读理解过程蕴含和承载着"思辨思维的元素"，因此在注重学生常规英语技能培养的同时，需兼顾学生阅读技能和思辨思维的双重发展。阅读技能不能按照传统教学一把抓，阅读目标的设定需基于自评客观数据进行科学制定。在前文课程背景和介绍小节，我们已经就课程教学目标进行过介绍。原教学目标比较宽泛，听说读写译技能目标都杂糅在一起，这里我们专门将"阅读技能"的相关能力要求摘取出来，在中国英语能力等级量表阅读理解能力分量表的总目标指导下，对课程中的阅读能力目标进行重构和调整，体现出阅读理解能力量表对语言文本类型、阅读层次、阅读策略、思辨能力等方面的能力要求。

原阅读能力目标为：

●阅读理解：能基本读懂一般题材的英文材料，理解基本正确。在阅读生词不超过总词数 3% 的英文资料时，阅读速度不低于每分钟 30 词。能读懂常见的简单应用文体的材料，如信函、通知、使用说明书、图表等，理解正确。能在阅读中使用有效的阅读方法。

从上面阅读理解能力目标的设定，我们可以看出原目标的设定极其笼统、粗糙，形同虚设。具体问题如"一般题材"未说明题材类型；"理解基本正确"的"理解"界定不清楚；阅读速度不低于每分钟 30 分钟的标准过于简单；"能读懂常见的简单应用问题"，对于"读懂"的界定不清；"能在阅读中使用有效的阅读方法"则更为粗糙，阅读方法和策略是学科中较为重要的领域，不能一句话简单带过。传统的教学目标对于教学和学习的指导意义微乎其微。根据语言能力的定义，语言能力描述语使用"肯定的""能做"句式来表达，四级阅读理解能力总目标为：

※ 能读懂语言简单、不同类型的材料，如简短故事、书信等，提取细节信息，概括主旨要义。
※ 能读懂语言简单、体裁广泛的记叙文和议论文，区分事实和观点，进行简单概括。
※ 能通过分析句子和篇章结构读懂语言较复杂的材料，理解意义之间的关系。

由于语言能力总表是通用型语言概括，未能结合本项目学生自评数据，因此，我们在语言能力总表的基础上对其进行进一步的细化。语言能力的表述仍然采用"肯定的""能做"句式来表达，在总体目标指导下，体现出对语言文本类型、阅读层次、阅读策略、思辨能力等方面的能力要求。

※ 能读懂语言简单、不同类型的材料，提取和识别细节信息。语言材料应包括叙述性材料、书面论述类材料、书面指示性和书面说明性材料。

※ 能读懂语言简单、体裁广泛的语言记叙文和议论文，区分事实和观点，概括主旨要义并分析句子和篇章结构，理解意义之间的关系，并对作者的观点和意图做出推断和预测。

※ 能读懂语言简单或相对复杂的材料，对所读材料内容、形式、写作意图等方面进行反思和思考，并做出评价的能力。

※ 能读懂学习材料，在基于证据的支撑下能够思辨性地思考问题，有理、有据地有所创新和应用。

※ 能够善于利用阅读策略：如对比和比较等方法分析文章观点、写作手法帮助理解、提炼提纲，梳理或记忆阅读内容、理清句子之间的关系理解观点等手段帮助理解、提高阅读的有效性。

2. 任务设置的学理分析

（1）阅读理解能力前三层级任务设置理据

任务型教学源自交际语言教学理论，任务型教学是将英语的教学目标整合到一个或多个具体的活动任务当中，使学生在使用英语完成任务的同时学会英语，更主要的是培养学生运用英语的能力。（黄芳，2013：55）面向"运用"的语言能力量表是把语言使用作为描述方向，即在特定的环境下调动各种能力完成不同的交际任务。（刘建达，2019：14）两者本质上同源，基于语言能力量表理论框架将英语教学目标整合到具体的任务活动中，培养学生运用英语的能力，符合语言的交际原则。

简·威利斯（Jane Willis）在1996年对教学中认同度较高的六类教学任务进行了区分，分别为：列举类任务、排序与分类任务、比较类任务、解决难题类任务、交流个人经历和创造性任务。（Jane Willis，1996）让学生成对或以小组为单位执行任务是以学生为"中心"、以教师为"主导"的最大化保障。这六类任务类型反映了学生的认知过程，遵循了从易到难、从简单到复杂的原则。（黄芳，2013：58）我们以六类教学任务为参考依据，结合文本主题和类型并根据学生阅读理解能力自评实际情况，进行任务设计，将更有利于发挥阅读理解能力分量表的指导作用。

在前文分析中，我们已经说明中国英语能力等级量表阅读理解能力分量表是基于布鲁姆教育目标分类学认知领域分类，将阅读理解能力区分为三个层次：识别与提取书面信息的能力、概括与分析书面信息的能力、批判与评价书面信息的能力。学者本杰明·布鲁姆的教育目标分类模型虽然没有把思辨能力这样重要的认知过程纳入模型中，但他们明确指出思辨能力会涉及和使用多个认知过程或认知维度。（Aderson，2009；蒋小平译）基于"德尔菲"项目双维模型，我们在本书中将思辨能力技能维度界定为阐释（其中我们把"解释"归为"阐释"一类）、分析、评价、推理、自我调节5项技能。虽然学界有不同的思辨模型，但思维过程中的核心认知技能是基本一致的。思辨技能虽然不能绝对清晰地进行区分，但其认知特点总体呈现梯度和层级性。（黄芳，2013）我们将阅读理解能力的认知过程与阅读过程中蕴含的思辨技能进行了关联类比，发现阅读理解能力的三层次认知过程在不同的阅读层次中对思辨技能有不同的需求和侧重。首先，阅读理解能力的第一层次"识别和提取信息"层面主要是考查学生对于书面信息的阐释能力需要学生根据文本特点做出分析和理解，建基于对文本材料的信息识别和回忆之上；阅读理解能力的第二层面"概括与分析书面信息的能力"主要是考查学生运用阐释、分析（比较、总结）、推断（推测）辅助阅读文本信息；阅读理解能力的第三层次"批判与评价书面信息"则是涉及阐释、分析、推理、评价、反思等思辨技能的综合运用。阅读理解能力的认知词语是概括性的，阅读过程所使用的一些微观技能并不是一两个认知词语所能解决的，需要使用思辨思维的方法、问题意识和技能对阅读进行自上而下和自下而上抑或是交互式的阅读和剖析。我们将书面阅读理解能力与思辨能力认知技能进行关联，以确保任务设计的整体性和微观层面的一致性。见表3-7。

表 3-7　书面阅读理解能力与思辨技能的关系

识别和提取书面信息	阐释
概括与分析（比较、总结、推测）书面信息	阐释、分析、推断
批判与评价书面信息	阐释、分析、推断、评价、反思

虽然两者不是一一对应和关联，但书面阅读理解能力和思辨思维的认知特点是相互交叉，呈螺旋式上升的。（前面章节我们已经深入分析了两者的辩证关系，这里不再赘述。）在任务设计中充分考虑两者的特性是任务合理设置的基本保障。简·威利斯在 1996 年所创设的六类教学任务："列举类任务、排序与分类任务、比较类任务、解决难题类任务、交流个人经历和创造性任务"遵循由易到难的思维认知特点。结合阅读理解能力的理解能力认知特点，"列举类任务"适宜结合阅读理解能力的第一层级进行任务设计，主要培养学生运用阐释技能识别与提取书面信息的能力；排序与分类、比较类任务适宜结合阅读理解能力的第二层级进行任务设计，主要培养学生运用阐释、分析（比较、归类、区分等）、推断（质疑、提出替代假设、得出结论）对文本要素间的关系进行比较和综合，做出合理推断和预测的能力。此外，结合阅读理解能力第二层级概括与分析书面信息的能力要求，提出概括类任务和预测类任务，旨在加强学生的归类概括和推断能力；解决难题类任务和交流个人经历类任务适合结合阅读理解能力的第三层级认知过程，侧重通过语言使用者与所读文本互动培养学生对文本内容、形式、写作意图等做出反思与评判的能力。

我们按照授课文本类型和学生阅读薄弱项，进行任务设计，具体如下：

1. 列举类任务、记忆类任务：主要培养阅读中学生运用阐释能力体现识别和提取书面信息的能力；

2. 排序与分类、比较类任务、概括类任务、预测类任务：主要培养学生运用思辨阐释、分析能力，提高阅读中学生概括与分析并对原文做出预测和推断的能力（尤其以学生薄弱项：比较主次情节为重点）。

3. 解决难题类任务、交流个人经历：主要培养学生运用阐释、分析、推断和评价等综合思维技能，提高学生阅读中对文本材料内容、形式、风格、主题等错处批判、评价的能力（尤其以学生薄弱项：评价反思为重点）。

（2）阅读理解能力第四层级任务设置理据

中国英语能力等级量表语言能力框架体系认为，语言能力是一种动态的认知活动。（刘建达，2019：22）语言使用者或学习者在参与这些活动所体现出来的语言能力可概括为语言理解能力和语言表达能力。（刘建达，2019：14）（翻译过程是理解和表达共同参与的过程，量表对四级水平学生不做此项要求。）语言理解能力可以分为理解口语语言信息的能力（听力理解能力）和理解书面语言信息的能力（阅读理解能力）。（刘建达，2019：15）语言表达能力可以分为口语语言表达信息的能力（口头表达能力）和用书面语言表达信息的能力（书面表达能力）。（刘建达，2019：16）而作为语言能力的重要组成部分，学习者语言理解能力需要与语言表达能力双向互动才能实现语言能力的整体发展。（语言表达也可理解为语言产出，同量表的概念名词保持一致，我们在下文采用语言表达的说法。）

从社会认知视角来看，人类语言因人际互动而产生和发展，也因人际互动被习得和使用。遵循互动思路的语言学习和教学理论构建推动了理论发展，列弗·维果斯基（1962）的互动说对语言学习和教学理论的影响经久不衰便是明证。（王初明，2018：40）语言理解和语言表达的结合与互动，会产生协同效应，即增效作用，是提高外语学习成效的关键环节。（王初明，2012：3）协同，是指语言产出与语言理解的结合或相加对学习所产生的作用大于单方面存在时产生的作用。（这里王初明教授所提及的协同主要指学伴间或学习者同输入性文本的协同）。在产生学习效应的过程中，语言水平高的学伴或文本有助于学习者提高语言学习能力。由此，创造条件促进语言理解与语言产出的结合与互动，是提高语言习得成效的关键。语言理解与语言产出有多种组合，如阅读与口头表达，阅读与书面写作，听力与口头表达等形式。（王初明，2012：3）。这些联系都能促学，但从读写的机理来分析，读写结合更能促进语言理解和语言表达的互动。

自 20 世纪 80 年代，阅读界和写作界的研究者们发现以阅读为语言输入方式的学习过程与以写作为语言输出方式的学习过程具有相似度极高的信息加工机理。参与阅读和写作活动的学习者在理解文本资料时都将进行综合的思考过程，基于同一认知资源库获取信息，新旧信息形成关联，并对语篇或文本的结构特征、语言要素等信息进行分析、鉴别。读写活动的有机结合，是在语言输入与语言输出间建立一条通道，是促进语言习得并加速运用的过程，具有深厚的理论基础。（盛一英，2005：44）

谢薇娜认为阅读与写作是双向模拟的过程和行为。读者进行阅读时，往往基于写作方的立场，而作者进行创作时往往基于读者视角。（盛一英，2005：44）司托次基在综合了有关阅读与写作的关系的调查研究后发现，写作能力与阅读能力呈正相关关系。通过增强阅读理解能力而协同发展学习者的写作能力经实践验证是有效的。同理，写作活动对阅读理解能力同样具有反哺作用。（盛一英，2005：44）

从上述理论论证与实证研究（杨永林、董玉，2010；盛一英，2005；邓佳妮，2012；钱建伟，2008 等）发现，阅读与写作结合，"以读促写，以写促读，读写结合"不失为语言理解和语言表达（语言产出）的最佳黏合剂与衔接点。

鉴于阅读与写作结合的促学机理，我们在前三层级任务的基础上增加了第四层级创造性阅读，即"同题再写"读写结合任务。该任务是紧随阅读后的写作活动，同题再写任务"紧随"阅读文本教学。阅读理解能力字面理解、推断性理解到评判性理解的三层级任务是"同题再写"任务的基础和必要前提。"同题"是书面阅读文本在文本思想、内容、语言表征等方面所营造的同一语境，而"再写"任务是紧随"三层级阅读理解任务"，是学习者对原文本的"相对不完整"进行思考和重构，对所读材料做出反思和评判并表达自己思想的创造性的语言产出过程。

读写结合任务是紧随阅读的写作行为，实验班学生前期阅读理解能力自评弱项集中于叙述性文本、论述性文本、说明性文本、指示性文本四类文本类型（其中指示性文本穿插于其他三类文本）。那么第四层级"同题再写"任务应基于前三类文本，即叙述性文本、论述性文本、说明性文本进行一系列教学干预活动。从文本类型维度来分析，"同题再写"任务可以仿照阅读文本进行创造写作，也可以跳出原文本图式结构进行创造写作。以巩固、加强阅读教学对四类文本图式认知的目的，根据文本特点和内容特征，读写任务设置侧重写作知识和技能的培养外，还侧重培养学生撰写不同功能文本的能力而体现。第四层级"同题再写"读写结合任务注重输入性知识与产出性应用的紧密结合，侧重学生思维能力的培养，具有很强的促学效应，我们在读写任务章节专门从创造性阅读的表现形式、教学方法、实施策略、范例与评析四个方面进行了详细阐述。

3. 梳理与归纳阅读文本的文本类型

我们将原授课内容按照单元主题进行梳理，并列表如下：

第一学期：

① Unit 1 Text A 新生入学：大学生活中的重要转折点

② Unit 1 Text B 新生入学：我期望从大学中学到什么

③ Unit 2 Text A 发明创造：他帮助了盲人

④ Unit 2 Text B 发明创造：不要吃西红柿，有毒！

⑤ Unit 3 Text A 感恩：感谢母亲为我所做的一切

⑥ Unit 3 TextB 感恩：他毕生的工作

⑦ Unit 6 Text A 勇气：追寻我的梦

⑧ Unit 6 Text B 勇气：从双拐到世界级的长跑运动员

第二学期：

⑨ Unit 1 Text A 虚拟连接：社交媒体多大限度上影响自身

⑩ Unit 1 Text B 虚拟连接：看帖还是发帖

⑪Unit 5 Text A 世界就餐面面观：解决世界粮食短缺——让全世界吃饱

⑫Unit 5 Text B 世界就餐面面观：食物所携带的文化秘密

⑬Unit 7 Text A 在我的思想中：感知和记忆的关系

⑭Unit 7 Text B 在我的思想中：不要忘记的 10 个小技巧

第一学期所授 4 个单元的阅读文本类型都是以记叙为主要表达方式的书面叙述性文本。第二学期所授三个单元 6 篇文本，论述性文本 3 篇，分别为 Unit 1 Text A、Unit 1 Text B、Unit 7 Text A；说明性文本 2 篇，分别是 Unit 5 Text A、Unit 5 Text B；论述性文本篇，为 Unit 7 Text A。

班级学生整体阅读弱项集中于理解书面叙述、理解书面说明、理解书面指示、理解书面论述四类文本类型。书面叙述、书面说明、书面论述三种文本类型有充足的阅读课文与选材供优化，但书面指示类材料在授课教材中相对欠缺。此外，阅读理解能力层级任务含有对文本信息的评价和批判能力要求，因此，是否所有选材都适合设置层级任务，取决于选材是否含有思维训练的空间。考虑到任务的设置需要精深而有效，过度或滥用可能会导致学生的认知负荷。较 B 篇文本而言，A 篇文本内容的深度和思考空间更大，且 A 篇文章为精讲课文，因此我们保留了每个单元的 A 篇文本。

4. 教学任务分类

基于中国英语能力等级量表阅读分量表对阅读理解能力的层级划分进行单元任务设置，任务划分为初级任务、中级任务、高级任务与读写结合任务。每层级任务都会涉及不同梯度思维技能的运用。而初级任务较中高级任务而言思维认知难度相对偏低，但随语言复杂度、任务难度和任务条目增加，思辨认知要求随之增加。从微观单元来讲，依据思维认知特点，运用思辨思维的技能和意识进行加工和处理的分析方法具有梯度性；从整体任务设计而言，阅读任务和思辨运用同样兼具梯度性。在不同类型的文本材料中，根据学生阅读理解能力自评薄弱点阅读理解能力和思维技能侧重点有所不同。

以理解"书面叙述性文本"为例，我们展开详细说明。理解书面叙述性文本第十条描述语"在读语言简单的小说节选时，能区分主要情节与次要情节"为学生的阅读弱项。学生在区分叙述性语篇的主次情节方面有待加强，"区分"主要归因于思辨分析技能。"区分主次情节"认知能力的偏弱也和逻辑思维有很大的关联性。在阅读理解分析中我们不涉及特别深奥的逻辑学，只是简单限定于对语言材料整体和局部、主要与次要、自上与自下等逻辑关系掌控的一种思维方式和表现形式。逻辑思维与思辨思维相辅相成。逻辑性是思辨性思维的重要表现之一，而思辨性思维又是对逻辑思维的延伸和深化。思维导图无疑是我们思维尤其是逻辑性思维可视化的重要工具之一，也可作为提高学生区分、比较等分析技能的重要手段。阅读理解能力第二层级任务"概括与分析书面信息"，对"区分主要情节与次要情节"有所侧重。此外，阅读理解能力第三层级任务"批判和评价书面信息"是对阅读理解和思维能力的高级要求，也是第四层级创造性阅读任务执行的重要前提，我们在这一层面也需对评价技能有所侧重。"批判"和"评价"是建立在"识别与提取书面信息""概括和分析书面信息"等理解认知层次的基础上，脱离前两个阶段的信息加工过程，"批判"和

"评价"也就无从谈起。再者，受试学生的阅读强项表现并不是绝对的强项，而是基本达到相应的标准，因此后续教学需继续强化相对强项的基础上，着力提高学生的相对弱项。这就要求我们在训练学生理解主旨大意、对比不同观点和态度、识别特定信息、获取细节、合理推断等思维技能的基础上，合理结合阅读材料有意识训练学生进行评价和批判性的学习能力。思辨思维的基本能力之一就是对文章中作者的推断、论证等信息进行阐释、分析、评估等等，所以思辨思维的培养和发展也是学生阅读认识技巧提高的必要途径。

上述内容为前三层级任务设置与相关能力点要求。第四层级创造性阅读任务需要相伴阅读文本，即：基于阅读理解能力自评数据——阅读文本类型——写作文本类型进行写作教学干预。前三层级阅读任务从叙述性文本、说明性文本、论述性文本、指示性文本四个维度执行，训练学生书面阅读理解能力。因此，第四层级创造性阅读任务理应叙述文本、说明文本、论述文本、指示文本四个维度执行，训练学生书面表达能力。由于授课教材中对应四级指示性文本描述语的阅读文本资源不足，因此我们将学生在指示性文本的阅读弱项转化为思维导图的方式内隐于阅读教学干预的全过程中。

第一学期教授 4 个单元阅读文本均为叙述性文本，分别为 Unit 1 Text A、Unit 2 Text A、Unit 3 Text A、Unit 6 Text A。第二学期共计三个单元五篇文本，其中论述性文本三篇，分别为 Unit 1 Text A、Unit 1 Text B、Unit 7 Text A，说明性文本文两篇，分别是 Unit 5 Text A、Unit 5 Text B；研究依托 9 篇文本，共计 27 项阅读理解任务与 8 项读写任务，即叙述性文本写作任务四项，分别依托《21 世纪综合实用英语》Unit 1、Unit 2、Unit 3、Unit 4；论述性文本写作任务三项，分别依托《捷近英语》Unit 1 Text A、Unit 1 Text B、Unit 7 Text A；说明性写作任务一项，依托《捷近英语》Unit 5 Text B，具体如下所示。

第一学期

Unit 1 TEXT A 书面叙述性文本

T1 陈述列举 TEXT A 作者入金字塔转型中遇到的瓶颈 / 陈述列举作者瓶颈后所做的调整。

T2 比较作者所列举的主要问题，区分主要问题和次要问题。

T3 与原文作者相比较，交流个人经历和入学感悟以及所遭遇的瓶颈，并做出整改计划。

T4 读写结合任务：对作者进入校园的得失做出评价和思考后，对照并介绍自身生活中的转折点，需基于阅读文本思考自身的大学生活，包括得与失。书面形式。

Unit 2 TEXT A 书面叙述性文本

T1 阐述路易斯·布莱叶发明盲人点数法所经历的重大事件 / 阐述约翰逊尝试到推广西红柿过程中众人的反应。

T2 对 A 和 B 两种发明形成的原因进行归纳，并对比两者产生的异同。

T3 将盲文应用实际生活，寻找生活中的盲文并加以完善、实现超越文本的价值。

T4 读写结合任务：选取一种发明，介绍其细节信息，包括起源，关键性事件。书面形式。

Unit 3 TEXT A 书面叙述性文本

T1 列举作者感谢妈妈的理由 / 列举作者父亲为生计所从事过的工作。

T2 通过文章所陈述的事件，归纳总结两位家长的性格品质的异同点，并说明理由。

T3 结合个人经历说明母亲的育儿方式是怎么样的，对父母的方式如何来评价。

T4 读写结合任务：父母或，感谢其为你做的一切，需包括个人对成长方式的思考和感激父母的一个成长案例，完成形式为电话或信函。

Unit 6 TEXT A 书面叙述性文本

T1 信息拼凑任务考查学生对原文信息的再现。

T2 补充材料：*Wild Life* 归纳并对比文中作者与贝尔继续梦想的区别是什么：比较、归纳、理解与发展补充材料升华价值观。

T3 如果你是作者，你的选择是什么、理由。

T4 读写结合任务：基于对原文追求梦想方式的思考，再写"如何追寻我的梦"，书面形式。

第二学期

Unit 1 TEXT A 书面论述类文本

T1 列举反映出作者观点的关键词。

T2 将论证部分的主题句进行排序和匹配。

T3 评价作者论点和论据之间的一致性。

T4 读写结合任务：你认为还有什么论据可以支持作者的观点，小议论文续写。

Unit 1 TEXT B 书面论述类文本

T1 列举反映出作者观点的关键词、列举 B 文中作者所列举的朋友圈辐射出的性格类型。

T2 根据作者的观点预测这几种性格特征是什么，并和原文进行比对，思考补充不足处。

T3 评价作者论点和论据之间的一致性。

T4 读写结合任务：你认为作者的观点是否合理，如果合理还有什么论据可以支持作者的观点；如果不合理，指出不足之处并找出替代性论据给予补充。

Unit 7 TEXT A 书面论述类文本

T1 列举反映出作者观点的关键句和关键词。

T2 找出文中能反映感官和记忆关系的论证，比较并说明和主题句的紧密度。

T3 评价作者论点和论据之间的一致性。

T4 读写结合任务：你认为作者的观点是否合理，如果合理还有什么论据可以支持作者的观点；如果不合理，指出不足之处并找出替代性论据给予补充。

Unit 5 TEXT A 书面说明性文本

T1 列举文章所介绍的解决世界粮食危机的措施。

T2 根据文章所指出的关键数据，绘图说明其所传递的信息并预测未来的发展趋势。

T3 解决世界粮食问题，我们还有哪些举措？

Unit 5 TEXT B 书面说明性文本

T1 本篇文化类说明文，找出能反映其主要内容的关键语句。

T2 理解并概括出文章食物所承载的文化含义有哪些，并举例说明。

T3 结合我们本地特产，挖掘并传播本土产品的文化意义。

T4 读写结合任务：选择一种地方美食，进行汇报，要求阐释其蕴含的文化含义与相关信息，如食物的翻译方式、种类等信息。小组合作 PPT 介绍，组别提问和评价。

以第一单元层级任务为例，任务从阅读理解能力的四个层级的认知过程出发，与单元主题"大学生活"紧密贴合。T1 列举类任务—阐释—识别提取信息主要针对思辨能力的阐释技能，列举作者入学后学习、生活、情感等方面所遭遇的瓶颈和解决方案；T2 比较问题，区分主次关系主要针对思辨能力的阐释与分析技能；T3 结合课文中作者作出的学习调整等方面，做出反思评判，针对自身现状交流个人经历并调整学习计划。单元任务设计从整体上侧重不同的思辨技能，由浅入深训练学生对入学篇主题进行感知；T4 读写任务需要学习者对作者进入校园后学习、工作、生活的平衡与得失做出评价和思考，对照自身生活思考自身的大学生活，思考过往，预测未来，做好平衡。学习成果以书面叙述文本为书面产出形式。

第一学期所授四个单元的阅读文本读写任务，产出形式为书面写作，类型为 4 篇叙述性文本。第二学期共计三个单元四项阅读文本读写结合任务，其中论述性文本三篇，产出形式为书面写作，类型为论述性文本；说明性文本文一篇，产出形式为书面写作＋口头汇报，文本类型为书面说明性文本。

认知心理学家彼得·罗宾逊（Peter Robinson）基于实验结果认为："学习注意力可不受干扰信息的影响，而聚焦特定的信息；但随着任务复杂度与任务条目的增加，注意力与任务的执行效果会降低"。那么后期任务型教学中我们应以语言输入度较低、要求比较具体、任务条目少的低复杂度任务为主并逐步向语言复杂度高、任务条目多、要求比较笼统的高复杂度任务过渡。语言输出方式上，教师需保持高参与度并由要求具体，难度低的任务向任务条目复杂的综合型任务过渡。以认知心理学家的发现为鉴，本书任务从"信息识别与提取性"任务到"读写结合任务"的设置遵循由简入繁、由具体到综合的思维认知特点。任务产出形式也是由初期书面形式过渡到书面与口语结合。单元任务的设置基于中国英语能力等级量表阅读分量表对阅读理解能力的层级划分，每个阶段会涉及不同梯度思维技能的运用。基于量表的层级性任务教学含有语言点、文化意识、语类、思辨能力、阅读与写作技能五个方面的输入与输出的双向要求（黄远振，2019）。基于量表的层级性任务教学是文本、读者、作者三者的积极互动过程，阅读过程强调学习者利用已知建构文本意义，掌握语言、句法、结构等知识，并利用推理、判断等思辨技能对篇章进行合理的预测和评判，并注重引导学习者通过运用其阅读中所学的语言知识、文本类型知识、语言技能，充分调动各种思维技巧，对原文本内容、风格、作者意图、思想感情进行思考和评判的产出过程。

基于 CSE 量表阅读分量表的层级性任务教学干预分为教师教学干预和学生自主学习干预两条主线。上述内容主要是教师对接阅读评估数据在教学目标、教学任务设置、教学内容等方面所阐述的学理和分析依据，下面我们从对学习者的课外自主学习干预进行阐述。学习者自主学习干预主要是指对接阅读评估数据，学习者在学习目标、学习计划、学习内容三个关键点，以档案袋为载体所实施的自主学习行为干预。

5. 学习干预

对于各级水平的学生在书面阅读理解和书面表达能力所存在的差异性，除教师在外语课堂所做的教学干预之外，如果学生可以在教师的半干预下能够进行自主学习则会显现更显著的学习成效。

前文对学习者进行的阅读理解能力自评诊断中，我们将学习者水平分为高、中、低三个水平线。阅读理解能力自评均值分析发现，班级前 5% 为高分组人数为 5 人（分数段 109.2—131.4），后 5% 低分组学生为 7 人（19—46.8）与中间组学生人数为 30 人（46.8—109.2）。阅读理解能力问卷总分分值为 156 分，班级平均分为 71.14 分，受试班级学生的分值大致分布在 0—140.4 分之间，最高分为 131.4 分，最低分为 19 分；相比中上下线之间的距离，班级中两线之间的距离较短，说明学生水平比较集中。教师教学干预从某种意义上来讲，是对班级阅读理解能力水平反映集中的弱项和问题进行的教学干预，那么个体学生所存在的差异性则需要个体学习者根据自身自评数据进行个性化的学习干预。教师实施教学干预外还需关注典型学生，观察个体学生的学习水平、学习能力并分析不利影响因素，进而帮助学生制订合理的学习目标和计划。近年来，档案袋逐步引起学界的关注，档案袋有助于了解学生的学习过程实施学习监督和调节。因此，学习干预环节，我们指导学生以建立和实施个人档案袋的形式发展学生的自主学习能力。

查阅文献发现，档案袋的学习法应用于教学中进行研究多是停留在理论方面的探讨，实证研究还不多见。但研究发现阅读中运用电子档案袋可以对学习者的文字阅读和语言阅读能力有显著的促进作用，同时也能提高英语欣赏阅读能力。（洪民、詹先君，2014）档案袋满足个性化需求，充分考虑到学生在英语学习过程中对于不同内容的主动选择性，也是课堂之外的深度学习工具。

（李为山、高雨婷，2018）因此，研究将档案袋作为我们主课堂的延展工具，也是信息化时代背景下对外语阅读教学有益的尝试。

在正确评估自身阅读水平后，基于学生自身需求，在自愿原则的基础上开展基于档案袋的学习者学习干预。那么档案袋的建立和组成包括哪些内容，是我们建设档案袋的重点。档案袋具有以下主要特点：有明确的使用目的、主要成分是作品、强调自我反思。（林雯，2005）约翰·巴顿（John Barton）和安杰罗·柯林斯（Angelo Collins，1993）提出电子档案袋需要包括评价，目的、体现能力的证据（evidence）和测评标准。张浩和张成军（2002：169）介绍了一种"以学习者身份建立的" e-portfolio 形式，包括目标和标准、学习过程展示、他人的评价和反馈、对学习过程的反思和总结等四部分内容。以上研究人员从不同方面对档案袋构成和特点进行了研究，反映的共性问题为：1. 档案袋的建立需要明确使用目的，即学习目标的建立；2. 档案袋的建立需要体现学习者英语学习过程或学习轨迹的核心证据；3. 档案袋的实施需要评价方式和标准进行衡量。阅读过程中以档案袋形式进行自主学习干预的实施，主要由上述三项核心内容要素组成。我们在学习者干预章节对具体实施过程做详细介绍。

第四章

CSE

研究实施

本章节主要阐明研究实施过程，基于 CSE 量表阅读分量表的层级性任务教学干预分为教师教学干预和学生学习干预两条主线。前者是教师对接量表评估数据在教学目标、教学任务、教学内容等方面所做的一系列干预行为，后者是学生对接量表评估数据，以学习档案袋为载体在学习目标、学习计划等方面所做的自主学习行为。研究首先在第一小节阐述阅读文本前三层级的任务设置与实施过程；其次，专辟第二小节详尽阐述第四层级任务的设置与实施过程；最后，从档案袋的建立、学习目标、学习内容与学习方法的选择与建立四方面对学习者的自主学习干预情况进行了阐明。

4.1　基于证据下的学习者阅读教学干预

根据四类阅读文本类型，以学生自评数据为客观依据，从阅读理解能力的四层级认知过程分别设置不同的任务。以单元主题为单位，层级任务考查学生运用不同的思辨技巧对阅读材料做出分析和加工，任务整体设计上是对思辨能力和阅读能力的整体训练和考察，而每轮任务实施对思辨思维和阅读理解能力的侧重点有所不同。

4.1.1　第一轮教学干预：叙述性文本维度任务实施

任务重构： 在阅读理解能力总目标的导向下，根据第一学期授课单元语篇的文本类型和主题内容，设置了 12 项层级任务。从单元主题来讲，我们将围绕 Unit 1 "大学生活"、Unit 2 "发明创造"、Unit 3 "感恩"、Unit 6 "追寻梦想" 四块内容的学习；每单元主题下，我们设定的层次任务从要求学生列举文中信息、比较文中主次情节到交流个人经历等任务对思辨能力阐释、分析、预测等不同技能都有所培养和侧重。四个单元均要求学生有所产出。学生学习成果的产出要求也是依据由简入繁、由浅入深的思维和语言要求而设置。选取两个代表性单元任务的实施进行说明：

（1）以第二单元任务为例，任务从阅读理解能力的三个层次出发，任务主题为发明创造，T1 列举类任务——阐释——识别提取信息主要针对思辨技能的阐释技能，以时间为主线列举盲人点数法初始到形成过程中所经历的重大事件；识别和找出能反映西红柿推行过程中众人反应的情感词语；T2 对 Text A 和 Text B 各自形成的原因进行归因分析，且对比理由元素异同性；T3 寻找实际生活中的盲文并给予完善和修正、解决生活中的问题。T4 理论联系实际，以书写盲人邮寄给盲人机构，让发明创造在生活中有新的延续为书面产出。

（2）第六单元任务与前四个单元有所不同。由于两篇文章故事内容偏中小学生，对思考能力比较独立的大学生来讲，起不到课文预设的价值教育，因此我们补充了受大学生喜爱的《荒野求生》（*Wild Life*）一段视频作为 A 篇文章深化和延伸，在还能促使学生有趣味性的进行原因归因，而原因存在的差异和对比由学生思考和概括得出，对于学生自身也是一种很好的反思性教育和启发。任务从阅读理解能力的三个层次出发，任务主题为追寻梦想。T1 信息拼凑任务考查学生能否使用清晰的阐述能力，对于 Text A 原文主题和信息表作出表达和阐述。T2 补充材料:《荒野求生》（*Wild Life*）归纳并对比文中作者与贝尔继续梦想的区别是什么：比较、归纳、理解与发展补充材料升华价值观；T3 你如何评价 A 篇作者的选择，如果你是作者，你的选择是什么、理由是什么。单元对小型访谈节目进行了全班的调查和问卷，学生以关键词和短句呈现的方式阐释了自己的立场、观点和理由。

任务实施：任务型教学的代表人物简·威利斯提出了三段式任务实施框架。该框架为任务的操作和实施创设了具体可行的环境，主要分为前任务、任务环和语言焦点。语言焦点聚焦反思性思维，更能突显每轮次任务执行实效。因此，我们对语言焦点环节多做一点阐述。语言焦点，以分析语言焦点和练习后效外，增补任务反思。语言焦点一般在最后一环执行，由于阅读任务强调文本理解的同时加强语言的掌握和运用能力，因此，某些单元语言焦点也体现于任务环阶段，某些单元所强调的对语言形式或规律的总结等融入任务环中进行。此外，一项任务通常涉及听说读写四项基本技能，任务的实施和产出主要以书面文本为主，口头输出为辅。随书面输出复杂度逐渐增加，学生口头技能未单独量化将主要以反思形式体现于语言焦点环节。语言焦点并非教师讲解和告知，而是主要以学习者结合单元语境，通过对学习材料和教师教学示范进行分析进而概括相应的语言规则。以叙述性文本 Unit 6 Tracking My Dream 为例，阐释第一轮阅读教学干预的实施情况。

4.1.1.1　前任务阶段：以词语激活单元主题和层级任务

（1）激活背景知识

这一阶段我们教师主要帮助学生理解单元主题以便实施任务，那么识别新词和短语、激活相关背景知识是任务的首要基础。词语需要教师以某种方式启发学生思考，激活与"追寻梦想"相关的背景知识。如果按照常规教学，学生提前自主预习，那么前任务环节基本流于形式。因此，不同于常规教学，我们请学生选取五六个单词或词组进行诠释，可以中文解释、图画、两人或多人演示等方式进行，目标是阐明所选词语的意义，再以猜词的形式由同学给出反馈和评分。学生演绎词语的方式可为网络图片体现词语意义、手工绘图体现词语意义、选取 gif 动态图体现词语意义、中文正面解释、中文反面解释。完成情况证明：手工绘图体现词语意义、选取 gif 动态图体现词语意义两种方式更受学生的认可。课前教师将学生选取的词语进行汇总与梳理，一个单词可以若干种形式重复检测学生对于词语的掌握程度。课前 5 分钟时间进行前任务的检测和背景知识的激活，如"Limp、heal、cheer、runner、medal、strength"等词语重复较多。教师以高频词启发学生思考并预测 Text A 语篇所围绕的主题内容。单词演绎时间能帮助他们思考课文主题，建构主题意义，以及如何演绎单词才能更好地提高语言表达的质量。

对课文主题进行预测可由教师选取单词并示范的方式进行，首先阐明预测的主题内容是什么，其次阐明相关理由和支撑论据。再次由学生自由发言并阐述个人观点。学生根据高频词基本能够对课文主题做出清晰的预测，基本能够有理有据对文章主题大意做出概述。学生所做出的预测和理由如下：

主题预测：one runner get limped，but he get strength by the cheered crowd and finally got medal .

所述理由：根据词语 runner、limp、medal

主题预测：it mainly tell us that one limped runner got healed before the contest，he finally got a medal and won the strength of taking part in the context next year.

所述理由：runner、heal、medal、stength

整个过程，不论是对单词词义演绎与猜测还是依据高频词预判主题内容，学生都表现出极大的兴趣和参与度。之后，教师带领学生阅读课文文本材料，检测自身所做假设是否与课文主题相关，这种方式能创设认知冲突空间，更能刺激学生对课文的主动记忆和理解。

（2）阅读文本——Tracking Down My Dream

1. It was the district track meet—the one we had been training for all season. My foot still hadn't healed from an earlier injury. As a matter of fact, I had debated whether or not I should attend the meet. But there I was, preparing for the 3,200-meters run.

2. "Ready… set…" The gun popped and we were off. The other girls darted ahead of me. I realized I was limping and felt humiliated as I fell farther and farther behind.

3. The first place runner was two laps ahead of me when she crossed the finish line. "Hooray!" Shouted the crowd. It was the loudest cheer I had ever heard at a meet.

4. "Maybe I should quit," I thought as I limped on. "Those people don't want to wait for me to finish this race." Somehow, though, I decided to keep going. During the last two laps, I ran in pain and decided not to compete in track next year. It wouldn't be worth it, even if my foot did heal. I could never beat the girl who had lapped me twice.

5. When I finished, I heard a cheer—just as enthusiastic as the one I'd heard when the first girl passed the finish line. "What was that all about?" I asked myself. I turned around and, sure enough, the boys were preparing for their race. "That must

be it; they're cheering for the boys."

6. I went straight to the bathroom where a girl bumped into me. "Wow，you've got courage!" She told me.

7. I thought，"Courage? She must be mistaking me for some one else. I just lost a race!"

8. "I would never have been able to finish those two miles if I were you. I would have quit on the first lap. What happened to your foot? We were cheering for you. Did you hear us?"

9. I couldn't believe it. A complete stranger had been cheering for me—not because she wanted me to win，but because she wanted me to keep going and not give up. Suddenly I regained hope. I decided to stick with track next year. One girl saved my dream.

10. That day I learned two things.

11. Firstly，a little kindness and confidence in people can make a great difference to them.

12. And，secondly，strength and courage aren't always measured in medals and victories. They are measured in the struggles we overcome. The strongest people are not always the people who win，but the people who don't give up when they lose.

13. I dream only that someday—perhaps as a senior—I will be able to win a race with a cheer as big as the one I got when I lost that race as a freshman.

4.1.1.2　任务环阶段

① T1 识别与提取信息层级任务：阅读理解能力第一级任务考察的是对原文信息的记忆和识别，我们要求以个人独立完成的形式。任务要求学生根据课文信息与相关提示词概括文本段落大意或者根据段落主旨凝练段落关键词，此类信息拼凑任务考查学生对原文信息的再现。见表 4-1。

表 4-1　课文信息识别与提取任务

Part	paragraph	Key words	Main ideas
I	1-4		
II	5		
III	6-9		
IV	10-13		

任务 1 建立于熟知文本的基础上考察学习者的阅读记忆，而学习者阅读过程中所获得的有价值的信息通常储存于自身大脑里，那么如何将大脑中的信息印象和痕迹重现出来，则涉及信息存储和提取。记忆有三种贮存形式：1）感觉贮存（sensory store）：每一感觉贮存和保持的时间皆十分短暂而且是感知到特异性的；2）短时贮存（short-term store）：贮存容量相对较小；3）长时贮存（long-term store）：贮存容量相对较大而且时长较长。感觉贮存首先接收来自环境中的信号，由于信号在感觉贮存中储存的时长较短，其中一部分得到关注并被短时贮存进一步加工；之后，经短时贮存处理的部分信号被转移到长时贮存之中，信息常常依赖于复述（rehearsal）转化为长时储存；在短时储存中对信息进行的复述次数与所储存记忆痕迹的强度存在关系。（倪锦诚，2013）

因此信息的提取方式同样需要以类似复述等方式对原文信息进行再现和提取。复述、列举原文信息再现等任务都属于阅读过程中思维要求和语言要求较低的任务。第六单元第一层级任务设置为补充关键词信息，与 Unit 1、Unit 2、Unit 3 第一层级任务形式有些相似，任务复杂程度变大。学生完成此项任务后我们紧跟着课上完成第二层级任务。

②T2 分析与概括层级任务：单元第二层级任务是将补充材料与语篇 A 激励主人公继续梦想的原因进行归因分析。T2 补充材料：《荒野求生》（*Wild Life*）归纳并对比文中作者与贝尔继续梦想的本质区别是什么。通过归因与比较分析，引导学生对事物的本质作出判断，升华个体内在品质。

学生阅读自评数据表明，在叙述类文本主要信息和次要信息的关系上表现稍弱。任务设置虽然涵盖四层级任务，但实施中仍需以强化"阅读弱项"为重点。完成第二层级任务需要分别对两篇文本主人公继续梦想的原因进行分析，我们分别设置了三个问题引导学生作出思考，具体如下：

Q1 What encouraged the author to track her dream next year?

Q2 What helped Bell to accomplish his dream once and once again?

Q3 What is the different factor that helped achieved their dream?

要帮助学习者提高阅读效率，教师就必须强化对学习者阅读策略上的指导。本篇文本的第二层级任务我们共实施过两次。第一次我们将任务直接抛给学生，因为依据我们对学生现有阅读水平的评估，认为学生可以独立思考并分步骤分解任务，如任务要求分析 A 篇文本作者追寻梦想的原因与《荒野求生》（*Wild Life*）主人公追寻梦想成功的原因，识别共同点并找出异同点，但学生对于整体任务的完成效果不佳。任务型教学中的任务不是单一或孤立的，同一个任务需要学习者在多个层次上作出考虑和分析，与一些简单、直接的信息识别与提取任务不同，学生对中级复杂度的任务还没有形成条理性思维意识。那么对于教师而言，良好的阅读策略不单单停留在阅读策略上，还应停留以对学生思维习性的培养上。本层级任务的整体布置模式存在实施难度，如何实现整体任务和分解任务的有机交互和转换是任务型教学需考虑的一个关键点。许多现有的任务难度参数缺乏有利的实证性数据支持，以可操作方式对其界定的努力更是有限。鉴定有效且易于使用者掌握的任务排序标准仍然是各类语言教学长期遗留的问题。（魏永红，2003）那么在后续的过程中我们需要对任务的设置和影响任务难易度的因素进行综合分析和调整。第二层级任务执行过程中，我们以三个问题进行层次分解，以问题实施任务导引。Q1、Q2、Q3 是对第二层级任务的导引和分解性阅读。任务以问题的方式分解为子任务帮助学习者形成类比、归纳等分析能力，这也是提高学生阅读能力的教学策略之一。

③ T3 评价与批判层级任务：假设你是文本 A 中作者，你做何种选择，你的理由是什么？

A 篇文章所欲传递的价值观是：我们需要和困难作斗争，有病有痛也要坚持下去。勇敢、坚持等思维品质的培养是肯定的，但未考虑大学学习者的特点，内容稍显浅薄。因此，第三层级任务是从思辨的角度鼓励学生对本章节主人公进行评价。思辨能力鼓励理性习性，不建议把知识当做教条。当今时代，知识和价值观呈动态性，需要我们承认世界的多元与发展。这项任务是鼓励学生对他人的价值观采取开放和多元的态度，坚持正确人生观的相对性，作出最佳选择。不考虑具体情况的普遍价值和规范是不理性的。我们以问卷的方式发放第三层级任务，问题设置为两项，根据所回收问卷，我们对第三层级任务进行了分析。具体情况如下文所述：

问题 1. If you were the writer, would you make the same decision during the race? Go on or quit. 结果如下表所示：85.3% 的同学选择继续带病坚持下去；14.7% 的同学选择放弃。

问题 2. 在阐述个人理由部分，我们根据"坚持下去"和"放弃梦想"两类进行划分，得到两类理由。见表 4-2。

表 4-2　课文信息识别与提取任务

If you were the writer, would you make the same decision during the race? Will you go on or quit?		
反馈	百分比	理由
Go on	85.3%	S 施: Because sports are a kind of competitive sport, you can't fail to complete the competition because you are injured. It's a fight for your dignity.
		S 应 Only by overcoming difficulties can we make progress.
		S 潘 At any time, we need to face difficulties and overcome them.
		S 魏 Only by sticking to your dream can you realize your life.
		S 李 A person's success is related to whether he or she has a heart to stick with.
		S 叶 Because I have already participated in it, I must insist on finishing it or my previous efforts will be in vain.
		S 冯 Persistence is a fine tradition. Work hard for your dreams. Don't worry about the future. Seize the day and the night.
		S 张 This is the spirit of sports.
Quit	14.7%	1. S 包 尊重客观事实
		2. S 楼 It's meaningless if I keep going on, I will prepare for the next chance.
		3. S 张 My foot is injured. Playing in a long-distance, high-intensity game is likely to make the injury worse.
		4. S 胡 Because I can't move forward because of my foot injury, I think I should have a good rest.
		5. S 章 Because I don't run in the first place, It's even more impossible when you're disabled.
		6. S 朱 So nothing is physically important.

我们对学生所作分析进行分类概述。选择"坚持下去"的 85.3% 同学，所阐述的理由主要是从"运动精神""坚持才能成功""克服困难才能走到最后"

等意志力方面支持自身观点。而选择"放弃梦想"的14.7%的同学分别从"身体健康是第一位""从荣誉进行的比较和权衡""客观事实认为大幅度高强度的运动只能加重伤情""身体养好参加后续比赛才是硬道理"等方面进行了阐述。第三层级任务的出发点就是激发学生从多元角度更加理性地看待我们传统的价值观和人生观，给学生提供一个思考和重新作出决定的思辨空间。在后续讨论过程中，还有几位同学仍然选择坚持下去，认为坚持下去是一种意志力的传承。有部分选择放弃的同学认为从中医的角度来思考也许一味地坚持并不是最佳选择。任务的设置和实施对发展学生多元、开放看问题起到了一定的作用。我们对学生所作的选择持开放态度，比较强调理由和论据，无论什么时候信口开河的表达观点是盲目的，在我们没有列举出来的理由中，有部分同学没有说明理由，只是含混说明"No reason"。不过可喜的是，班级14.7%的同学中有人可以从中医的角度来思考问题。我们提倡采用思辨的角度去贯彻和执行原教材所提倡的人生观，引领学生根据具体情况更加理性地执行和贯彻价值观念，这才是更长久的意志力和可持续性发展的坚持。

4.1.1.3 语言焦点和反思

语言焦点和反思环节主要是根据单元主题聚焦词汇、词组搭配、句法等语言运用规则和任务反思与调整。

（1）语言探索

第六单元"追寻梦想"的主题学习中，在从单词演绎激活背景知识环节中，我们发现大多数学生选择和喜欢简单易展示的词语，如"runner、race、limp、cheer、medal、dart"，像"humiliate、district、athlete"等词只有几位同学展示，而如"enthusiastic、bump into、make a difference to"等难度稍大，偏生涩的单词和词组则选择者寥寥无几。课堂观察发现学生进行词语展示的方式和方法比较多样化，学生参与度比平时更为活跃，说明学生喜欢创新，使用新鲜的方式进行单词识别与记忆。但就选择与展示的词语质量和难度来讲，学生接受挑战和勇于接受挑战的主动性和自主性还有待加强，激励学生自主学习能力的方式还有待更多的探索和尝试。补充材料《荒野求生》（Wild Life）退役军人贝尔孤身穿越美国犹他沙漠的片段分为视频与纸质两种方式呈现，较纸质文本材料学生对视频兴趣更大。在观看补充视频的过程中，学生根据听到的材料进行记录，如重要词语和表达等。课后经过梳理发现学生以记录词语为主，也含有若干句式，虽然所记录句式完整度不高，但核心词语基本可以反映情境所表达的意义。要求学生进行记录的额外任务没有进行量化分析，出发点是促进学生更有效率地进行观看，思考核心思想完成第二层级任务。纸质文本资料提前发放在平台，但数据平台显示查看的学生不多。我们没有要求学生对纸质补充文本进行记忆，补充材料的目的是促进学生挖掘主题本质形成思考，虽然纸质补充文本没有详细解读，但通过视频任务的完成程度发现，《荒野求生》补充资料比教材 B 篇文本任务更能激发学生的学习动机和学习兴趣，对于思维的激发效果更好。

（2）反思与调整

①第一层级识别和提取信息任务反思。学生在本篇文本第一层级任务的完成情况如下，从表格凝练关键词和概括大意来分析，学生能够准确识别并提取 1—9 段关键词，但对段落主旨大意的概括略显冗长。虽然段落关键词比较容易识别，但使用自己的语言组织、概括、阐述性输出能力欠缺。学生对第 5 段的主旨概括较为准确，而对 6—9 和 10—13 段落主旨阐述准确度则欠缺。学生思维的阐释技能，在后续的教学中需进一步加强。另外，课文词语和词组练习能帮助学生熟悉语言规则，而集中管理和巩固是必要手段，因此，鼓励学生演绎单词思考语言规则外，教师需发挥主导作用，能够引领学生纠正并强化词语语音语调，起到帮带扶正的作用。受传统教学模式的影响，以教师引领识读单词的模式整个教学程序更直接，更为学习者所接受但不利于学生思辨思维的培育。在常规教学中，我们倾向教师做领读活动，但研究中我们鼓励学生自主选择，主动演绎后再由教师进行词语领读与解读。程序上的变化一方面使学生温故"这些就是我们今天所学的语言点，是该程序可能的学习结果的一部分"。（Wills J，1996：50）另一方面起到一种总结强化作用，能让学习者加强对重要词语的记忆和理解。

②第二层级概括与分析任务反思。第二层级任务是将补充材料《荒野求生》主人公与语篇 A 主人公继续梦想的原因进行归因和比较。这部分任务主要是对补充材料和课文材料理解的基础上对两位主人公坚持梦想的动因进行分析和比较，并由学习者使用自己的语言进行概括。教材文本 A 篇文章反映作

者内心活动的描述句写道："A complete stranger had been cheering for me—not because she wanted me to win，but because she wanted me to keep going and not give up. Suddenly I regained hope. I decided to stick with track next year. One girl saved my dream." 那么从上述信息可以发现 A 篇主人公继续梦想的动因应该是 "this girl"。但是有一部分同学认为作者自身才是梦想持续下去的动因。第二层级任务是对原文阅读信息记忆和识别而做出的分析和归因，那么任务 2 中的第一个问题分析有失准确，则第二层级任务执行度随之下降。原因有两点：一学生对原文没有仔细阅读，二是学生凭自己的主观意识判断。随后，我们与这部分同学的访谈交流中得知，主要原因是阅读理解能力第二层级分析和概括任务，是对学习者的阐释、分析、推断和概括认知技能有所侧重。本层级任务的本质旨在通过两篇文本的对照，使学生自己归纳出追寻梦想的动力不能仅仅靠外因，还需要依靠内因。任务是在教材阅读文本的基础上对于意志力等价值观念的认识有所升华。学生能思考并对两者坚持梦想的缘由有所判断和区别，也达到任务本身的设计目标。

③第三层级批判和评价任务反思。在任务环实施部分的介绍中，班级 14.7% 的同学选择"放弃继续梦想"，并从身体健康、荣誉权衡、客观事实等角度给予论证的理由。85.3% 的同学选择"继续梦想"，并从运动精神、意志力等角度给出了评价和理由。我们的任务设置旨在引导学生学习对信息作出评价，而评价不等于简单表达同意或不同意的观点，需要学生在尊重文本事实信息的基础上给出合理的理由。此项任务设计也是我们任务的亮点，学生在此项任务完成情况不错，绝大多数同学会注重阐述理由，但部分同学未给出理由阐释。本轮任务中我们没有对理由的质量给出评判，任务的目的是引导学生学习养成有理有据作出评价的思维习性。评价信息审查好理由和坏理由在后续章节中会有所涉及，我们会根据任务的难度，使得学生在任务实施中逐步学习审查好理由和坏理由的区别，并学会给出好理由。

④任务整体调整与反思。如上所述，在第一轮行动研究中，我们学习了 4 个单元，共设计和实施了 12 个梯度性任务，学生在阅读理解的三个层级任务，即识别和提取书面信息、分析和概括书面信息、批判和评价书面信息都有不同程度的表现。识别和提取层级任务不同于传统教学和练习中都有对词语、句式

等语言练习，我们在这个层级上主要是考查学生对语篇信息和内容的识别和提取情况，学生完成情况不错，但此层级任务中学生的语音阐释和输出能力需继续加强。在本轮任务中学生可以对篇幅稍短的段落进行意义理解和归类，提取有效关键词，但对于稍长篇幅的段落信息概括不是很精确，需要我们在第一层级任务的实施中加强学生对文章的熟悉程度。在第二和第三层级任务实施中大部分学生完成情况良好。在第三层级任务中我们需要将后续任务难度加大，并对"什么是好理由"方面给予引导和示范，旨在引导学生学习对信息作出更有深度的评价，提供更合理充分的理由。在下一轮的行动研究中，我们需要结合教材文本的类型并依据学生自评客观证据，充分考虑第一轮任务反思，更有效合理地完成第二轮任务的实施。

4.1.2　第二轮教学干预：论述性文本维度任务实施

长期以来，非英语专业的英语学习者常常陷入一种困境，即遇到一篇课文往往首先被"生词率高"这个问题打垮，阅读课文经常变成词语词义查阅。有些同学阅读时经常胡乱猜测或借助百度翻译，难以理解文本的意义也很难感受到阅读的乐趣。在第一轮教学干预中，授课四个单元的阅读材料的文本类型皆为叙述性语言文本材料，通过任务教学干预，学生在理解叙述性类型的阅读材料时，学习避免逐句分析语法结构、逐个背诵单词或词组的传统阅读方法，能在记忆和识别信息的基础上，经过分析、概括、评价等一系列思考过程，对文章有所评价与鉴赏。在第二轮任务干预中，我们对每个单元都分别从阅读理解能力的三个层次进行了任务设置，第一层及任务设置使用关键词进行段落信息概括，锻炼学生的语言阐释技巧。第二层级任务锻炼学生对同类信息进行归因和比较分析，并使用自己的语言进行概括。第三层级任务锻炼学生从思辨的角度对事物做出评价。但第一轮教学任务执行中也发现了问题，即学生的阐释与概括能力还不完善。我们将在第二轮教学干预中继续对学生的阐释和概括能力进行侧重。同时，我们将稍稍加大任务难度，在理解语言材料并需要给出评价时，我们将提高信息评价的难度和复杂度，要求学生注重理由的科学性和充分性，学习给出"好理由"而提高评价的科学性和合理性。第二轮基于教学单元《捷进英语》Unit 1、Unit 7。两单元文本类型是论述性书面文本，我们在本轮次任务设置时考虑教学完整性和连续性，特将两个单元连续进行。学生自评数据统计和分析显示，学生在理解书面论述文本所存在的阅读弱项为"在读有关热点话题的简短议论文时，能找到体现作者观点的关键词；在读话题熟悉、涉及社会现象的简短议论文时，能分析作者观点；在读语言简单、涉及热点话题的议论文时，能评价论点与论据的一致性"。在实施第二轮任务的基础上，我们将继续加强学生阐释与概括，评价信息的充分性和科学性。

本轮任务的重点是培养学生运用阐释、分析、推理、评价等思辨认知技能，加深对于论述性语言材料的阅读理解能力。根据 CSE 阅读理解能力的定义，理解书面论述的能力指语言使用者围绕论述性材料建构意义的能力。"论述性材料"是指表明观点、劝说别人信服观点或采取行动的口头或书面语言材料，利于演讲词、辩论、社会时评、社会时评、书评、学科论文、学术专著等。（刘建达，2019）

任务重构。本轮任务教学干预中，论述性教学材料是以"虚拟世界""思维的奥秘"为主题的四篇小型社会时评文章，依据学生自评客观数据在论述类材料上体现出的阅读弱项，将任务难度增加，输出成果要求以小议论文的方式完成。相比于第一轮教学干预，第二轮任务教学难度比较大。学生对论述性语言材料平时接触比较少，因此，对于识别观点、论证结构、评价作者的观点和论据等思维相对欠缺。第一轮任务涉及语言文本是叙述性材料，理解难度低，主要是关于叙述文本细节、事实等信息的识别与比较、分类与评价等思辨性鉴赏活动。基于熟悉的文本体裁，学生的思辨技能运用表现尚好，而相对于生涩的文本体裁，学生思辨技能的运用阻碍较大。文本类型对学生的阅读认知极易产生影响。在 CSE 阅读理解能力总目标的指导下，第二轮行动研究包括前导性预热练习。之后，我们根据授课课文的文本类型和主题特点，针对第二轮次两个单元文本设置了 9 个任务。从单元主题来讲，我们将进行 Unit 1"虚拟世界"、Unit 6"思维的奥秘"两块内容的学习，而每个单元主题下，我们设置四层级任务，从第一层级任务要求学生列举能反映作者观点的关键词，将论证部分的主题句进行排序和匹配等任务，到同题再写文本写作的创造性阅读层级任务，教师对学生的议论文产出进行点评和及时反馈。四层级任务的设置也是依据由简入繁、由浅入深的思维特性和语言要求而设置的，对思辨能力从阐释、分析、推断、评价等技能方面都有所培养和侧重。我们对前导性预热练习和两个代表性单元层级任务进行说明：

（1）以前导性任务为例，任务以全球网评的 70 个最美单词为对象，要求学生选取 1—2 个最美单词发表个人观点，阐述它入选最美单词的理由。具体要求如下：1.写明资料搜集和获取途径；2.写明分析过程，包括如何得出观点、考虑因素、理由等思考过程。3.阐述个人观点。任务以全球网评 70 个最美单词入手，引起学生观看兴趣，引导学生对被界定为"最美"的单词进行分析和评价，写明思考过程。

（2）第一单元两篇文本作为论述性文本任务设计是不错的资源。以 A 篇任务为例，任务从阅读理解能力的四个层次出发，任务主题为虚拟世界，T1 列举类任务—阐释—识别提取信息主要针对思辨技能的阐释技能，列举反映出作者观点的关键词；T2 提供文章论证部分的主题句，引导学生对主题句相关的段落进行排序和信息匹配；T3 评价文本论点和所述论据的一致性；T4 观点续写，补充替代性论据支持作者的观点，或提供反例反驳作者的观点进行议论文书面写作。

（3）以第一单元 B 篇任务为例，任务从阅读理解能力的四个层次出发，任务主题为《看帖还是发帖》，T1 以列举类任务要求学生列举能反映出作者观点的关键词、列举朋友圈所辐射出的性格类型；T2 根据自身理解预测这几种性格特征是什么，并和原文进行比对思考补充个人所述不足处。作者对朋友圈所体现的四种性格给出专有名称的界定，让学生运用自己的背景知识对其作出解释，并和原文四种专有名词的特点进行对比，更将注意力更专注于遗留细节和特点，促使学生对这几种现象在做出个人理解和解释的基础上，丰富对其含义的解读和分析；T3 评价作者论点和论据之间的一致性；对文章进行第三层次的批判性赏析，能够自上而下的分析文章，在把握主旨大意和作者思想的理解层面，对文章进行推断和验证的评价能力。以"Yes or No"观点续写，支持作者的观点或指出不足之处，并找出替代性论据给予补充。

（4）以第六单元 A 篇为例，任务从阅读理解能力的三个层次出发，任务主题为思维的奥秘。T1 列举反映出作者观点的关键句和关键词，对于 Text A 原文主题和信息表作出表达和阐述；T2 找出文中能反映感官和记忆关系的论证，比较并说明和主题句的紧密度；能在分析论证意义和观点关系的基础上，提取出论证的几个支撑论据。T3 评价作者论点和论据之间的一致性，对细节支撑做出判断，并做出替代性补充；T4 小议论文作为成果输出：你认为作者的观点是否合理，如果合理还有什么论据可以支持作者的观点。如果不合理，指出不足之处并找出替代性论据给予补充。

第二轮任务以层级性的顺序进行阅读示范和讲解，也是中国英语能力等级量表对四级学生阅读理解所做的具体能力要求。层级性任务事实上是引导学生在阅读论述文本资料时可以从识别和提取表达作者观点的词语入手，再进行文本分析和评价。任务的设置旨在示范学生以论述性阅读文本结构和要点为鉴、学习进行书面写作。语言学习的最终目的不是掌握几个词语，而是"学会应用"。引领学生在思考的过程中发现论述文本的特点和要点，并学习运用其进行书面写作，读写互补并达到语言交际的目的。下面我们详细阐述四篇论述性文本资料的任务实施过程。

4.1.2.1 "最美单词"任务实施过程

阅读认知涉及语言要素与其指代意义进行关联，语言要素最熟悉的单位是词语，语言认识研究最多的也是词语认知。无论是字母组合、语标组合、音节组合还是某些其他组合，在语言拼字系统中词语要素都是组成书面文本的最基本与最关键的单元。词语对阅读认知影响很大。本部分以 70 个英文单词为载体，要求学生对入选全球最美的单词发表个人观点，并形成 80—100 个单词的书面文字，书面写作文本以同伴反馈和教师评价为评价方式。此项任务是以视频的形式进行观看，教师分析示范，学生课下完成并以纸质文本形式提交。受教师的鼓励，三名同学选择课上展示和演说。学生对于全球内排名为最美的词语兴趣很大，课上讨论和反馈比较积极。此次前导任务是以最熟悉的语言要素"词语"为载体，设计信息差激发学生对最美单词进行阐释、分析和批判性赏析。按照任务前、任务环、语言焦点的三段式任务实施框架，在教师的示范下学生学习应用分析和评价技巧对词语进行加工和处理。以常规的教学流程引入、示范、课下提交、课上展示和讨论的形式开展任务，旨在以学生熟悉的语言要素为例，启发学生对于"最美"提出疑问，培养学生发现问题的思考和阅读习惯。具体过程如下。

1.前导任务与背景知识

观看本部分视频前，我们花一分钟时间请10位学生在黑板上书写出自己心目中的"最美"单词，再观看70个全球网评最美单词。活动产生信息差，当网评单词与学生选取的单词一致时，学生会产生小小的学习成就感，超出其认知范围的"不一致"，学生会对此信息差产生疑问，由此发现问题，搜集资料进行分析和再认识。

英国文化协会举办了一项名为"世界上最美的70个英文单词"的调查。此项调查为庆祝英国文化协会成立70周年而开展。为开展上述调查工作，英国文化协会征求了46个国家及7000多名英语学习者对英语中最美单词的意见。此外，英国文化协会还通过自己的网站征求了非英语国家35000多人的投票意见，其中包括3500名中国人的选票。根据投票的结果，排在前70名的最优美的英语单词为：

1.mother 母亲

2.passion 激情

3.smile 微笑

4.love 爱

5.eternity 永恒

6.fantastic 奇异的

7.destiny 命运

8.freedom 自由

9.liberty 自主

10.tranquillity 安宁

11.peace 和平

12.blossom 花丛

13.sunshine 阳光

14.sweetheart 情人，爱人

15.gorgeous 绚丽的

16.cherish 珍爱

17.enthusiasm 狂热

18.hope 希望

19.grace 优美

20.rainbow 彩虹

21.blue 蓝色

22.sunflower 向日葵

23.twinkle 闪烁，闪耀

24.serendipity 意外新发现

25.bliss 福佑

26.lullaby 催眠曲

27.sophisticated 精细的

28.renaissance 复兴

29.cute 可爱

30.cosy 舒适的

31.butterfly 蝴蝶

32.galaxy 银河

33.hilarious 欢闹的

34.moment 瞬间

35.extravaganza 娱乐表演

36.aqua 水

37.sentiment 柔懦情感

38.cosmopolitan 四海为家的人

39.bubble 气泡

40.pumpkin 南瓜

41.banana 香蕉

42.lollipop 棒棒糖

43.if 如果

44.bumblebee 大黄蜂

45.giggle 咯咯笑

46.paradox 似非而是的论点

47.delicacy 精美

48.peek-a-boo 躲猫猫

49.umbrella 雨伞

50.kangaroo 袋鼠

51.flabbergasted 目瞪口呆地

52.hippopotamus 河马

53.gothic 哥特风格的

54.coconut 椰子

55.smashing 极好的

56.whoops 哎哟

57.tickle 发痒，胳肢

58.loquacious 爱说话的

59.flip-flop 夹趾拖鞋

60.smithereens 碎片

61.hi 打招呼，引起注意

62.gazebo 凉亭

63.hiccup 打嗝

64.hodgepodge. 大杂烩

65.shipshape 整齐

66.explosion 迸发

67.fuselage(飞机的) 机身

68.zing 生命力

69.gum 口香糖

70.hen-night 女子婚前单身派对

2. 任务环

教师首先以"你心中的最美单词是什么"激发学生的参与兴趣，启发学生对于"最美"的理解和分析。学生学习英语已有至少 9 年的时间，从众多词语中选取"最美"涉及一系列的思考过程。每个人对于"最美"的界定因人而异。"The most beautiful"理解是有差异的，我们对词语语言要素的理解与识别指提取某个词名亦可指提取其内在的意义，涉及解码书面文字，访问其基于发音的表征，并从大脑记忆中检索其意义。（倪锦诚，2013）学生列举出的最美单词从发音特征为标准进行衡量的如：aha，good，very，delicious……也有学生提取词语意义界定为最美单词，如：mother，dumpling，excellent……

通过邀请学生做出举例和简单说明后，引导学生观看最美单词视频。视频70个网评词语辅以图片诠释，学生观看的兴趣和积极性颇大。在遇到某些最美单词与学生的背景认知有所差异时，学生表现出疑惑不解的表情。在网评词语与学生所界定的"最美"相近或一致时，学生反应较兴奋。学生对于"mother"入选"最美"观点一致，其理由多从语义做出考虑，从伟大、孕育生命、对家庭的付出、子女的养育、母亲的美、家庭的港湾等方面给出理由。学生对"hodgepodeg，flipflp，hippo"几个词语入选最美单词疑问居多，认为从中文释义而言"乱炖、夹趾拖鞋、河马"不应列入最美单词。以"河马"为例，学生认为无论从河马英文单词的发音抑或是单词意象所指，都不能入选最美。仿佛一提到河马，其粗壮笨拙的外形就和"最美"一词不相匹配。这是学生最初对于"河马"（hippo）从概念层面作出最粗浅的认知和观点判断。教师从资料来源收集与信息归类、概括与分析、评价与总结3个步骤出发，进行了示范性讲解。第一，教师从资料来源进行示范。信息搜集需要通过2—3个搜索引擎进行比较和信息验证。我们在搜索工具百度引擎和必应引擎以河马中英文为关键词进行搜索，得出两类关键信息。第二，教师启发学生对来自两个搜索引擎的信息进行归类概括和分析。学生从"母性之美""血汗之珍贵""象征意义"三个关键特征对上述信息进行分析和概括，对"河马"（hippo）应归属于"最美单词"进行例证和评判。分析过程如下：由资料①可知河马十分富有母性之美，从动物身上体现出的母性美更胜于人类身上的母性美。由资料②了解到河马为保护自身不被晒伤，身体会自然分泌"血汗"，与华夏三国的赤兔马（汗血宝马）有异曲同工之妙，从侧面体现出河马对自身的保护能力之强和这种能力的珍贵性，有珍贵之美。由资料③了解到河马的象征意义：象征守护神与财源广进；第三，对"河马"入选全球最美单词作出评价。总结概括上述信息并说明个人观点。

学生不单单是信息的接收者，学生的思维只有在遇到与认知形成冲突的事实前，才会进行积极主动的思考。在教师这一论证过程中，好学的学生发现了两点差异：第一，资料来源的差异。学生习惯使用一种信息搜索工具，且往往习惯于百度搜索。教师所提供的必应搜索为学生提高了搜商新认知。第二，信息加工与处理的过程性差异。学生针对"河马"这一词语的分析多局限于一种信息源。我们需要以实际行动和多角度的事实性证据启发学生进行主动对比和思考，才会对学生的思维产生本质的刺激。平时的教条或苦口婆心等于无用功。引导学生从多种信息源进行信息收集是思维启发的第一步，而对信息源进行分析、鉴别与概括是思辨思维培养的核心。最后需要依据思维的标准对信息源进行评价，并得出个人观点。如果经过一系列信息收集、加工和分析和充分的讨论和评判后，能够对原始的判断形成新知，是我们思维提升的一种表现。如果没有形成新的观点和评价，这一思维过程则是对原信息的检验和验证，是批判性思维不可或缺的一环。见表 4-3。

表 4-3　教师示范性讲解

河马是否应该入选全球最美单词？教师论证示范过程		
资料来源	信息搜索引擎 1：百度	信息搜索引擎 2：必应
归类、分析与概括	（河马的生活习性） ①河马是草食动物，但是稀疏獠牙长十厘米，母河马为保护小河马极具领域攻击性。 ②河马的身躯庞大，但在水中行走很轻便。在炎热的太阳下，体表带着泥水更能使其免受烈日的曝晒。河马的皮肤的汗腺里能分泌一种红色的液体作为天然防晒剂，以湿润皮肤，常被误认为是排出来的血，称为"血汗"。	（河马的象征意义） Hippopotamus 这个单词只有"河马"一种解释。众说周知，河马是淡水物种中的最大型的杂食性哺乳类动物，体型巨大。但是河马（hippopotamus）在英语中有着不一般的象征意义。 ③河马是水中动物，可以作为泳池装饰物。 ④河马身形庞大，可以镇邪，作为泳池守护神。 ⑤因为河马嘴大，象征财源广进，气吞天下。
评价和总结	提取关键词： 对上述信息进行分析和概括，提取母性之美、血汗之珍贵、象征意义三个关键词。 评价与总结： 虽然其外表凶悍、粗糙，但对于美的解读不应停留在外表，hippopotamus 富有母性之美、珍贵之美、象征意义三个方面来做分析，说明其从外形到所指代的象征意义能证明河马应属于最美之列。	
任务设置	引导学生从 70 个最美单词中选取有所疑问的词语，搜集资料后有理有据说明个人评判和观点。要求独立完成，并由学生自愿原则进行汇报。同学给出反馈和评价。 ①写明资料搜集获取途径； ②分析过程包括思考过程、考虑因素等具体内容； ③总结个人观点。	
评价与批判	以李嘉铭同学对于 lollipop 应该归于最美单词的汇报论证为例，我们组织同班同学对其进行评价和反馈。	评价和反馈的要点如下：你的评价和反馈是什么？可以从论点是否明确，分论点是否清晰有层次性，论证过程是否合理有序，论据是否充分，个人演说声音清晰度、台风等，或者针对论证存在质疑等方面给出评价和反馈。

3. 语言焦点与反思

引导学生对同学的汇报进行评价和反馈是阅读理解能力的高阶思维要求。在前导任务实施环节，我们的语言反思主要是以主动进行汇报的同学为例。聚焦其对入选全球最美单词 "lollipop" 的观点阐释以及个人反思。反思包括个人对自己论证质量的反思，也包括班级同学对其论证的评价和反馈。分析和评价同学的演示主要从语言表现、语言选择、语言运用、语言清晰度等语言方面与个人观点阐释的清晰性、翔实性、多元性等进行。本次任务避免学生被动接受视频信息、记忆或完全相信材料内容，而需学生构建自己的新观点，在借鉴两种搜索引擎的信息印证下对所读材料进行推断、评价与鉴赏。此外，班级学伴互评又是对阅读理解层级任务进行的反思和再思考。下面是学生主动进行汇报的论证原文、个人反思和同伴评价。

第一，首先阐释李同学对于自身论证质量、过程等方面的反思。

（1）资料来源：百度（棒棒糖历史来源为关键词）

1758 年棒棒糖首次出现，最早这个词并不是指带棒的糖果而是普通硬糖。恩里克·伯纳特·丰利亚多萨（Enrigue Bernat Fonliadosa）发明了这种糖果，帮助了一家糖果公司从破产边缘拯救出来。在当时嘴中含着一颗糖果有一根棍伸在外面是一种时髦的表现。"Lollipop" 也可拼写为 "lollipop"，"lollipop" 这一说法的起源无从说起，很多语言学家推测源于北方英语中舌头（lolly）有关。Pop 原指短小的东西，而 lollypop 正是一种短小并且放在嘴中的食物。糖果是一种会使人兴奋并且感到幸福的食物，而提到糖果首当其冲的就是棒棒糖，所以棒棒糖作为最美单词无可厚非。在日本棒棒糖一般以波板糖的形式出现，而一般波板糖都是用来当做礼物互赠的，这也同时成为友谊的证明。在影视剧作中波板糖一般都是与少女一同出现的，在某种意义上也暗指年轻的或是未成年的少女。年轻的生命充满活力，这也让棒棒糖成功登上最美单词的宝座。

（2）归类分析

①"Lollipop"（糖）的概念解释。②"Lollipop" 的历史起源，单词由来。③"Lollipop"（糖）在日本的别称和用途。④在日本影视剧作中的含义和意象所指。前四类分类是学生从所收集资料得出的层次性提纲和思考过程。实际演说论证过程与上述资料来源相比较，学生又进行了内容的补充和深化。前

两点内容没有发生改动，学生对后两点进行了完善，由"Lollipop"在日本的别称和用途，扩展为"Lollipop"（糖）在日本和西班牙的来源和表现，并增加Lollipop 的功能和含义象征两项内容，见⑤与⑥。

③棒棒糖（Chupa Chups）（波板糖）在日本的来源和表现。

④棒棒糖（Chupa Chups）（珍宝珠）在西班牙的来源和表现。

⑤作用：缓解疼痛、恢复肠胃。

⑥单词本身的词语含义和象征。

（3）概括和总结个人观点。"Lollipop"（棒棒糖）理应成为最美单词之一。

（4）个人对于"Lollipop"演讲的反思

对于本次演讲活动，首先我对自己的表现持肯定态度。我认为只有肯定了自己才能有更好的表现。对于演讲的内容，可能由于时间的问题准备的不够充分，讲解的深度不够。同学对我演讲的不同看法也是值得肯定的。我演讲的内容覆盖范围广，但是不够细致，细节的连接不够到位，再加上临场发挥的紧张感，个别准备好的内容实际上没有讲得很完美。关于演讲的台风，由于经验的不足，实际上在演讲中有些不知所措，表情的管理及动作还有足够的上升空间。总体来说，这次演讲让我受益良多。弥补了人际交往中难以得到训练的演讲技能，对于英语的学习也有所帮助，开启了一条新的未曾体验过的学习的道路。

第二，学生反馈评价主要分为三类：肯定性评价、否定性评价、辩证性评价。

①肯定性评价

S1：大体清晰，过程合理，论据充足，演说很清晰、流畅，大致知道该词意义。

S2："lollipop"这个单词又可以写成"lollypop"，并非因历史上的变迁而改变。李嘉铭同学的论证是很精彩的。

S3：应该更多关注棒棒糖的甜蜜给人带来幸福。历史方面补充的很好，显示出棒棒糖不论在电影还是生活中都占据重要位置。

S4：第一个单词介绍了糖类的历史并衍生了一些糖类对人类有益的作用，从而烘托出它的价值，介绍了为什么能成为最美单词之一。

②否定性评价

S1：分论点较迷惑，层次性感觉有点迷糊。

S2: 但是分论点的层次、主次、顺序都有所不足。例如：过多讲述糖的历史，只讲其表面而未讲其真正的内涵……还有，证据不够充分地证明"lollipop"应归于 70 个最美单词。

S3: 只是说了棒棒糖的好处，没有列举不好的地方，如果只说好处肯定入选 70 个最美单词，应该做下比较。

S4: 糖的用处没有资料证明，论据不充分。

S5: 中间夹杂了一些不必要的介绍，跟主题无关，总体还行。

S6：这个单词，他只提了好处，并没有提出吃糖的坏处。来自百度，甜食对于某些人来说不亚于毒品，很有可能会上瘾，而且糖虽然能给人们带来精神上的愉悦，但是大量甜食也会给身体带来不可逆的伤害。并且这位同学在演讲时大多数是往糖的历史上讲，最后放出来却是以甜蜜入选，这一点无法说服我。最后，他的演说很好，因为他有胆量，声音也够大，演讲前也做过了充分的准备，如果要打分，我可以打很高，就是理由说服不了我。

③辩证性评价且提供替代性论据

S7 对于"lollipop"的论证有些过于偏向讲述历史，我认为棒棒糖这个单词能评为最美单词之一并不只是有历史因素，而是棒棒糖自身在人们心中所代表的属性，应该再增加对棒棒糖所代表的属性进行说明，其他的方面都很好。

本次前导任务是针对词语进行批判性鉴赏，作为阅读最熟悉的语言要素，我们不再只把 70 个最美词语作为事实呈现，在观看的同时由对词语意义的"理解"转向阐释和评价。这个过程是语言理解能力在字面理解、推断性理解和批判性理解三个层次上的训练。

汇报学生对于 Lollipop 的论证基本阐明他的个人观点和理由，表达个人观点的句式如："I think it should be one of the 70 most beautiful words."理由从词语本身的意义解读、棒棒糖的历史演变、对人类的益处三方面进行了说明，论证比较具有说理性。

"同伴互评所反映的问题集中在论证层次性不清晰、未提供反例、无资料证明其益处、部分内容与主题相关性不高、未说明其对人体的伤害。"任务设计与实施是基于学生论述性材料所体现的阅读理解弱项：即识别体现作者观点的关键词、发现作者的观点，评价论点和论据的一致性。从同学提供的反馈和评价可以发现，汇报学生对个人观点阐述基本明确，简洁明了，而对于论证方面的理解和应用还存在欠缺。"清晰""实证""（正反）辩证"是论证的三大要求。（董毓，2020）从学生提供的反馈意见可以看出，学生发现问题的角度是非常准确的，如 S1 同学提供的评价"分论点较迷惑，层次性感觉有点迷糊"，是论证"清晰"性方面的要求；S3 同学提供的评价"只是说了棒棒糖的好处，没有列举不好的地方"，作出的是"反辩证"论证方面的反馈；S4 同学提供的评价"糖的用处没有资料证明，论据不充分"，则是对"实证"论证性方面的反馈。前导任务是从四个层次对于论述性文本的分析和解读，但在实际应用时学生仍然表现出论证不够清晰和全面等问题。此外，学生在学伴互评时的表现则说明学生对同伴互评评价角度比较精准，能够从清晰性、层次性、全面性、充分性的思维标准作出相对客观的反馈，这是一个很有意思和价值的问题。

第三，任务反思与任务调整。

在语言层面的反思：本次前导性研究基本是按照阅读理解的四个层次，针对阅读认知中最熟悉的语言要素以"70 个最美单词"为载体进行的批判性赏析活动。学生在以"词语"为语言要素的前导任务表现有收获有不足。阅读认知直接从书面文字而起的自下而上加工通过激活和抑制的方式从特征水平开始，经字母水平达到单词水平，经单词水平至字母水平的激活和抑制过程则涉及一个自上而下的加工；因此，字母辨认和单词识别需要涉及自下而上和自上而下两个方向的交互作用加工。（倪锦诚，2013：20）阅读单词不一定要识别或解码单个字母，从这一意义上说，阅读单词是把一般的视觉"形状"和一定意义的上下文相融合。（倪锦诚，2013：20）换言之，单词识别不仅是字形或语音给我们带来的视角意象，还与单词在篇章中的上下文语境相关。而在我们的活动中，单词不仅是字母组合形成的字形，还与单词具备的文化象征和指代意义相关联。在 70 个网评最美单词中，学生对于"最美"概念的界定从字形识别、语音识别、指代意义和文化象征四个方面都有不同解读，这也说明读懂单词不是阅读的最终目的，要做到真正的理解与认知还需要了解更深远的单词语义关系，应该以句子和语篇文本为单位展开。

在学生思辨能力培养方面的反思：学生能够识别体现个人观点的关键词、能作出相对客观准确的评价，说明学生能够运用分析、比较等思辨技能对信息做出评价。学生初步具备了分析与评价的意识，但在实际操作中自身的思辨技能应用还不够完善。学生具备收集信息，对信息进行比对、分类、精炼论据来论证自己观点的能力。但论证部分的层次性、清晰性、全面性等逻辑条理有待加强，也是我们在执行第二轮任务时针对论证的"好理由"加强强化。后续教学在强化学生读写结合的书面写作任务时，针对论证语言材料学生普遍的思维认知弱项技能外，还需加强学生反观和检测自身语言产出的论证质量的反思能力。

4.1.2.2 Unit 1 Virtually Connected & Watching or Posting 任务

本次任务我们将对互联网应用相关的两篇文章进行阅读。基于我们在前导的最美单词论证中的教学反思，我们对之前的三个任务进行了微调，任务仍从阅读理解的三个层次出发，稍有不同的是以任务为载体，加强阅读技能识别和理解阅读信息的同时，加强学生对论证的"好理由"的辨识和自身的反思能力。我们首先阐述 A 篇的任务实施，之后阐述 B 篇任务实施。

任务重构： A 篇任务主题为"虚拟世界"，阅读理解的三个层次设计的任务如下：

T1 列举类任务—阐释—识别提取信息主要针对思辨技能的阐释技能，列举反映出作者观点的关键词。

T2 提供文章论证部分的主题句，引导学生对主题句对应的段落进行排序和匹配，侧重识别和发现文章的"好理由"是如何组织的。

T3 评价 A 篇作者论点和论据的一致性，以评价促反思，并再次思考文章的理由是不是"真的好理由"。

T4 观点续写，补充替代性论据支持作者的观点，或提供反例作者的观点进行反面辩证，以小议论文书写为书面产出。

任务设置说明： T1 是教授学生在语篇中学习识别作者观点，与前导性汇报学生的观点识别难度有所增加。T2 是将主题句进行排序和匹配，让学生在简单排序和匹配的分析和对比活动中能够形成论证主题句的语言概括能力、用于支撑作者观点的"好理由"的论证结构。T3 任务在设计上加入了对文本材料的思辨性评价要求。综合第一轮任务反思和前导任务反思，在训练学生学习做出客观评价时，考虑什么是"好理由"。"好理由"的判断标准包括正反辩证、实证和理由的清晰性。

A 篇文章 369 字，共 5 个自然段，结构相对简单明确。相对于论述文的结构来讲，学生接触到的首篇论证文难度适中。我们对文章的处理是通过任务要求学生通过识别关键词发现作者的观点，学习评价论点和论据的一致性，并能形成自己的见解和思考。教师不明确说明文章的主题，强调学生关注题目，在后续任务的引导下逐步思考得出文章主题并做出评价。在简·威利斯 (1996) 所提出的任务型教学实施框架，即前任务（pre-task）—任务环（cycle）—语言焦点（langugae focus），前任务旨在介绍主题和任务（Introduction to topic and task），可供选择的方式中有一项为："学生突出有用的词和词语，但不在任务执行之前进行讲解。"依据此，教师以问题引出文本主题，引导学生对文章主题进行预测。在前任务中，我们提出讨论问题，即文章的标题为 "Virtually connected—gifted？"将要讲述什么主题的内容？你预测文章将是什么体裁（说明文，议论文，记叙文）？"

根据语言文本的类型，在问题的设置上提供了三种语言文本体裁供学生讨论。教师突出主题，通过引领学生关注文章的题目，思考文本主题内容和语言体裁。讨论问题一方面能锻炼学生对阅读材料的内容进行分析和推断，并在后续文章阅读时可以更有效地集中注意力；另一方面可以调动学生的思维活动，根据题目对文章进行预测和分析，使后续任务执行聚焦未思考之处，而提高分析和评价的有效性。

根据讨论区学生的讨论结果，学生将注意力集中在标题前几个词而对"天生聪明"的英文词语注意力欠缺。学生预测文本围绕下列内容，即人与网络、虚拟平台占据我们的生活、虚拟连接、人工智能、虚拟技术连接使我们变得更为聪慧、主要讲述一种新型科技技术的文章、描写虚拟连接是怎样使人类变得更为聪明、虚拟与现实 VR 等的存在内容、叙述虚拟出现以后人们的变化、第三类接触与外星人、人与人之间的联系、虚拟链接和给人们的智慧带来的作用、介绍虚拟链接的利与弊。学生对文章体裁的预测以说明文居多，其次为论述文和记叙文。对于主题内容的预判以介绍虚拟技术连接使我们变得更为聪慧、描写虚拟连接是怎样使人类变得更为聪明、虚拟链接和给人们的智慧带来的作用这三类预测与文本主题紧密度较高。基于学生讨论结果，教师引导学生注意前后两个标题的关系后，学生修正自身研判，认为文章应该是论述性体裁，主题内容围绕"虚拟连接真的使我们变得更聪明吗"这方面内容。根据题目做出文本主题与文本体裁预判后，任务实施涉及分析篇章作者的观点解析文章结构等环节。

1.前任务：介绍任务背景和主题

Virtually Connected—Gifted?

Nowadays we are more likely than ever to believe we are intelligent and hardworking. However, our test scores and time spent studying are falling. Besides, it's not only in education that people feel successful—it's not unusual to hear people say things like "I'll be a model when I'm older", "I'm such a good singer. I should be a pop star someday"or "I'm as good as a professional footballer". People don't have to be successful to feel confident. So where does this confidence come from? I think it's a result of using technology.

On Facebook, there are hundreds of people I know, but in reality I only communicate with 40 or 50 people. I also control what people read and say about me. I can delete negative comments. I don't have to listen to things I don't like. I can block anyone who disagrees with me or hurts my feelings. I choose to show the world only attractive or funny photographs of myself. In my own small world, I am famous, funny, popular and beautiful—I am a movie star in my own life story.

Social media is not the only technology that changes our opinions of ourselves. Using computer games, I can pretend I am an Olympian, a Formula 1 driver, a rock star or a sharpshooter. When I turn off my computer I have to go back to reality, but at the same time I have been proud of "being"something I am not. For a short moment in time, I am the winner of the World Cup.

On MTV and other networks, I can see famous people live just like me on reality TV shows. They do live in nicer houses and clearly have more money, but they have the same problems as I do. Seeing their daily lives on TV makes me feel that my life may be interesting to others as well.

Unfortunately, I can't win the World Cup, I don't have thousands of friends, I do look bad in photos, and some people don't like me. Technology makes people feel the opposite. However, they mustn't believe in this false world. Otherwise, they will spend their life constantly being disappointed.

背景和主题介绍：社交媒体对人际交流有重要的影响。心理学家和科学家经过分析发现，它在家庭成员交往、社会交往、一般信息的获取等方面影响我们。我们与之前无网络时代相比，人们确实是既聪明又勤奋吗？ A 篇文本将对"虚拟联系"主题展开。

2.任务实施

前三层级任务以问题的方式逐个发放网络平台讨论区域进行，教师观察讨论区作答情况，在群组中转发优秀发言启发学生思考，在讨论中带领学生识别作者观点，作出评价、掌握论述性文本结构。第四层级任务以论述性文本书面写作，教师批阅后个人修改完善。

（1）问题引导的任务实施

Q 1．What is the opinion the author showed in this passage? Please try to find the key words and sentence in the first paragraph（作者的观点是什么，请从文本中尝试寻找相关的关键词和关键句）

Q2．There are three key topic sentences. Can you try to match the three sentences to the following paragraphs according their main ideas? And illustrate how does the author demonstrate his opinion?（将给出的三个关键句与相应的段落进行匹配和排序，并说明作者是从哪些方面论证其观点的）

Q3.Based on the result from the previous two questions，do you think the reasons are correlated with the opinion from the author? Is it fully or partially，adequately or inadequately?（基于对前两个问题的认知，你认为文章论证的论据与作者的观点是否一致？论据论证是否全面？）

（2）问题讨论与分析

基于问题的顺序对学生作答情况依次展开讨论。

① Q1 要求学生对文章进行分析，识别和提取体现作者观点的关键词或关键句。任务并没有提示学生将重点放在第一段，而是学生通过通篇阅读，在自

己的分析中寻找答案。对于作者观点的识别和提取任务作答情况主要分为以下三类：使用个人语言概括作者观点、集中于第一段和最后一段寻找关键词或关键句。见表4-4。

表 4-4

讨论区学生观点类型	文本材料的关键词或关键句
A 类学生，使用个人言语表述作者观点	S 丁：Virtually brings people a lot of false confidence 基于第一段
	S 徐：Don't believe too much in the fake Internet world 基于最后一段
	S 徐：Virtual makes people feel confidence that is different from the truth.
	S 陈：Virtual is harmful. And it will bring disappoint to us. 基于第一段
	S 夏：Virtual technology makes people blindly confident。基于第一段
B 类学生，从第一段中提取关键句说明作者观点	S 胡：People don't have to be successful tofeel confident.
	S 王：So where does this confidence comefrom? I think it's a result of using technology.
	S 杨：Confidence can be gained by using technology
	S 吴：People don't have to be successful to feel confident.
	S 陈：作者认为人们不一定成功才能有自信，自信也可以通过技术、通过虚拟连接得到。
C 类学生，从最后一段提取关键句说明作者观点	S 陈：They mustn't believe in this false world.
	S 周：科技是一把双刃剑，这文章中科技让人感觉相反。然而，他们不能相信这个虚假的世界。

第一个问题的设立旨在促使学生识别和提取体现作者观点的关键词或关键句。在阅读论证性文本时，一般来说，首先需要明确文章的论题和作者的观点。论题是可争议或争议中的话题，论点是论证者对论题所持的观点。本篇文本的题目"我们天资聪颖吗？"可作文章的论题。文章的起点是表述这个矛盾现象：即文章第一句话契合题目表达主题：人们觉得自己既聪明又勤奋，但实际并不如此。（这现象是否真，我们真的天资聪颖吗，这是一个问题。）我们在设置任务时为避免学生对论题和观点产生疑惑和混乱，特在层级任务执行前引导学生对文章的论题进行预判，让学习者通过题目对这篇文章的中心问题有所预设。第一层级任务设置的问题是要求学生识别体现作者关键词句观点。作者观点是：这是错觉，这种自信是虚假的自信，并对这个错觉的来源提出解释：使用科技的结果，给出了对"错觉"的解释和论证。如 A 类学生基于自己的言语归纳出作者的观点："Virtually connected technology brings people a lot of false confidence." 如夏同学所述："Virtual technology makes people blindly

confident." B 类学生基于第一段原文信息说明作者的观点。例如胡同学所述：
"People don't have to be successful to feel confident. So where does this confidence comefrom? I think it's a result of using technology." C 类学生基于最后一段提取体现作者观点的词句无疑是错误的理解。我们对于这类现象给予了及时的纠正和反馈，并说明在正规的论述文本中，文本主题和作者观点一般都是开篇。虽然，一开始把论题，背景和自己的观点表达出来，这可能被人看作是"八股"文形式，但这是最容易让人清楚理解你的观点和理由的流程，是最有效的交流方式。

② Q2 要求学生将给出的三个主题句和原文段落进行匹配和排序并归纳文本的论据。第二至第四段每个段落的中心句顺序打乱，由学生进行信息匹配。学生完成很准确。"第二段匹配主题句 On Facebook, there are hundreds of people I know，but in reality I only communicate with 40 or 50 people. 第三段匹配主题句 Social media is not the only technology that changes our opinions of ourselves. 第四段匹配主题句 On MTV and other networks，I can see famous people live just like me on reality TV shows."

从完成情况不难发现，学生具备通过分析段落大意并将相应的信息进行关联的能力。本问题旨在由给定的问题引导和启发学生感知论述性文本的论证结构：作者是从哪几个方面支撑自己的观点。文本第一段主要表述作者的观点："虚拟世界带给我们自信是虚假的。"此外，作者是用"引起这个矛盾现象的是科技"来论证它是虚假的，这是它的论证流程。文章以三个主题段落作为论据来论证自己的观点。

第一个证据，即主题句 "On Facebook…" 所引导的段落，中文为"我们在社交网络中有很多朋友"，这是自信的来源之一，同时也指出它是错误感受："我在脸谱网上有几百'好友'，但实际上我只与（其中）四五十人交流。"说明这种自信是由盲目的社交软件造成的观点。

第二个证据，即主题句 "Social media is not the only technology that changes our opinions of ourselves. Using computer games…" 所引导的段落，中文为："社交媒体不是唯一改变我们观点的科技，使用电脑游戏可以让我们短暂获取信心，但回归现实后，我们还是普通的。"

第三个证据，即主题句 "On MTV and other networks…" 所引导的段落，中文为："短视频和其他的网络联播让我看到名人的生活，使我觉得我也可以拥有有趣的生活。"

所以，它的三个论证段落，既论证虚假自信的原因，也指出虚假的自信确实是虚假的。大部分学生可以从主题句的匹配任务中，理解到论证的三个论据。我们将本部分学生的作答情况放在第三个任务中进行汇报。

从作者的角度，作者论证了三个理由用于支撑自身观点和结论。且不用评价理由质量的好与坏，第二层级任务旨在理解文章的主题句，说明理由是什么，再谈理由质量的问题。这里我们给学生额外增加要求，以原文的三个论据为例，说明论据与论点的相关性。一方面加深学生对于理由特性的理解，为第三层级评价好理由做知识积累，另一方面，引导学生识别理由，而反哺自己的书面论证质量。"理由是被看作可以接受的或者被论证了的事实和观念，用来支持还没有被接受的结论。"（董毓，2010：193）说明一个陈述是不是理由，要从论证者的角度出发，也就是文章中作者的立场出发。站在作者的角度来分析文章中作者所列举的三个论证理由，以我们自身的经验出发，社交媒体、电脑游戏、网络电视确实让我们产生虚假的自信，而这种自信回归现实后又是不能延续和成立的。必须明确的是，在最美单词的前导任务中，我们需要在识别好理由方面加强学生的论证能力。第二层级任务只是教会学生识别什么是理由。事实上，我们基本都会站在自己的立场上给出一个被认作理由的陈述，而理由的好与坏，有什么标准呢？在下面第三层级任务的任务中，我们将详细阐明这个问题。

③ Q3 要求学生对文本论点和论据的一致性做出评价。问题的设置有三个目标：一是通过评价这个技能，训练学生基于文章客观存在的论据去思考和反观第一个问题"识别作者观点"的作答是否正确，如有必要，将作答情况修正和完善。二是学习识别并评价文章论证、认知"好理由"评价的标尺。三是侧重阅读理解第三层级，即批判和评价论述类书面信息的能力。在低阶理解思维的基础上能够对文章进行高阶思维的阅读是最高的阅读认知目标。评价可以对材料的内容、形式、风格及意图等方面做出评价，在这里，我们通过第三任务训练学生学习评价论点和论据的一致性，以自上而下的整体阅读方式对文章的

主题和论证方式进行评判，旨在对原文有所理解与思考的基础上对原文的论证有所发展。

从第三层级任务的完成情况看，学生对于论点和论据一致性的评价分为两大类：第一类学生能够准确识别出文本作者的观点，并给出充分的理由；第二类学生所做出的评价质量稍微欠缺，依据评价标准，准确度不高。

第一类表现：我们惊喜地发现绝大多数同学可以在任务的引领下对文本做出合理的评价，能够根据问题的引导，清晰地识别出佐证作者观点的理由。以能对文章的论点和论据做出客观评价的同学为例，丁同学与郑同学能够提出观点、论证理由，简洁概括出本文章的论证结构。见表 4-5。

表 4-5

	S 丁	S 郑
观点识别	Virtually brings people a lot of false confidence	Virtually brings people a lot of false confidence
评价论点与论据的一致性所述理由	S 丁：文章中论点与论据基本是一致的。 1. 脸书可以让人活在自己快乐的世界里，影响别人对自己的看法。 2. 网络游戏也可以让自己假装成为很厉害的人。 3. 即使是名人也拥有和作者一样的问题。	S 郑：论点和论据是对应的。 1.Social media is not the only technology that changes our opinions of ourselves. 2. 在 Facebook 上，我认识几百人，但实际上我只和四五十个人交流，我也控制着人们对我的阅读和评论。 3. 在 MTV 和其他网络上，我可以看到名人和我一样生活在真人秀节目中，他们确实住的更好，显然也有更多的钱，但他们也和我有一样的问题。
个人总结和概括	开头提出观点，然后举例论证，与观点相互对应	

除上述同学外，我们从讨论区学生的答题结果发现其他现象，而现象和问题的出现正好是改善学习的动力。这部分同学针对文章中作者的观点和论据所给出的评判认为两者是一致的，但是通过第三层级学生所阐述的评判理由，我们发现事实并非如此。

第二类表现：论点和论据对应程度不高，相关性偏低。

1. 以偏概全。从文中摘出几句话用以佐证自己的观点。以胡同学为例：其阐述的观点是正确的，但是论证的 3 点论据是从第二段和第三段摘取的语句，只反映了段落的部分语义，支撑作用不足。

例1：S 胡认为文本论点相互对应

Virtual technology makes people blindly confident

1. Using computer games，I can pretend I am a rockstar or a sharp shooter.

2. For a short moment in time，I am the winner of the World Cup.

3. Seeing their daily lives on TV makes me feel that my life may be interesting to others as well.

2. 论点和论据完全不对应。学生所提炼的论点与所论证的理由相关性偏低。

例2：S 徐：

1. Don't believe too much in the fake Internet world.

2. 虚拟技术使人自信又使人迷失自信

3. 对应

例3：S 林：我觉得是相对应的

观点：They mustn't believe in this false world.

论据：

1. Advantage: People confidence comes from using technology.

2. Disadvantaged: Returning from the false world to the reality will make people feel a huge gap and disappointment.

3. 对教师的反馈信息，没有及时进行修正和完善。第三层级评价观点和论据是否一致的任务，一方面是让学生对照第二、第三层级任务进行逻辑思维的梳理，使学生对论证的组织结构或论点、论证、论据三大论证要素有所认知；另一方面，让学生通过评价技能，反思反观，进而修正或完善前两层级任务的完成情况。在学生的讨论区，我们将优秀作答进行转发和展示，并在课堂上对错误案例进行了分析，与学生一起归纳概括出论证性文本的图式结构。错误案例的分析使学生意识到阅读论述性文章时只选取几句话就去证实自己的观点是非理性的，需要以段落为单位，并以若干段落为论据表达和支撑文章的中心思想。以偏概全的做法不可取。

对于回答错误的同学，我们一一进行了访谈。我们经过简单访谈得知，有些同学属于应付型。对于这部分同学我们注意引导其端正学习态度。但还存在几位同学，如胡同学的英语成绩在班级中属于优秀等级，学习态度比较端正，也出现以偏概全的问题，那么就应该是对于论述性语言材料的教学侧重点需要调整。在接下来的讨论中我们将重点阐述本次任务的教学反思与下一篇章阅读任务与目标的调整。

3.语言焦点与反思

A 篇文章的层级任务在不同程度上对学生的英语词语和句式表达都有所锻炼。第一层级任务的完成过程中，我们发现多数同学有能力使用自己的语言对作者的观点做出解释，如"false confidence、makes people blindly confident"，两种表达都是对于"confidence"（自信）的灵活运用。第二、三层级任务也对学生的语言运用进行了有益的锻炼。这里我们不做过多赘述。第四层级任务中，我们要求学生基于阅读主题，进行书面写作训练。基于阅读的写作一方面调动原文中学习过的词语、句式表达等语言知识，另一方面将阅读中学习到的论证方法去组织自己的书面论证文，以读促写对学习者的语言运用有更好的促进作用。下面我们将重点放在本轮次行动研究的反思上。

本篇文章的任务完成情况，体现出部分学生可以根据设定的任务和问题，对文章从识别作者观点、匹配论据主题句、评价文章论点与论据的一致性等方面对论述性阅读材料进行阅读认知。尤其以第三层级任务为例，学生访谈体现出学生认为文章作者从三个方面佐证作者观点的理由是合理、有效的好理由。在前导性任务中学生对于"好理由"的理解模糊不清，因此在本轮任务基于阅读材料促使学生对"作者是如何给出理由佐证自己的观点，即科技带给我们虚假的自信"进行认知。此外，本轮任务也是通过训练学生评价论点和论据的一致性来引导学生进行反思，感知文章论证结构的整体性和层次性。上述问题给我们教授论述文本类型的语言材料起到很好的启发作用。通过本篇任务的作答情况，我们把学生作答情况分为三类进行讨论，并引发本轮次的教学反思，基于自评客观数据的基础对阅读任务的重点进行调整。

第一类学生问题分析与反思。任务实施中所体现的问题需要我们对论证文本的图式结构进行重点讲解。通过部分学生访谈和任务观察发现，学生在论述性文章学习存在的问题主要为：1. T1 执行中识别作者观点的任务中，关键词在文本第一段还是最后一段分辨不清。2. T2评价论点和论据的一致性体现的问题：学生倾向从文章中片面摘取一句话而不是以"段"为单位概括段落主旨。对此我们分别进行分析和反思。

首先，学生对识别作者观点表示存在难度。识别文本主题和作者观点是我们论述性文本教学的重点，在接触仅仅是类似这种小议论文的论述性阅读材料时，学生还停留在高中阅读水平和模式。学生认为高中议论文写作有总—分—总的论述模式，也有分—分—总的论述模式，所以有些学生提出的疑问是：难道主题和观点一般都是开篇？对此我们给出以下建议，便于学生可以更好地对作者观点做出识别。正规的论述文写作，就是一开始把论题、背景和自己的观点表达出来，然后再论证，最后再结论。这一篇，就是这种图式结构。这可能被人看着也是"八股"，但这是最容易让人清楚理解你的观点和理由的流程，是最有效的交流方式。所以，这样写作的人，才是训练有素的人。在A篇阅读课文中，议题应该是这样的问题：我们现在对自己聪明勤奋的感觉是不是真的？作者的观点或结论是：不是的。作者从文章的第二、三、四段作出论证，它们既指出虚假自信的原因，也指出自信是错觉。课文的阅读材料是比较正规的论述文结构，那么观点的识别一般都是集中在首段，这也对我们后续自己进行论述文写作进行了很好的示范。此外，论述性文章的三大要素：论题、论据、论证。往往开篇都是摆明论题和观点在前。

其次，评价本篇材料作者论点和论据的一致性时，学生对于理由的阐明存在以偏概全、论点与论据不对应等问题。首先，从辨认本篇文章的论证结构和流程进行解释和说明，帮助学生形成阅读的整体性认知。本篇文章的叙述和流程比较清晰、有层次性，第一段提出问题、背景和自己的阐释，然后论证观点的正确性，最后得出结论部分。具体来讲文章主题是"虚拟连接"、课文题目是"更聪颖吗？"。文章的第一段作者的观点主要是在表述："虚拟世界带给我们自信是虚假的。"如果这就是作者的观点，那么作者是用"引起这个矛盾现象的是科技"来论证它是虚假的，然后它的论证流程，就是从Facebook让我们拥有很多朋友，除社交媒体外，电脑游戏等也正在改变我们的观点，MTV和一些网络视频使我们感知名人的生活与我们并无太大差别，三个方面进行论证。按照真正的批判性思维者的标准，论证一个现象是否为真（这个自信确实是错觉，不要相信），和论证一个现象怎么产生（这个自信错觉是怎么来的），两者论证方式有差别。不过，中间作者从三个理由给出的论证过程，就是用论证错误的自信产生的原因，来论证自信确实是错误。用错误产生的原因来证明它是错误，效果还是不错的。

第二类学生问题分析与反思。通过本轮任务完成情况发现，学生能够理解原意做到"忠实的读"，后续需跨越转向"批判的读"。一部分同学完成的情况令人满意，在任务的引导下学生可以从体现作者观点的词句中识别出作者的观点，也可以在教师有意的问题引导下发现文章的论据，并忠于原文的情况下认为论点和论据是一致的。所谓"忠实"，是忠实原意。要站在作者的立场，进入他的视角，从他的观点去看问题，理解他的论证的要素和结论，并看看有没有自己的例子来支持他的一些观点。（董毓，2010：83）第二个学期我们接触首篇论述性材料，以汲取阅读材料中的信息为主的阅读是首要的。部分学生能够了解到文章所传递的事实、信息和观点已经是不错的开端。论述性文本阅读需要在忠实原文的基础上进行思辨性的读（也称为批判性的读）。阅读有两重目标：理解和发展。本轮任务中学生是以汲取信息为主，假定作者的观点是可靠、科学的，抓住作者的观点和论证框架，不需要我们对其观点和论证进行思考和质疑，而更多的时候需要在理解的基础上对原文有所发展。比如本轮第一层级任务是通过识别和提取关键词发现作者的观点（科技给人们带来虚假的自信）；第二层级任务是通过匹配信息去辨别文章的论证：作者是如何去支撑自己的观点（从第二、三、四段落进行论证）；第三层级任务鼓励批判性阅读则是去进行发展，跳出作者视角，建立自己的视角、提出问题和质疑，目的是对原文有所超越。对文章的论证过程做出自己的评价和鉴赏，如作者认为科技带来虚假的自信这种观点有道理吗？作者从三个段落也就是三个方面进行论证自己的观点站得住脚吗？他的理由是不是真实的？他的推理得出的结论是否相关、一致和充足等等。

第三类学生问题分析与反思。以自我调节的反思手段进行阅读。在执行任务过程中出现问题较多的情况，比如以偏概全、论点论据不一致、无视教师反馈等情况可以通过反思手段促使学生加强阅读反思。在本篇文章中，第二层级主题信息匹配的任务要求学生阐述个人观点并提供理由论述；第三层级任务评价文本论点和论据的一致性时，要求学生对所做出的评价说明理由。在学生阅读自评数据中，学生在四级阅读理解量表阅读策略的描述语任务中表现一般，我们在设计中没有增加对阅读理解策略的应用。然而学习策略的选择与学生的思辨能力的发展有重要的关系，因此基于学生在执行任务时所出现的上述问题，从思辨角度入手加强学生的自我调节和反思技能，对解决上述阅读理解问题极其有益。

自我调节的学习观认为：在学习任务的实施阶段（performance）选择什么样的学习策略（包括认知策略、元认知策略及资源管理策略）决定了学习者最终能够达成的学习成就（Pintrich，1999：460）。（孙昊，2017：137）而元认知策略是促进思辨发展的策略。元认知策略具体含义主要是指学习者对自身的学习过程做出计划（planning）、监督（monitoring）、调节（regulating）所采取的策略。（Pintrich，1999：461）在内涵上，元认知策略与思辨能力"双维结构"模型的"自我调节"（技能内涵）相似。与文秋芳（2009）的"思辨能力层级"模型中的"元思辨"概念有异曲同工之处。在德尔菲项目组报告的二维结构模型（1990）中，"自我调节"包括"自我评估"与"自我修正"。与前面的元认知策略稍有不同的是计划未包括在思辨"自我调节"技能中。中国英语能力等级量表的阅读理解策略是基于教育目标分类学关于策略性知识的分类，策略能力由规划方案、执行手段和评估／补救办法构成。

在这里我们可以看到"双维结构模型"的自我调节技能与教育目标分类中的评估／补救策略内涵基本相似，那么我们采用教育目标分类学的阅读策略引导学生对自身的阅读学习进行自我调节与自我反思，即规划、执行、调整（评估／补救），并形成自我反思问卷，专门用于发展学生在论述性材料的阅读认知技能。阅读过程并不强制要求每个学生都能对照自我反思量表进行反思和调整，其目的旨在激发学生在阅读中逐步形成反思的态度倾向和意识。自我反思量表集中于论述性语言材料中的"识别作者观点、分辨论据、评价论点和论据的一致性"三个层次进行。

自我反思问卷：

1. 我能通过浏览文章，了解文章的论证结构，帮助规划阅读过程。

2. 我能通过对比和比较等方法分析文章的主要观点，帮助理解。

3. 我能厘清文章的段落关系，理解材料的论证过程，发现论据。

4. 阅读结束，我能不断思考自己识别的论点是否清晰。

5. 阅读结束，我能不断检查，识别的论证是否符合逻辑。

6. 阅读结束，我能从思维标准的 5 个方面去思考，课文的论点和论据是否一致。

综上所述，本轮任务主要是训练学生对于论述性语言材料的阅读理解能力。任务以阅读理解识别与提取书面信息、概括与分析书面信息、批判与评价书面信息三个层次的任务为载体，加强学生论述性文本阅读自评弱项——在阅读简短的论述性文本时，对作者观点或体现作者观点的关键词具备一定的识别能力、阅读语言简单、涉及热点话题的论述性文本时，对论点和论据的一致性具备相应的评价能力。本轮任务完成情况说明通过本轮的层级任务，大部分学生能够在论述性文本的阅读学习中识别出体现作者观点的关键词，抑或用自己的言语简练概括出作者的观点。大部分学生认为本篇文本作者的论点和论据是一致的，并提供论证结构进行理由说明。教师通过高阶思维的阅读任务，以篇章为范例，引导学生对文章的论证逻辑进行认知，归纳出论述性文本的论证要素和论证框架，使其明确论述性文本基本是遵循开篇明确主题和观点—阐释论据进行论证—得出结论的三段式论证结构。大部分学生能够忠于原意的阅读，认为文章中作者的论据与论点是一致的。相对于前导性任务而言，学生通过本篇文章的学习学会审查论证的"理由"，对论证结构的层次性和逻辑性加深了认知。但本篇文章的任务完成情况也反映出一些问题，如学生对"评价论点和论据的一致性"出现以偏概全，未做出客观评价的显性问题。这说明进行论述性文本材料的阅读教学还需加强学生对阅读材料的"评价技能"。是否能对文章的论证做出公平、理性和全面地判断是能否做出客观、合理评价的重要因素。论证是否考虑到问题的所有方面，即辩证的考察论证主要需要了解阅读的各方面信息，收集不同的信息，分析证据理由的质量，考察多元立场的观点，发掘可能的替代性阐释，确认检验的结果。在综合性考察的基础上做出评判，才是最可靠的认识。（董毓，2010：35）

从语言理解思维层次来看，"评价和批判"属于阅读认知的高阶思维活动。除了"记忆"和"理解"层次需要忠实的阅读外，我们需要对文章进行批判性或思辨性的阅读以提高理解的深度。本篇文本的阅读学习主要以学生自评弱项"评价论点和论据的一致性"为重点。需要强调的是，具备评价文章论点和论据的能力，除需识别文章论点和论据外，还需依据一定的理智标准与指导原则进行评价。此外，评价需考虑的因素还涉及收集信息、审查论据的质量、考察不同立场的观点，发掘替代性阐释四个方面。

4.1.2.3　Unit 1 Passage B Watching or Posting 任务实施

我们接下来阐述第一单元 B 篇阅读文本的任务实施。第一单元主题是"虚拟连接"，B 篇文章题目是"Watching or Posting?"文章共 5 个自然段。课文原先设定的任务如下：

从阅读理解能力的四个认知过程出发，任务主题为看帖还是发帖，任务如下：

T1 以列举类任务要求学生列举能反映出 B 文中作者观点的关键词、列举作者所述朋友圈辐射出的性格类型。

T2 根据作者在文中所述信息预测这几种性格特征具体指代什么，再和生词表的词义释义进行比对，思考补充不足之处。根据作者对四种性格的专有名称界定，要求学生运用自己的背景知识对其做出解释，并与原文信息进行对比，将注意力更专注于未涉及的性格特点，促使学生对这几种现象做出个人理解和解释，丰富对其含义的解读和分析。

T3 评价作者论点和论据之间的一致性；对文章进行第三层次的批判性赏析，使用自上而下的模式分析文章，在把握主旨大意和作者思想的理解层面，对文章进行推断和验证的评价能力。

T4 以"Yes or No"进行同题观点续写，支持作者的观点或指出不足之处并找出替代性论据给予补充。

本篇是学生接触到的第二篇论述性文章，阅读层级任务与 A 篇文本基本类似，稍有不同的是第二、第三层级任务的设置，我们加以解释：B 篇文章作者以引证提出了四种人格特征，Voyeurs、Informers、Me Mees、Evangelists. 其中 Voyeurs、Evangelists 为生词，Me Mees 不是英文单词，但是从其单词构词法，不难猜出其单词词义。Informers 是属于已知词语。因此第二层级任务分析与概括书面信息的能力，根据具体问题具体分析，具体词语具体处理的方式，以中英文互译的方式，设置信息差，让学生根据问题做出信息分析和概括。根据 Voyeurs、Evangelists 的英文信息分析并说明这两种类型具体指代的性格特征。根据 Me Mees、Informers 的中文认知分析其行为特征，并使用英文进行解释和说明。

此外，第三层级任务强调对阅读材料做出辩证的评价能力，任务以问题为引导训练学生依据思维标准，从审查理由开始，寻找多方立场，并深入挖掘隐含假设和基础，寻找替代性假设和观点，尽可能做到评价的全面性、时态性和合理性。

1.前任务：介绍任务背景和主题

Watching or Posting?

The content you share and how frequently you post say something about your personality. According to Bernardo Tirado, there are four personality types on Facebook— Voyeurs, Informers, Me Mees and Evangelists. Which one are you?

Voyeurs

These people like to know everything and what everyone is doing. They like to be in control. They only post limited information but read everything anyone posts. They may use some things they read against others.

Informers

These people are very simple and straightforward. They use Facebook simply to stay in touch and communicate with people. They don't post or comment on everything, and they keep many of their conversations private.

Me Mees

These people like to be the center of attention. When they have a conversation, everything is about them. Their use of Facebook isn't very different. They post pictures，articles and quotes that are largely about themselves. They only comment on or "like" posts that say something about them. Me Mees rarely care what's going on in their network.

Evangelists

These people want to inspire others and to be included more in the group. Unfortunately，posting so much can have the opposite effect—people may ignore them. They post quite frequently，at least four times per day. They post anything from motivational quotes to pictures of their lunch. The constant posting is actually a way of hiding what's really going on in their life.

背景介绍：① 伯纳多·特拉多（Bernardo Tirado）是一位工业心理学专家和高等管理人员。他在世界 500 强公司工作了 15 年，并一直致力于将工业心理学应用到项目管理中。伯纳多·特拉多还创办了咨询类的公司网站，旨在帮助个人和公司提高工作效率。② Me Mees 严格意义上说不是英语单词，但从其灵活的构词方式不难猜出其含义，即"以自我为中心的人"。

（需要特别明确的是，本篇文章文本类型稍有点模糊。我们特意咨询了批判性思维方面的专家和同仁的意见，以下主要为华中科技大学董毓老师对本篇文本类型提出的个人看法。信件咨询，董毓，2020）

本篇文章文本类型在"论证"和"说明"两者之间摇摆。如果认定其为论证文，因为第一句是一个断言，我们有道理要寻找它的论据，而作者引用了他人的观点"有四种人格"来证明，但论证得不是很科学，因为这些"证据"其实是语词的定义或说明，而且自身不合理。如果算是说明，也有道理，因为文章大部分都是说明四种人格的意思，但开头一句似乎表明作者确实想用这些说明来支持一个立场。

这里我们认为其是论证文，议题应该是第一句中隐含的问题：你在网络上分享的内容和发帖的频率"是否"能体现出你的个性（论题是一个可以有不同立场不同回答的问题）。那么作者立场或者观点即"是"，如果这样看，后面的四段被当作是论证这个立场的论据，但这四段其实都是分类及其说明，而且这些分类和说明本身就有问题，需要论证其合理性。比如第一段，"他们贴出的信息不多，却阅尽别人的帖子，甚至会利用读到的信息反驳他人"，这不是有广泛阅读兴趣，遇到忍不住的时候会参与发言争论的人们吗？这如何就是表示"想要知晓一切，了解每个人的动态。他们喜欢掌控一切"的窥视者？再如第二段"他们使用脸谱网就是为了和他人保持联系，沟通交流。他们不会对所有事情都发帖或评论，与好友的聊天也大多是私密的"，这不是为了满足交友、联系的需要吗？如何算是"信息提供者"？而且，一个人完全可以在网络中交友联系，又同时阅读参与争论，所以，这样的分类、概括有任意、随意和模糊的性质。

如果把它看作是说明文，作者先是做出一个陈述"在网络上分享的内容和发帖的频率体现了四种网络人格"，然后是对这四种人格的说明，好像也有道理，当然，也一样可以说，这些说明不合理，有任意、武断、模糊的性质，自身需要论证但没有提供。不管是当作论证还是说明，它都是有缺陷的。

现实中很多文本，的确是混合体，并不是标准的论证，但叙述中也传递着立场和意图。需要说明，在请教批判性思维领域的专家并和项目组成员讨论后，由于文章中作者的论点和写作意图比较明确，我们最终仍将其认定为论证文。而文章不合理和模糊的地方恰恰是给予学生机会去分析真实文本，对学生阅读与评价鉴赏的考察也是比较稀缺的练习，学生的阅读和写作输入都值得借鉴和思考。

2. 任务实施

我们将层级任务以问题的方式逐个发放超星、尔雅网络平台的讨论区进行。教师根据讨论区作答情况，督促学生在规定的时间完成，在群组中转发优秀发言启发学生思考，在讨论中带领学生识别观点，做出评价、学习批判地鉴赏。任务以书面写作为语言产出方式，鼓励学生基于同一主题发表个人的观点和看法，教师进行批阅后个人修改完善。书面输出在后面章节专门一章进行论述。

①问题引导的任务实施

T1—Q 1. What is the opinion the author showed in this passage? Please try to find the key words and sentence in the first paragraph. （作者的观点是什么，请尝试寻找相关的关键词和关键句。）

T2—Q2．According to Bernardo Tirado，what types of personality can be divided into?（针对这篇文章，作者认为 Facebook 的用户分为哪几种类型？）

Q3 According to the information of Voyeurs and Evangelists from the text，can you explain its detailed behaviors and name the two in Chinese?（根据 Voyeurs、Evangelists 的英文信息分析说明这两种性格特征是什么？这两种名词的汉语名称可概括为什么？）

Q4. We could guess the Chinese meanings of Me Mees and Informers，could you explain its detailed behaviors in English?（根据 Me Mees、Informers 的中文释义分析其行为特征，并使用英文进行解释和说明。）

T3—Q5.Based on the result from the previous two questions，do you think the reasons are correlated with the opinion from the author? Is it fully or partially，adequately or inadequately?（基于对前两个问题的结果，你认为文章论证的论据和作者的观点是否是一致的？请写明论点与论据，并使用编号 1、2、3 等标明。论据是全面还是片面？充足还是不充足？）

（1）第一层级任务的实施

论题，是一个可真可假、可以有不同回答的未知或者有争论的问题。在这里，作者没有正式明确地陈述论题，但从其第一句话"发帖内容和频率反映了我们的性格"可以看出隐含的，作者面对的论题是"发帖内容和频率是否反映了我们的性格？"或者"发帖内容和频率真地反映了我们的性格吗？"，作者的立场或者观点或者论点是对此肯定的回答，即第一句："The content you share and how frequently you post say something about your personality"。班级中 99% 的学生可以准确地找出文章中的关键句。前面文本的层级任务练习中，已经说明论点在文章中的位置，好的作者一般是将论点编排于文章的开头。开头部分开宗明义、开门见山亮出观点。本篇文章也是属于开门见山点出作者的观点，因此，学生较容易识别出本篇文本中作者的论点。此外，对于开头没有开宗明义的文章，我们向学生介绍了从句式去做判断的方法。论点应该是比较明确的判断，是作者个人看法的完整表达，因此在形式上应该是完整的句子。此外，依据内容为判断标准，作者对意图议论的问题持有的见解和主张比较鲜明，且能表现一般规律和客观实际。本篇文本标题是 "Watching or Posting?" 作者通过问号吸引读者思考，我们是选择看还是发帖的问题，作者意图通过问题促使读者思考，传递自身写作的观点，即第一句话。

（2）第二层级任务的实施

① Q2 的任务难度系数不高，学生能够在文本第一段迅速识别出 Voyeurs、Informers、Me Mees 和 Evangelists 四种心理学家所做出的性格分类。这个问题为下面 Q3 问题的引出做出铺垫。

② Q3 要求学生阐述 Voyeurs、Evangelist 的性格特征能考查学生对阅读信息理解和分析的基础上进行概括的能力。文章对于每一种性格类型的解释都有一段信息，虽然是生词，但学生对这两种性格的理解可以从所在段落做出分析。首先选取几例说明学生对 Voyeurs 性格类型做出的解释和概括，见表 4-6。

表 4-6

Voyeurs：英文阐释	中文命名
S 季：These people like to know everything and what everyone is doing.	监视者
S 张：Keep an eye on other people's actions.	监视者
S 丁：Pay attention to others without comment.	观而不语者
S 蒋：They only look at it, don't send their own Facebook character is more introverted.	偷窥者
S 黄：Like to observe and control others.	看而不发者
S 李：They like to watch anything.	偷窥者
S 丁：These people like to know what everyone is going to do and look at all the information about everyone.	偷窥者
S 郭：Pay close attention to other people's behavior.	偷窥者
S 王：They read everything anyone posts. Likes to know everything and what everyone is doing.	偷窥者

学生对于原段落的信息把握和诠释可以反映出 Voyeur 的基本性格特征，学生用以阐释个人见解的英语词语比较多元，例如：keep an eye on other's actions，pay close attention to other people's behavior. 所做出的中文命名集中于"监视者""偷窥者""看而不发者"。课文给出的中文释义为"偷窥者"，与学生的中文释义不谋而合。下面我们具体说明学生对生词 Evangelist 的诠释。见表 4-7。

表 4-7

Evangelist：英文说明	中文命名
S 李：Being willing to show a positive and optimistic side to others often hides the true side of yourself.	传道人
S 张：I like to motivate myself and others, but it may be to hide my real life.	激励者

续表

Evangelist：英文说明	中文命名
S 季：These people want to inspire others and to be included more in the group.	激励者
S 谢：Trying to motivate others but always ignored.	传道者
S 吴：Want to inspire others and to be included more in the group.	正能量者
S 薛：Focus and encourage others.	传道者
S 俞：They want to inspire others and affect others.	传道者

上述示例中有关 "Evangelist" 解释和说明基本从单词词义本身出发，如使用的词语 focus and encourage others、inspire others、motivate、a positive and optimistic side. 同义词的释义方式基本说明 "Evangelist" 这一类人群的基本特征是激励、鼓励他人。学生可以变换不同的词语进行词义诠释，一方面是基于自己的背景知识而做出的说明，另一方面是基于词义主要特点进行诠释。考查学生是否真正理解一个词，并不是单纯会读，会拼写，更是需要考查学生是否可以进行词义诠释。在传统单词学习中，常规性教学会带领学生进行单词朗读，而解释其意也是停留在近义词或反义词的词义基础上。这种背诵和顺从的学习，往往很难创造知识和产生知识。我们很惊喜地看到学生能够选择并呈现出几种不同的词义诠释方法。学生所做出的中文释义，如 "激励者""正能量者"，尤其是 "正能量者" 似乎比课文原释义 "传道者" 更能与时俱进地阐明词语的意义。

③ Q4 要求学生根据 Informers、Me Mees 的中文认知分析其行为特征，并使用英文进行说明。下面我们具体说明学生对于 Informer & Me Mees 所做出的中文认知和英文阐释。见表 4-8。

表 4-8

Informer：英文说明	中文命名
S 丁：They simply communicate with others and keep their content private.	沟通者
S 李：Reluctance to reveal information about themselves and their lives.	保密人
S 蒋：More cheerful personality, like to put all kinds of things.	告密者
S 吴：Use Facebook simply to stay in touch and communicate with people.	交流者
S 郭：Just use software to contact others.	交流者
S 蔡：Communicate with others on the Internet.	沟通者
S 薛：Simply and straightforward.	沟通者
S 徐：They speak simply and directly and much of what they say is confidential.	传道者
S 卜：They don't post or comment on everything, and many of their conversations are confidential.	交流者

续表

Informer：英文说明	中文命名
S 丁：These people Quite simply, they only use Facebook to keep in touch and communicate with people, they will keep the conversation confidential, they will not post and comment.	工具型交流者

学生对于 Informer 所做出的中文释义包括："沟通者""交流者""保密人""告密人"。前两种释义与文章的原有释义"通知者""报告者"相近。而后两种释义完全和原文释义无关。不当之处我们和学生进行了沟通，学生将 Informer 与 Voyeur 产生了混淆。先看课文对 Informer 做出的英文释义："These people are very simple and straightforward. They use Facebook simply to stay in touch and communicate⋯"

课文第一句话主要是反应 Informer 这一类型的性格特征，其次说明其主要行为特征是"stay in touch & communicate"。"informer"释义是以反映其行为特征"使用者沟通和交流信息之用"为重点，因此 Informer 的诠释应该以体现其行为特征为主，附带说明其性格特征，例如"They simply communicate with others and keep their content private"。而部分学生如：薛"Simply and straightforward"，则不符合"informer"这一类人群的主要特点。

表 4-9

Me Mees：英文说明	中文命名
S 丁：Sharing things related to your life, eager to share with others.	自我自信
S 李：Don't accept the opinions of others and don't mind revealing their lives.	唯心人
S 蒋：Me Mees Like to update Facebook, hope to get more attention from others.	以自我为中心的人
S 张：Have confidence in yourself and like to share things with others.	自我自信
S 季：These people like to be the center of attention.	自信者
S 吴：Like to be the center of attention.	自恋者
S 蔡：Pretend to be a celebrity in the virtual world.	自恋者
S 郭：Posts about yourself, eager to share.	以自我为中心的人
S 李：Don't accept the opinions of others and don't mind revealing their lives.	唯心人
S 薛：Self-centered, self-focused.	自我者

原文对于 Me Mees 所做出的中文解释为"以自我为中心的人"。学生对于"Me Mees"所做出的中文解释有"自我自信""唯心人""自恋者""自我者""自我为中心的人"。学生所做出的解释与原文释义基本接近。课文对于

Me Mees 的描写语言为 "These people like to be the center of attention. When they have a conversation，everything is about them…" "be the center of attention" 应该是 "Me Mees" 的核心信息词，集中体现了其行为特征。因此，学生对于 Me Mees 的诠释应该是以体现 "以自我为中心" 的信息为主。我们来看学生的释义原文 "like to be the center of attention" "self-centered" "self-focused" 非常贴合原意，体现主要行为特征。而 "Sharing things related to your life，eager to share with other"，"Don't accept the opinions of others and don't mind revealing their lives" 则没有体现出主要信息，需要进一步细化和精准提炼。见表 4-9。

第二层级任务 "paraphrase"（意译）应该说是语言教学中常见的一种教学活动。"Paraphrase" 的过程实质是同义转达的过程，涉及的问题是复杂多变的。英语专业的学生经常被要求进行这项学习活动。王逢鑫（1999）在其专著 English Paraphrase 中对英语同义表达从词汇层次（Lexical level）、句法层次（syntactic level）与语用层次（pragmatic level）专门做了论述。句法结构的改变或较为抽象的语篇同义转换难度稍高，因此，这项任务没有对学生有句法和语用层次的高要求，主要是观察学生释义所选取的单词或短语结构与文本描述局部同义变化的相近性。

从上述任务的完成情况看，学生对于文本中这四类人群阅读的认知具有自己的理解特点，尤其是学生所做出的某些释义与选词超越了原文解释。如此一个演绎的过程绝非简单的过程，它涉及语言重组过程和语言的演绎过程，其中需要学生做出正确解读，并考虑使用什么词语或短语进行诠释，这对语言的运用和思维的调动非常重要。

（3）T3：评价文章论点和论据的一致性和全面性

在前面的背景介绍中，我们已从批判性思维者的角度对文本材料一致与不一致之处进行了分析。而第三层级任务的设置则是从实地考查学生对材料的批判思考，从表面看，任务似乎是文本材料的运用和文本叙述语言表达的问题，但从本质看是去审查阅读者的逻辑思维和分析能力。引导学生阅读论证文本不能仅仅是语言的指导，本质上我们需要以任务和问题为载体，提供思考的路径。从全局出发，评价文本论点和论据的一致性，以及论据阐述的充足性与否，也就是评价文本中的论证质量是提高学生批判性阅读能力的关键要素。论证，之所以是论证，根本的原因是有理由去支撑论点。理由可以是观念、原则和规则，但根本讲是基于事实和实践经验。事实证据是控制论证结论的根本因素。（董毓，2016：57）具体转化到英语阅读来讲，评价文章论证结构需要基于文本信息和个人认知经验，去评判文章所述论证是否在事实证据可以支持的范围内。对教师而言，以问题引导学生了解本篇文章的论点和论据后，接下来评判文本论证的工作需从审查理由、评价推理关系、寻找和评判隐含假设前提、发现替代的解释和对立的观点、综合判断几方面着手。（董毓，2016：57-63）

①审查理由

评价论证从审查理由开始。在考察理由方面首先需要使用概念准确地解释其含义。在第二层级任务"诠释概念"的活动中，我们已经详细做出概念界定和分析，这里不再赘述。其次，我们需要考察理由是否真实、可接受。只有文本中的前提（论据或理由）为真或至少可以接受才能基本保证整个文本所要推导的结论（论点）是真。文本中作者提供的用于说明"Facebook 用户发圈内容和频率反映了用户性格"的理由是"引证心理学家的言论和发现"。所以说这个理由是否是真的理由是相对的，是从文本作者的角度而言。是否是可接受的或者被我们读者接受，是我们评价这个理由的关键和目的。信息来源的途径，有报纸杂志、官网文件、网页、微博、公众号等。尤其以网络的信息简单便捷，但是来自很多博客或网页提供的消息没有确切署名，或使用据某位专家所述、名人代言等，因此，我们需要从信息来源的资格、来源的公正性、引用的可靠性和完整性三方面来核实文本语篇表述的证据。（董毓，2016：207-217）

第一点，信息来源的资格。来源的资格又从来源的信誉、权威性、直接性三方面进行考证。首先，文本中表述的心理学家的言论是来自作者的转述，仅仅使用的是"According to Bernardo Tirado"，即没有说话人的时间、地点等具体信息的标注，也没有所转信息的来源根基。如果是来自新华社或一些权威的新闻媒介，那么它的可靠性就会较高。此外，检查信息的来源还需要查询它的权威性。本篇文章中的背景知识已经对这位心理学家有简单的介绍："伯纳多·特拉多（Bernardo Tirado）是一位工业心理学专家和高等管理人员。他在世界500 强公司工作了 15 年，并一直致力于将工业心理学应用到项目管理中。伯纳多·特拉多还创办了咨询类的公司网站，旨在帮助个人和公司提高工作效率。"

专家的名片到处都是，而这位在世界 500 强工作 15 年的高等管理人员所做出的断言就是正确的吗？最后，信息来源的可靠性和权威性还与信息提供者对此类情况的了解程度有关。而作者在文章中用于支撑其观点的材料除了引证心理学家的说明和分类，并无其他可靠的信息。因此从这方面来讲，作者给出的引证支撑其观点相对欠缺说服力。

第二点，来源的公正性。获取第一手的材料，是保障信息的公正性。作者的转述也许未必是这位心理学家的原话，也许是经过作者个人二次加工后的作品。我们建议学生直接网页搜索这位心理学家并查证其是否有对 Facebook 用户进行过性格分类。结果我们发现这位心理学家确实做过性格分类，但是教材中文本所述的性格分类和每种性格的特点是经过教材编写者的加工。原文的概念界定比较合理，性格特征表述更集中具体。

第三点，引证的可靠性和完整性。学术引证往往会详细地列出来源和参考书目，保持信息的客观性。本篇文章中，没有注明引用心理学家的证据或观点的来源，有可能是作者曲解了原意或伪造了证据。在前面第二点考察公正性的环节中，我们已经得知文本是经过教材编者的二次加工，因此文本的完整性相对不足。以教材阅读文本对第一种性格类型"Voyeurs"的描写为例，文本中的表述为：

These people like to know everything and what everyone is doing. They like to be in control. They only post limited information but read everything anyone posts. They may use some things they read against others.

而我们经过搜索引擎的多方查证，没有找到相对应的英文原文，唯一能找到的较全面的文本介绍为：

"潜水型"——几乎不发状态

"潜水型"了解脸书网上正在发生的一切。如果你的脸书朋友中有潜水党，你会知道的，因为他或她会向你询问你所发布的内容的详情，但是却从不评论或者点赞。另一个显著标志是当一个人开玩笑地对你说："我已经偷偷关注你很久了。""潜水型"喜欢掌握控制权，并且他们会有选择性地发布他们想让大家看到的内容。属于这种性格类型的人能从偷偷了解别人的动态中得到很大的乐趣，有时候他们还会利用这些信息反驳你。比如，有一次，我在最后一分钟被邀请参加一个活动。于是我决定上传一张图片并且同时签了到。几分钟后一个朋友发信息质问我为什么没有邀请他们。我没有当时解释，而是直接找他面对面谈了话。从这件事中我也得到了教训，那就是不要标记任何人，因为那会使有些人有被忽视的感觉。

请注意：这种类型不适用于那些从不使用脸书的人，而是针对那些经常查看脸书来了解别人正在干什么的人。（信息来自田辛 DensinTian blog，2014 年 10 月 25 日）

通过对比网络文本和教材文本，我们不难发现授课教材文本是经过教材编写者的后续加工的产品，且断章取义地采用了网络文本中的三句话。但是这种裁剪导致歪曲原意增加读者阅读难度。而原文对于潜水者的表述基于上下文的情境则合乎情理。教材编者根据自己的理解做了删减，但是破坏了语义，导致作者论证支持自己观点的理由丧失了鉴别力。以这篇文章为例，我们投入很多时间和精力带领学生审查理由，这是难得的案例，即告诉学生不要盲目接受权威，又要有根据地审查文章的论据，使用上述标准去判断什么是"好理由"，往往是促进学习者阅读论证文产生新知的重要前提。

②评价推理关系

以学生自评阅读的弱项为依据，评价推理关系具体为评价论点和论据的一致性。好推理的根本要求是审查论据与论点是否是相关和充足的。（董毓，2016：227）因此，一致性与否的标准可以从论据的相关性和充足性来考察。在我们本篇文章讨论的文本案例里，议题应该是文本第一句中隐含的问题：你在网络上分享的内容和发帖的频率"是否"能体现出你的个性（论题是一个可以有不同立场不同回答的问题）。那么作者立场或者观点即"是"，并使用了心理学家所做出的四种性格特征来佐证自己的论点。后面的四段被当作是论证这个立场的论据。那么我们来分析论据和论点是否是相关的。四个段落分类和说明本身就有问题，需要论证其合理性。比如第一段，"他们贴出的信息不多，却阅尽别人的帖子，甚至会利用读到的信息反驳他人"，这不是有广泛阅读兴趣，遇到忍不住的时候会参与发言争论的人们吗？这如何就是表示"想要知晓一切，了解每个人的动态。他们喜欢掌控一切"的窥视者？再如第二段"他们使用脸谱网就是为了和他人保持联系，沟通交流。他们不会对所有事情都发帖或评论，与好友的聊天也大多是私密的"，这不是为了满足交友、联系的需要吗？如何算是"信息提供者"？而且，一个人完全可以在网络中交友联系，又同时阅读参与争论，所以，这样的分类、概括有任意、随意和模糊的性质。学生任务表现虽然没有上述分析的那么透彻，但是从四种性格类型的概念界定分析中，可以看出学生作出的界定是围绕性格的核心信息给出的解读，没有整个段落中那么多庞杂的信息。以 Informer 为例，课文段落中的细节信息：stay in touch，communicate 与 Informer（课文释义为通知者）不是很一致，因为在 paraphrase（释义）的活动中，多数学生给出的词语是 communicator，我们也认为学生的替换词语与段落表述的信息更为一致。作为前提的资格问题，我们认为文本部分论据表述的细节与论点的相关性不是很高。第二方面，"好推理"从推理的充足性进行分析。我们来分析论据对论点是否构成了足够的支持。我们使用调查问卷询问学生本篇文章概括的人格类型是否全面，统计结果显示，68.6% 的学生认为是全面的，31.4% 的学生认为是不全面的。经过课堂访谈了解得知，认为文本推理是全面和充足的学生主要是以作者引用权威心理学家的观点和事实来论证为标准，因此基本认为其为真实、充足的。在现实中我们对信息不能轻松做出明辨，盲从权威是理性思维欠缺的重要原因之一。学生从小学到大学基本是以"课本为本"，以权威为标准做出这样的判断是可理解的。基于此，我们引导学生在印证权威时需要注意它是否为"真"的问题。比如我们需要查证消息来源、理解原意（条件、对象和场合）、公正与否（是否有利益影响）、是否有断章取义等方面。而 31.4% 的学生认为文本的论据理由不充足，并给出了替代的补充理由。具体作答情况我们在寻找替代的假设环节再做说明。

③寻找和评判隐含假设前提

在评价文本论证推理时，除了文本的显现内容，我们还需要考虑文本推理中没有表达出来，但是又是文本论证必须的条件，善于发现文本论证的隐含前提，讨论其合理性，是我们思维逐步走向全面的一个原因。

我们在前面两个环节已经质疑过作者的因果断言：Facebook 用户发布的内容和频率确实是反映了用户的性格。作者的隐含假设是基本所有人发圈都是这个规律，无人能例外。作者认为没有表达出来的假设是大家下意识接受的观念，被认为是合理的，所以作者认为无需多言。如果我们可以推翻他的隐含假设，那么表述作者论点的文本论证也被反驳了。我们认为心理学家的引证不足以建立这个断定，例如有学生举例"朋友圈所谓的性格偷窥者，其真实的性格表现也含有踏实本分、做事谨慎的一面"；还有学生以"微商"的案例进行质疑，认为"微商发布频繁，积极传播正能量，但是从朋友圈看不出其性格特征，因为发圈是其工作所需"。学生举出的两个例子都可以推翻这个隐含假设。找出隐含假设，并加以质疑，由阅读层面上升到阅读认识的新领域，产生新的思考，并可启发学生在具体写作时组织更为规范的论证文。这是高层次思维方法的关键一环。

④发现替代性阐释和对立的观点

CSE 量表书面阅读理解能力的第三层次是评价和批判书面信息的能力，而批判性思维教育的中心点就是鼓励学生形成自己的思考，创造自己的立场和观点。思考会产生多样性，建立在多样性思考基础上的阅读才是创造性阅读，也是通往最高目标即创造知识的必经之路。从不同的立场和角度出发，寻找不同的事实证据和理由，具体到本篇文章中，学生提供的新证据和新解释如下：

Spray bar essence 喷子杠精 They can find any reason to contradict anyone.

The person Who speaks vehemently is negative to the network environment.

Negagative person 杠精：言语激烈，对网络环境消极的人

Keyboard man: language attacks under some comments，dampen other people's self-esteem.

Activist 积极者：They are very active and want to inspire others and let more people join.

Informer（向警方或其他当局提供线索的）线人 I would never act as an informer against you.

学生从四个方面，即杠精、键盘侠、积极者、告密者四个方面做出思考，给出新的论证证据。前三个是基于不同的社会事实现象给出的证据，而第四个则是仍运用原文中的事实证据，但对于其意义作出不同角度的解释。不同的事实证据，应用于不同的原则下则推理过程论证和结果不同。Informer 在原文本

中意指通知者，指只将 Facebook 用于交流、发圈频率不高的部分人。学生则取意"告密者"，指关注朋友圈的一些敏感内容、向警方提供线索的线人。在社会现实中确实是存在这样的人群和案例，学生可以将其意义进行灵活合理的解释，这种开放的态度、多元化的立场则是批判性思维者应具备的态度和技巧。此外，学生将文本所论证的四种性格类型给出新的替代论据和解释，聚焦性格反射出的典型外在行为表现进行说明，以下面三位同学的释义为例：

S 丁：1Watcher 2.Communicators 3.Optimistic and confident 4.Motivator

1.Pay attention to others without comment.

2.They simply communicate with others and keep their content private.

3.Sharing things related to your life，eager to share with others.

4.Inspire others but probably just to hide your real life.

S 范：偷窥者、自我为中心、传道者、通知者

1.These people like to know everything and what everyone is doing.

2.These people like to be the center of attention.

3.These people want to inspire others and to be included more in the group.

4.These people inform key messages.

S 李：监视者、沟通者、自信者、激励者

1.Keep an eye on other people's actions.

2.Communicate with others and keep secret.

3.Have confidence in yourself and like to share things with others.

4.I like to motivate myself and others，but it may be to hide my real life.

⑤综合判断

前面三个环节以任务为载体循序善诱引导学生学习对文本做出评价。就论点和论据的一致性而言，31.4% 学生认为篇章论证的充足性不高，没有满足文本论点和论据的一致性要求，相对于前面任务的完成情况，学生的评价能力有了明显的进步。在词语的选择和运用上能体现出学生独立的思考力。综合判断是阅读的最后一个环节，基于文本分析、评价、质疑等环节的基础上，对文本做出整体的评价，抑或修正和输出。对论证进行综合评价的测评点很多，主要

目的是判断推理的充足性，因此我们需要把结论本身也放到评价的显微镜下，将之与论据进行对照。文本的结论貌似不是很明显，但是文本第一段的最后一句：你是属于哪种性格？言下之意为心理学家的印证充分说明了作者的观点，你可对号入座属于哪种性格。此结论与前面信息前后呼应，从作者的角度和立场认为自己的论证是完整合理的。但是由于前面我们已经对文本进行过评价分析，文本论点和论据的一致性欠缺，因此站在作者同一立场得出的结论也是不合理的。在处理本篇文章的时候，我们引导学生注意得出文本结论的方式，假设前面的论据不是很完整，那么需要在结论部分提及论据没有论证到位的反正部分。如将原文章结论改为"以上所列举的是部分性格的特征表现，还存在其他类型，但发圈内容和频率在一定程度上体现我们的性格"。如此而言，提高了文本论证的合理性。学生的阅读自评弱项表现中没有综合判断这个信息点，这里我们主要是在培养学生评判论点和论据一致性的基础上，从整体上引导学生解剖阅读文本的论证结构，从而学会更合理地组织自己的论证写作方式。考虑论题的复杂性，综合权衡各种因素，形成全面的认识和写作布局。通过分析课文文本论证结构，促使学习者更合理有序地在自己的书面写作中阐述自己的论证和组织是我们后面需要着重阐述的。

3.语言焦点与反思

本篇文章的层级任务对学生的词语运用、句式表达和语言内容都有所强化，尤其以第二层级任务训练学生进行概念界定最能考察词学习者汇选择与句式输出的语言能力。学生在原文本的基础上产生自己的新知，Paraphrase（释义）活动极大地调动了学生的词语运用与句式转换。原设定的第三层级任务最具挑战性。因为本篇文本类型存有争议，且因为原文过度删减，原意被破坏，所以每种性格类型与四种核心词语不太吻合的情况。因此，评价文章中论点和论据的一致性方面极具难度。本轮次任务中我们将主要重点放在本篇阅读文本的评价任务中，并根据本篇文本的具体情况从整体结构、论点与论据等方面，对论证做出系统性的思考，具体在审查理由、审查论据的质量、考察不同立场的观点、发掘替代解释与综合判断五方面进行。

非常欣慰的是，有 31.8% 的同学在评价任务中提出了反对意见，在概念解说中能够选取关键信息进行诠释，在审查理由中能够对来自权威的论证进行质疑，并基于自身的认知理解和事实依据，给出了替代性的证据。针对 68.2% 的学生进行课堂观察和访谈，我们得知学生对于来自权威的论证深信不疑，对于教材的敬畏是学生不敢提出异议的关键要素。什么是好理由，如何对理由进行审查，搜寻信息并评估信息的真假已经是我们评价任务中不可或缺的进程。更全面地说，我们采取的分析框架是"可接受—相关—充足"三元标准（不同于演绎形式逻辑的真（可接受）和充足的二元标准，我们在考虑了文本证据本身的真假后，还考虑相关性，没有关联的东西，即使真，也不算数。

具体来讲，考察本篇证据的真假需要从心理学家引证相关信息来源的资格、来源的公正性、引用的可靠性和完整性三方面来核实文本所表述的证据的质量。由于后续所使用的教材中没有类似的语篇作为案例，不能进一步提升学生在审查论据质量方面的素养，这是我们最大的遗憾。不过学生在经过本次的练习后，对权威的认知和态度稍稍发生了变化，在判断类似权威引证的理由时，能够有些许意识去运用标准和原则做出思考。寻找隐含的假设很大程度上在于挖掘文本论证中作者隐晦的信息，包括文章的意义、背景知识、潜在线索等。这类思维训练基本是选取选择题，我们本轮次任务中单独列出来让学生自己去深挖隐含的信息实属不易。发现并理解这些隐含的因素，需要对文本进行较为全面细致的推敲。从理论上理解比较抽象，我们还是最好以选择题型的方式让学生做出选择。最后一个环节发现思考文本中所提供的论据是否是全面充足的，积极挖掘替代性解释或观点，替代的解释主要是学生对于课本主题形成的发散性思维，寻找不同的思路。我们在阅读英文原文时容易被作者看问题的角度和证据的选择控制，最主要的关键就是寻找和考察不同于作者的立场和论证信息。文本中作者以四种性格论证得出他的观点，即 Facebook 用户发圈的内容和频率确实是反映了用户的性格特征。如果构思新解释可以通过两个途径：一是从不同立场和站位出发，寻找不同的事实依据和理由用于反驳或者弱化原论据和理由。二是采用相同的事实依据，但对于论证原由和意义给予替代性的阐释。（董毓，2016：62）学生的任务表现是基于自身在 We chat 的生活事实为基础背景产生了不同的见解。虽然 Facebook 与 We chat 是不同国别下的社交软件，但两者使用群体存在某种相关性。基于我们来自新闻渠道或者其他软件对于 Facebook 的认知，学生所提出的异见是完全合理的。只不过在学生给出替代性解释前，我们没有给出上面两点的理论铺垫。作答完成后集中学生作答情况后，我们给出了理论性的说明。当然我们做出判断和评价的原则和依据是根据作者的原意和逻辑的需要。（董毓，2010：347）如果一篇论证文章在经过上述的过程思考后是合理的，那么我们就没有必要一定要挖掘替代解释等活动。本篇任务的处理方式是基于学生在论证文本的阅读弱项这条主线，针对文本的特点而执行的任务教学，后续需要继续以学生阅读弱项为主线，以语篇为载体主次分明地对学生进行语言和思辨的强化。

4.1.2.4　Unit 6 Text A Sense and Memory 任务实施

前面任务的教学干预以文本类型为载体，分层次培养学生的阅读理解能力与思辨能力，对实验班学生而言阅读文本的话题熟悉程度较高。在本篇文本任务的执行中，除对语篇文本类型的因素展开讨论外，语篇话题因素也是我们语言教学中需要详细阐明的问题。第六单元 A 篇文本，共 6 个自然段，语篇结构与前两篇相似度比较高，属于三段式结构。但是文章话题属于科学类，主要讲述感知和记忆的关系，相对抽象。话题内容或被称为文本内容（topic or subject of a text），是指语言交流者谈话或交流的题目或主题，是语言使用者通过不同形式的材料表达出的意义。（王淑花，2012：75）在前导任务，第一单元两篇论述性文本的阅读训练后，对论述性材料学生稍稍形成了阅读和分析方法，遇到论述性文章，具有从文本中分辨作者观点，寻找文章论据来思考和鉴赏的能力。但是 Unit 6 A 篇文章，出现了新的话题内容。影响理解过程和结果的因素很多，话题内容是其中的重要因素之一。由于理解就是理解各种口头或书面语言材料中的观点、概念、命题、事实、指示、问题、论点、态度、情感等。（王淑花，2012：75）在对论述性文本类型具有一定的理解和认知的基础上，我们来观察学生对于本篇科普性文章话题的任务完成情况。

1. 前任务：介绍任务背景和主题

比较欣慰的是，本篇文本内容选取的一些实例，是贴近我们日常生活的实例，使抽象的专业性较强的文章具有可读性。文本原文如下：

Sense and Memory

Have you ever had these experiences?

You are walking around campus and suddenly a familiar smell reminds you of your grandmother and you feel homesick.

• As you get older, you feel like the day goes really quickly.

• A song you hear when getting ready for lectures then stays in your head all day.

Actually, our senses and memories are more connected than we think.

Smell

Researchers have discovered that typically, a strong connection between smells, emotions and life experiences is formed before age 5.

This is particularly true for smells that we don't smell every day. But even in adulthood, links are made between smells and memories. You might make a connection between a perfume and a friend or lover, or the smell of a certain food may take you back to the first time you ate it.

Time

The reason time seems to go more quickly as we get older is that we repeat the same routines and experience the same events over and over. Doing things for the first time usually leaves a strong memory. Remember your first day of school or a new job? But as we repeat those events, strong memories aren't created, and time goes quickly.

Sound

You heard a song on your way to campus, and you found it hard to get rid of it for the rest of the day. Songs that stay in your head all day are known as "earworms". It was found in one study that nearly 92% of people have such an experience once a week or more. Earworms are started by many different kinds of things, such as going back to the same place where you first heard a song. People also often listen to sad music when they are in a sad mood, and stressful situations often remind them of that song.

From the moment we are inside our mothers, we create memories of the sounds around us—the sounds of our mother's voice, the music she listened to—all of these start to create a world we recognise and remember.

Our memories aren't just made up of events，people and places. The whole mind and body create our memories. From the happiest moments to the saddest moments of our lives，we will often connect them with the things we see，we smell and we hear.

2. 任务实施

本篇文章是科技类话题内容，主要是阐述感官和记忆的关系。由于三个问题是从整体上对文章的结构进行了提示性导引，为了观察学生对于论述性文本材料的整体阅读情况，不同于前面预留作答时间，根据作答情况给予反馈再发放任务的方式，本次任务以一次性发放问题的形式进行，学生作答前教师未对任务做任何解释和指导。任务要求学生提交大纲或导图说明自己对本篇文本的理解。任务由学生独立完成，任务要求以书面方式提交平台的作业区。教师给予评判。在前面两篇文章的处理中，我们主要在讨论区进行，目的是激发学伴在时间把控、作答情况等方面进行有意影响，造成"比、赶、追"的紧张氛围。实际情况是对优秀学生和水平较差的学生确实起到了激励作用，尤其对于优秀学生而言，作答内容总是基于前面提交内容的基础进行扩充和完善，因此先提交者论证思路和言语比后提交者稍不完善。但我们往往给予完成速度快者若干分数奖励，所以学生还是喜欢"快"。对于后提交者而言，存在抄袭情况，也存在被激励而自主完成的情况。无论如何，教师设置在讨论区提交任务旨在促进学生总体形成赶超的学习氛围，因此允许个别不良现象的存在。但是本篇文章任务提交的区域为作业区，作业区是个体独立提交作业的板块，就明显杜绝了不良学习现象的发生。我们首先针对本篇文本的层级任务而设计以下问题：

Sense and memory 根据文章回答问题

Q1 What is the purpose showed in this passage，please find the relevant key words or sentences.(文章的写作目的是什么？找出相关的词或句)

Q2 How does the author prove his opinion?（作者是从哪几个方面论证其观点？分论点需分条目标清楚。）

Q3 Do you think the author fully approved his opinion by using the explanation from different paragraphs? why?(你认为文中作者的观点与其理由是否是一致的？请阐述理由)

任务的完成情况与我们的预想既有一致性也有出入。任务的发放是一次性发放，所以不同于前面分层性分析和讨论，本语篇对任务的完成情况做整体性分析。

第一，一致性体现在经过前面两轮任务的实施，学生基本具备识别论证结构、从论证文本中提取关键论据，并做出合理评判的能力。识别论证实际上是最初步的工作，信息识别不准确，何谈后面的分析和评价呢？更别说自己构建论证了。本篇文本阅读任务是以整体一次性发放的方式，利于学生从整体把握语篇的论证结构。绝大多数学生能够在整体任务的导引下，主动识别相关联的信息并进行归纳和概括。具体体现在大多数学生能够识别并提取体现作者观点的关键词或语句、能够对论点做出自己的评判，并给出理由。从作答区我们可以发现，学生已经从论证结构上识别作者的论证观点和论证结构，也就是作者试图让我们相信并接受什么观点，并证明他所讲的是否为事实。学生能够站在作者的立场上来相信"感官确实是和记忆相关联的"。在思辨思维上的能力体现涉及阐释、分析、推理、评价能力，对此都有检测和考察。学生需对文本篇章"Sense"与"Memory"的关系进行思考，寻找相关证据，并做出相对合理的评价。以下面两位同学的作答为例，我们分别展开分析和点评：

S 黄：

Q1 写作目的：The author mainly aims to tell us that Sense and memory are interrelated.

Q2 写作论据：

1. Smell，for example the food parents made for you，is worth recalling and memorizing.

2. Time，if we repeat doing something for a long time，it might strengthen our memory.

3. Sound，the music you heard remind you of something. The so called worm means you can't forget the rhythm or melody which hits you occasionally.

Q3 Personal viewpoint：I consider the reasons provided in the passage can illustrate his opinion that sense and memory are connected.

S 陈：

Q1 写作目的：The writer wants to tell us that sense and memory are related closer than we thought.

Q2 写作论据：

1. from the smell，

2. from the sound，

3. from the sight，

Q3 Personal viewpoint: I think the evidence in the passage is consistent with the author's opinion. Partly because whether from the smell，time or sound，they can all illustrate that sense and memory are related.

第二，不一致体现在对概念的理解上出现了偏差，这主要与第三层级评价问题关联密切。不仅对学生文本中所做评价的有效性产生疑问，也促使我们对于文本的解读产生了认知冲突。

首先，教师团队在分析本篇文本时，最初是把 "Sense" 作为感官与记忆的关系来理解的，那么文本中味觉、听觉段落描述相关度很高。而以 time 引导的段落则明显与论点不相关，由此文本阅读理解的评价和批判层面的任务就可以从这个角度切入。但是我们在分析学生对于作者观点的阐述中发现，部分同学的任务回答中，将原文的 "Sense"，表述成 "feeling"（感觉）。在后续的评价任务中，所做出的 "评价" 有失客观。在本篇文章 Q3 评价论点和论据的一致性任务时，近 90% 的同学认为文本的论点和论据是一致的。经过了解发现，这部分同学认为原文 "气味" "时间" "声音" 的段落确实都能证明 "感觉与记忆是相关的"。由此学生得出文本的论点和论据是一致的评论。虽然这对学生做出识别论证结构没有太大阻碍，但是语言概念的 "似是而非" 可能导致推理和结论无效。如 "Sense" 的概念理解为 "感官"，那么在这个意义层面，按照 "感官和记忆是紧密相关的" 为论题对文本进行评价，则论据 Smell（味道）、time（时间）、sound（听觉还是音乐）三方面而言，Time 与 "感官与记忆的关系" 是不相关的，且还有其他感官相关的替代性论证进行补充，那么本文中论点和论据的一致性上，我们就需要推翻 90% 同学的意见。对于 "Sense" 的概念理解存有歧义将导致整篇文章的理解模糊不清。

其次，就本篇文本题目中 Sense 释义指向感官还是感觉，我们特意咨询了批判性思维研究领域的老师和专家，华中科技大学董毓老师的看法如下：

　　"如果这样看待这篇文章，接下来当然就可以问一些评估的问题。比如正如大家讨论的，Sense 这里指感官还是感觉，以及它的准确所指，有难以确定的地方，而且会带来对论证的判断的影响。比如对时间流逝快慢的'感觉'好像不是哪一个可以闻到气味听到音乐的'感官'的事情，而是心理的、主观的印象。从这里也可以提出问题甚至反例，时间和做同样事情的记忆之间关系真的是这样吗？那么在年龄大的时候，做新的事情是否一定给人时间流逝慢的感受？其他的问题可以是关于证据自己的可信性和根据，比如'从我们还在母亲肚子里开始，我们就对周围的声音形成记忆'，这个断言本身，需要证据来支持的，还有根据这样的三个例证是否可以合理概括得到作者的结论等问题。"（批判性思维研究微信平台，2020：10）。

　　再次，Sense 准确所指确实有难以确定的地方，作为教师尤其是学科中语言和思维培养任务兼顾的老师，面对这样的境况应该如何处理？我们从学生的论述中又加深了对阅读理解能力含义的理解，尤其是评价和批判层次。我们认为本篇文章给我们思辨培养提供了绝佳的实践机会，我们在学习其语言特征时，需要以此文本为鉴，既需给学生明确和演示，原文本作者如何在阅读文本中使用同一个词"Sense"在不同地方偷换了概念，旨在让学生鉴别偷换概念的论证是无效的，也需要教给学生识别阅读中的言语谬误，避免在自身的写作论证中犯同样的错误，从而进一步提高自己的论证技巧。

　　我们使用教科书中的这个实例，阐述如何带领学生识别文本"偷换概念"所形成的言辞谬误。逻辑上指利用模棱两可的概念论证为偷换概念（Equivocation）。论证在于前提之间，以及前提和结论之间有相关性。这个相关性要通过它们的词语意义相关来保证，即相同的词要指同样的对象。如果论证的关键词的意义有多种，而论证又利用了这些不同意义，在论证的一个地方使用它的一个意义，在另一个地方使用它的另一个意义，虽然前后看起来用的是同一个词，其实是用两个意义、对象不同的词，那么原来由这样相同意义保证的关系破裂了，从前提到结论的推理便无效。（董毓，2010：152）以本篇文本为例，它的理由和结论的关系如下：

　　1Researchers have discovered that typically，a strong connection between smells， emotions and life experiences is formed before age 5…

2The reason time seems to go more quickly as we get older is that we repeat the same routines and experience the same events over and over…

3You heard a song on your way to campus，and you found it hard to get rid of it for the rest of the day…

Our senses and memories are more connected than we think.

文本使用三段信息分别从气味、时间、声音三方面阐述和记忆的关系比我们所想更要紧密，得出想呈现的结论："senses"与"memories"的关系比我们想象的还要紧密。问题出在哪里？这里就是关键词"senses"意义的变换，在论证结构中"senses"一词在第 1 与第 3 段中的概念所指与第 2 段中的概念所指不同。前者"senses"指代身体上的感官，嗅觉和听觉感官。但第 2 段"senses"指代对时间的感觉。在英文中"senses"概念所指没有明显的差异，而作为汉语为母语背景的读者来讲，我们在阅读本篇文章时需要基于相关背景知识，汉语背景中"senses"可以指代"感觉"和"感官"两种不同的含义，且两者是有所差异的。文本中"senses"概念指代不能在"感官"和"感觉"中来回变换意义。文本最后一段的一句作者原话为"身心创造记忆"，作者其实在使用的时候混淆了感觉和感官。因为在英文当中这两个是指一个单词，所以作者在使用的时候一方面指代感觉，一方面又指代感官带来的感受或感觉，作者在这里使用 senses 有随意性。

识别言语谬误，是审查理由的一个表现。前面章节中我们依据阅读文本详细地阐述了如何审查理由以及如何构建"好理由"。我们要求学生根据自己的理解对文本的三段理由进行评价，以提纲的形式阐述论证过程并补充替代性理由，进一步提高自己的论证技巧。90% 同学在 Q1 和 Q2 识别作者的观点这一层次的回答基本是准确合理的，但最后评价层级的问题由于涉及原文本中"Sense"的概念指代不清，我们很难就"一致"或者"不一致"给学生提供直接明确的反馈和评判意见。因此，我们鼓励学生统一 Sense 的概念指代进行同题再写作，可以将 Sense 理解为感觉，并阐述感觉和记忆的关系。也可将 Sense 理解为感官，并阐述感官和记忆的关系。我们选取了三位同学的写作提纲，借以说明学生经过对原文本的分析和评价等思考过程后，对阅读文本做出的二次论证。

例1

写作目的：阐述感觉和记忆的关系

↓

赞同观点

↓

举证说明

①图像记忆，实验室中认幻灯片

②在熟悉的活动中靠记忆来处理各种信息

↓

总结自己的观点＋我们的记忆离不开感觉，同时感觉也是记忆的依托者。

例2

● 感觉与记忆
  ● 提出论点
    · 感觉和记忆之间的联系比我们想的更紧密。我同意这个观点。
  ● 分论点及论证
    · ①从感官记忆上去论证，即视觉、听觉、嗅觉、味觉、触觉五方面来描述。
    · ②某些事会有特别的感觉和记忆，像站军姿时间久了会有肌肉记忆，有时闭着眼睛就可以摸回自己的床上。
  ● 总结，发表自己的观点

例3

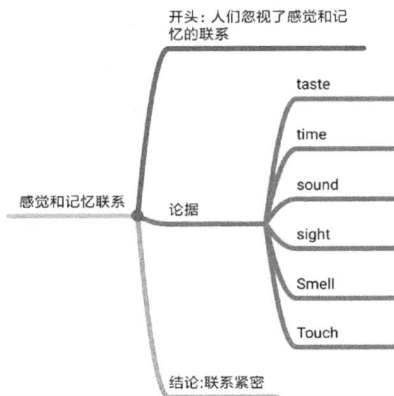

127

3. 语言焦点和反思

语言类课程的传统教学方法是强调行为主义的重要性，如重视单词听写、课文背诵等方式的操练。在阅读理解教学中，我们的工作是训练学生侧重语言理解的同时，发展学生由低到高的"金字塔"形思维能力。德国学者认为阅读是一个包罗万象的精神过程，是一个把握文章含义及实现文章意义的思维过程。（黄远振，2019：63）基于 CSE 阅读分量表的层级任务在不同文本中遇到的问题是不一样的。在本篇文章中遇到的问题是"偷换概念"而导致的论证谬误。没有对文章的语言意义进行澄清，也就无法做出清晰的思考。要避免盲从，无谓的争论和无效的思考，就要把握词句的准确意义，排除模糊、过分、空洞和抽象的语言，（董毓，2010：147）这是我们在进行阅读教学必须把控的环节。由于没有掌握词语的意义和运用范围，那么作者对于整篇文章的论证就含混不清。本轮任务中学生基于 Q1 和 Q2 识别出的文本论点和论据基本准确，在评价论点和论据的一致性层面，出现影响评价质量的言语谬误问题。我们在无法评判词语意义的准确所指继而影响我们对文章的评价时应该怎么办？ 我们认为首要任务需要识别文本"偷换概念"造成的具体言辞谬误。其次，寻找替代性理由，从正反两方面进行论证和对话，完善自己对阅读文本的论证评价，并进一步提高自己的论证技巧，在写作输入时才能产生模仿和创新的学习拉平效应。

此外，对本篇文本的文本类型我们与许多批判性思维方面的专家和英语同行进行了大量讨论和分析。因为这涉及文本图式的界定，也关联到学生写作产出的论证质量。董毓老师的观点如下："具体到这个文章，我也犹豫。它有对新事实的报道和说明的味道，有说明、报告的性质。它的写法也像新闻和趣味读物的做法，一开始从个人化的可能体验入手，以取得读者对'我们的感官和记忆之间的关系之密切远超过我们的想象'这个'事实'的共鸣。这个'事实'其实是一个对多种现象的意义的提升、概括，其实是一个判断的观念，然后下面各段是对它的依据的现象的报告、说明。不过，从这里看，作者确实有可能希望传递这个观点，而且想用下面的各段叙述来论述这个观点，希望读者认可是真的。那么，把它当作论证是有道理的。如果这样，那么它的论题可以是，'我们的感官和记忆之间有关系吗？'作者的回答，或者结论就是'我们的感官和记忆之间的关系之密切远超过我们的想象'。作者用味道引起记忆，音乐在记忆中的停留以及和情绪之间的关联，还有是否有深刻记忆与对时间流逝的快慢的感觉相关来论述这个结论。"吴妍老师的观点为："作者讨论'感官和记忆的关系'时，既可以解释它到底是什么关系（或怎么产生关系），也可以在解释基础上进一步做出论证（提供证据来支撑自己的解释）。所以很可能产生混合了解释和论证的文本，如果笼统说它是否属于论证文，不能算作细致的分析。"因此，我们按照论述文本类型进行任务设置。我们并未引导学生针对文本类型究竟是属于论说性文本还是说明性文本资料进行讨论，因为评价论点和论据的一致性是学生阅读自评的薄弱点，无论哪一种文本类型都可以作为评价的切入点，我们需要做的是首先训练学生学习评价。后续教学中涉及评价与批判层次的任务可以文本的文本类型为切入点展开任务设计。

文章的基本结构是先提出问题，给出作者的观点，分别进行论证，最后阐述总结自己的观点。这是一种很常见的论证形式。至于论证的充分性和论据的可靠性以及结论的可信度，是我们评价论点和论据的一致性需要考虑的问题。其论证不够充分，具体是由概念所指不清而导致的问题，是我们着重讨论的问题。教材中选取的阅读文本属于论述文的图示结构模式。好的作者都是在开头或结尾把论题或结论呈现。本篇文章的作者在论证结构上还是好的作者。但是在实际中，并不是所有的文章都是按照"论题（结论）—观点—理由（或前提）"的顺序进行说话，观点或理由时常被省略，煽情常常被用来代替关键证据。（董毓，2010：108）后续教学需要我们就这一点进行深化并且后期补充资源，我们会进一步根据学生的认知水平进行补充和完善。

目前三篇论述性文本层级任务的完成情况，说明学生可以通过分析论证结构，识别作者的观点、评价论点和论据的一致性。本位任务针对自评中的阅读弱项进行针对性训练，达到了本轮次的教学目标。

4.1.3 第三轮教学干预：说明性文本维度任务实施

前两轮研究是基于在叙述性文本和论述性文本的阅读教学中培养学生语言和分析、阐释、推理、评价等思维能力。本轮教学干预主要基于说明性语言材料。说明文一种应用非常广泛的写作文体，"说明性材料"是指解说事物的形状、构造、类别、关系、功能，阐明事物的原理、含义、特点、演变，使人从中学到知识的书面材料。（王淑花，2012）说明文常常采用时间、空间和逻辑顺序进行说明。英语教材中最常见的说明文模式分为一般—特殊型说明文、问题—解决型说明文和匹配—比较型说明文三种。（廖秀慧，2013：35）因为文本材料类型不同，学生对于文本的图式特点把握和思辨技能的运用会因材而异。基于说明性文本，第三轮任务遵循课程教学目标的基础上，根据授课教材阅读文本的文本类型，即说明性文本维度，结合学生阅读自评估数据，基于阅读理解能力的四层级的思维认知过程，设定梯度性任务，来培养学生理解书面说明文本的能力与思辨思维的能力。学生在说明类文本材料的阅读弱项涵盖了书面理解能力分量表对于四级学生所做的全部描述语，具体如下所示：

理解书面说明

11. 在读科普类短文时，能理解其主要内容。

12. 在读中外文化类说明性短文时，能概括主要内容。

13. 在读简单的数据表格类材料时，能理解数据所传递的信息。如升高、下降幅度，总体趋势。

14. 在读日常生活中常见的公告、招贴、广告时，能理解其大意。

15. 在读语言较复杂的有关热点话题的新闻报道时，能提取关键信息。如新冠病毒相关新闻。

根据所授课语篇的特点，将学生在理解书面说明类的阅读弱项糅合到 Passage A 和 Passage B 两篇语篇中。具体而言，第 11 和第 13 条任务描述语弱项设计到 A 篇文本，第 12 条任务描述语弱项设计到 B 篇文本，第 15 条任务描述语弱项融于每次课程实施前进行，时间占比 5 分钟。为实现本轮次教学目标，基于书面阅读理解能力分量表的认知层次性划分，即识别与提取书面信息的能力、概括与分析书面信息的能力、批判与评价书面信息的能力、创造书面信息的能力，根据学生在理解书面说明分量表的阅读弱项表现，结合两篇文本主题设定了本轮理解说明性文本的层级任务，如下所示：

Unit 5 Text A

T1 根据文章所给出的关键数据，提取并阐释其所传递的信息并预测未来的发展趋势；

T2 列举文章所介绍的解决世界粮食危机的措施；

T3 解决世界粮食问题，我们还有哪些举措？

TEXT B

T1 本篇文化类说明文，找出能承载并反映各国饮食文化的关键语句；

T2 理解并概括出文章中所述食物承载的文化含义是什么？理解并比较各类含义下，食物与其所蕴含的文化要素间的关系是什么？

T3 结合我们本地特产，挖掘并传播本土产品的文化意义；

任务 3 以小组合作形式完成，以 PPT 演说介绍，进行组别提问和评价，问题需基于对方演说内容。依照上述计划，我们开始执行本轮次的任务，进行三个层次的阅读理解能力训练。任务完成后，梳理任务的完成情况，并概括归纳语篇的文本特点。

A 篇说明文为科普类短文。首先，识别与提取书面信息层面，基于 CSE 阅读量表中"在读数据表格类材料时，能理解数据所传递的信息"描述语，要求学生将文章中首段的关键数据进行讲解并预测未来发展趋势，一方面锻炼学生提取文本关键信息的能力，另一方面激发学生对于整体数据走向做出自己的判断和分析；其次在概括与分析书面信息层面，任务重点为理解段落主要内容。篇章主要以讨论解决粮食危机的举措为主要内容，因此我们考查学生列举举措的概括能力。一方面锻炼学生识别与提取语篇主旨信息的能力，另一方面锻炼学生列举事物的思维技能；批判与评价书面信息的问题为开放性问题，需要学生搜集大量的信息，提出有益的举措，并以同伴互评的方式提供评价反馈。评价需要学生综合分析并提出有益的建议。解决世界粮食危机的建议事关每个个体，任务旨在将评价的技能转化为对整体文本的增效价值进行评价。

B 篇说明文为中外文化类说明文。受试学生在四级理解书面说明文的阅读弱项为"12. 在读中外文化类说明性短文时，能概括主要内容"。而教材中的 B 篇文本篇章主要是介绍各国典型饮食所承载的文化含义。因此第一层次任务设置为识别并提取承载各国别饮食文化的语句；第二层次任务是概括出文本所列举的代表性文化的含义并阐述其内在联系；第三类任务为综合项目型任务，基于 B 篇文本主题，挖掘中国地方特色，弘扬中国本土饮食所承载的文化含义。第三层级任务以小组合作的形式，概括阐述中国本土饮食的文化含义。同 A 篇文本的层级任务目标，B 篇文本第三层级任务将学生评价的技能转化为对整体文本的增效价值进行评价。

基于学生理解说明性文本的阅读自评数据，并根据阅读文本的主题特点所设置的层级任务是有任务设置的理据与宗旨。其中，我们对阅读理解第一层级任务和第三层级任务的设置做详细阐释。A 篇文本第一层级任务主要考虑到阅读语篇中数字信息显著的特点，将文本描述性语言转换为数据表格，设置了识别数据表格信息的任务训练学生非连续文本的阅读能力。

1.数据表格类材料的概念界定。

数据表格具有直观、简洁、概括性强等特点，即能反映社会题材，也能反映生活内容，用途广泛。而任务描述语所指代的数据表格类材料包括哪些材料，我们需要做清晰的辨析才能做更有效的指导。在国外的 PISA 阅读测试中，文本分为四种形式：连续文本、非连续文本、混合文本和多重文本（2009）。其中对于非连续性文本的表述为："它们是由单一清单或若干个简单清单组成的清单组合，如清单、表格、图形、图解、时间表、目录、索引和表单。"而这些清单除目录、索引两种形式外，从广义的角度讲，其他形式都是数据表格的形式。国内学者对非连续性文本所做定义中，较有代表性的观点为："非连续性文本是以统计图表、图画等形式呈现的阅读材料"。（巢宗祺，2012：35）那么从国内的定义看，CSE 量表对于"数据表格类材料"这条描述语关键是"数据"，除表格外，清单、图形、时间表、表单都可呈现数据。那么原描述语中的"数据表格类材料"是否以统计图表为代表的非文本类材料界定更为准确，指导性更强，这一点需要更多学者商榷，在我们研究中，我们认为能呈现数据的非文本类材料，可以不拘泥于表格形式。之所以进行数据概念的界定，是寻求与文本结合的更有利的方式，有助于促进学生提取、阐释与评价信息的阅读能力和语言表达能力。

2."批判与评价书面信息的能力"任务设置。

第三层级阅读任务，在书面说明类文本中对学生没有做批判性鉴赏的要求。而评价作为思辨能力的一项技能不可或缺，根据自评阅读弱项，我们将对文本的评价转为对各组任务完成情况的评判与反馈。任务的设置将语言内容与思辨技能有机融合。

4.1.3.1　Text A Feeding the world 任务实施

1.前任务：介绍任务背景和阅读主题

Feeding the World

In the last 60 years, the world's population has tripled from 2.5 billion in 1950 to over 7 billion. Food became a big problem as we were not able to feed everyone. Now the world's population is forecast to continue growing and may hit 11 billion by 2100. So in a world where nearly 1 billion people already do not have enough food, can we really feed another 6 billion?

Changing Diets

Population growth is not the only reason for food shortages. Our diet is also to blame for it. Nowadays, with increasing numbers of people living in cities, we tend to eat more meat. To produce meat we have to use a lot more land and water to grow the food for the animals. And we also need more energy to process the meat. As a result, we are using more land and resources to actually produce less food. We could feed the growing population easily if everyone became a vegetarian. But who would make this change? Would you give up meat to feed others?

Growing Differently

Innovative solutions to this problem are being used and researched around the world. One idea being tried is vertical farming, which is to build farms in very tall buildings in the centre of cities. Such farms require less space. They also reduce the distance the food needs to travel to reach most people.

Another innovative idea is the "seeds in space" project organised by the Chinese Academy of Sciences. In 2011, researchers sent seeds into space on the Shenzhou 8 spacecraft. It is thought that the conditions in space help produce huge fruit and vegetables with higher vitamin content. While the science is not yet fully understood, it seems that the conditions in space may help make the seeds more productive. So could space seeds really provide the answer to the world's food problem?

From sending seeds into space to asking people to change theirdiet, these are all ways of solving the world's food problem. Whichever methods countries and individuals choose, we still have a long way to go.

2. 任务环

（1）T1 根据文章所涉及的关键数据进行表格绘图并说明其所传递的信息，预测未来的发展趋势。

阅读理解能力量表将数据表格设置为四级学生应该掌握的内容，通过评估数据发现大学阶段此段内容仍然是盲点，说明教学中对此文本类型的英语教育缺失。如何开展数据表格类文本阅读教学已是摆在我们教师面前的问题，而数据表格类材料是非连续性文本材料的主要内容之一。数据表格基本可分为"柱形图、折线图、饼状图、体条形图"等基本形式，在本任务的执行和教学中如何把握好非连续文本的特征，并与我们的任务目标相结合，是我们开展本部分的前提。

本篇章题目为 Feeding the world，主要是以当今人口增长引发食物短缺为背景，阐述粮食危机解决之道。文本的第一段主要是阐述现实背景，含有 6 个突出的数字。学生在阅读文本中对数字敏感度比较高，能轻松识别与提取出数字所代表的信息。而如果将语言描述转换为"数字数据"有关的图形或表格，学生提取信息则难度变大。图表表格类材料是学生的阅读薄弱项，接触的机会偏少。在文本不具备相关表格类材料的情况下，我们可以创设语境以训练学生从复杂图表中提取信息的能力。教学内容是非连续性文本教学的立足点。第一段连续性文本材料中含有若干关键的数据信息，我们将其转化为非连续性文本形式，要求学生根据数据阐述图形所传递的信息。如此既对学生阐释和概括技能有所涉及，也对学生分析和理解图表类文本大有裨益。见图 4-1。

①数据表格导入任务，进行数据文本认知。

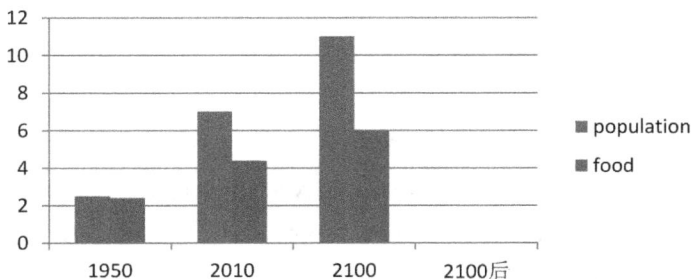

图 4-1

基于理解说明性文本的描述语为"读简单的数据表格类材料，能理解数据所传递的信息"而设置的第一层级任务以数据类表格的非文本信息识别与提取的训练任务为主要目的。连续性文本教学有图表、表格等非连续性文本的辅助，使教学和任务的执行可观性更强。

②识别数据表格信息，理解、分析趋势、对文章主体进行预判。第一层级任务以师生问答形式实施，具体如下：

T: Please check the bar chart and think about what information the two colored bars represent.

S: I can see from the label on the right of the figure that the blue column represents the number of people and the red stands for food.

T: That's great. Could you tell us what main information the graph mainly says?

S: One minute silence. No immediate response.

T: There are several key points of years in the graph. Can you explain the information of the two colored bars，according to the main line of time?

S: There are four different time in the graph. They are 1950，2010，2100 and 2100 years. The information about it is like this. In 1950，the population and food were basically satisfied that is more than 2billion，but by 2010 the population reached about 7billion，while the food was only about 4 billion. I don't know what it will look like in 2100.

T: That is right. It is the right way to express the key information according to three time periods. It is quite easy to check like this way in this kind of easy chart. But if there are more than 10 figures，it is not wise to express the information one by one. Therefore，what should we do with so many figures one day?

S: (Think for a while) … maybe, it is better to summarize and tell what problem the figures mainly reflect.

T: That is a very smart way. According to the three time points, the information of each node is basically correct. In this graph, the data is relatively simple. If there are more than 10 bars, we can't explain each of them. Got it? We emphasize the maximum and minimum ones, tend to compare the main differences and tell the key information. So can you tell us what the maximum and the minimum represent?

S: Oh, I got it. Perhaps, it tells us the supply can't meet the needs of demand with the rapid development of the population.

T: Yes.

S: Thank you. I could see form the chart, the minimum population is more than 2millin in 1950s, the maximum population is more than10billin. That tells us the number of people grows really fast. The minimum food is more than 2million in 1950s; the maximum food is more than 6billion.

T:And by comparing them, could you tell what this change mainly means?

S: Aha, it shows that the growth of population far exceeds the supply of food.

T: The core information is basically correct. Would you like to use one word to "summarize" the growth from1950s to 2010?

S:Let me think about it. Yes, it is the "triple" in the vocabulary list.

T: Brilliant. That is a severe situation. Well, Can you forecast what will happen in the future?

S: "Forecast" means…? Ha-ha. In the future, that's definitely not enough for the future.

T: Yes, very clever. Although you don't know the word "forecast", but you get a clue from the future. That is really good. The word of "forecast" means predict. Just as you got the clue from "in the future", and offered us the feedback. Next, could you forecast what the author is going to tell in the following paragraphs?

S1: Probably, it is about more severe situation.

S2: I think it is about the solutions to deal with the problem.

S3: I agree with this opinion. The fist paragraph mainly tells us the problem hidden behind the figures. Next，it must be with the solutions. I don't know it is right or wrong.

    T: Ha-ha，very smart. If you guys really want to know，let us go to the material and check it.

    T: That is right. It is the right way to express the key information according to three time periods. It is quite easy to check like this way in this kind of easy chart. But if there are more than 10 figures，it is not wise to express the information one by one. Therefore，it is better to summarize and tell what problem the figures mainly reflect.

    S: Oh，I got it. Perhaps，it tells us the supply can't meet the needs of demand with the rapid development of the population.

在第一层级任务教学的过程中，教师首先带领学生从图表的标题和柱体图核心信息入手，整体把握柱形图表达的关键信息，然后对具体的图表内容进行解读，主要采取纵看和横看的阅读方式，横看几个关键的年份节点，纵看人口和食物的发展关系，对图表所列数据进行比较与概括、分析与阐释。学生识别图表信息难度不是很大，重点在于横纵向数据进行对比后，如何解释所说明的问题，比如教师问到"从图形显示有几个年份关键点，那你能说明一下这张图表主要说明了什么问题？"，学生不能及时概括并作出阐述，教师趁机引导学生关注并根据图形每个时间点阐释人口和食物的关系，再进行总体趋势概括图表反映的主要内容。学生基于图表时间节点，提取具体信息，横纵对比、推断得出主要变化。我们总结了数据表格类非文本的阅读要点，主要以找准图形、图标代表的信息为关键点，横向比较与纵向比较数值后，以横向为主线介绍横向数据的变化与趋势。需要注意的是我们不需要将每一个数据都做出说明，以数据最大值和最小值所代表的信息为重点进行对比，得出主要变化。从任务的整体完成来看，从整体感知内容到局部分析细节对学生稍有难度，学生毕竟没有经历过非文本类图表的训练。从具体到综合对比得出结论的方法，更符合学生的认知特点与图表阅读的规律。通过这样的图表阅读训练，可以使学生掌握基本的数据类图形的阅读方法，提升识别与提取信息的能力。我们根据文本背景知识设计的图表文本毕竟信息有限，后续需要在教学中有意识地收集一些雅思小作文等图表资料，将图表类非连续性文本纳入常规教学之中。具体的教学实施还有待我们进一步探索。

（2）T2 理解语篇内容，分析并概括出解决世界粮食危机的措施。

本文从整体上把握，第二层级任务相对第一层级任务相对容易执行。第一层级任务通过图表考查学生对于关键信息整体变化和未来趋势的判断，第二层级任务是要求学生概括出文章为应对社会大背景而提出的举措。文章以"Changing Diets""Growing Differently""Seeds in space"为段落标题，阐述了全球解决世界粮食危机的行为和项目。学生比较迅速地从这三方面进行概括和阐释。在第一部分教师与学生的谈话中，学生已经从光盘行动、提高粮食产量、减少人口增长、挖掘海洋资源四个方面进行了意见补充。学生在阐述文章所列举措施的时候，会加入个人的思考。为保持学生思维的持续性和话语的连贯性，我们没有打断学生的阐述，在必要的时候会启发学生延展个人的看法。学生对于文本内容的思考，在下一层级任务中进行详细说明。下面列举学生与教师的对话信息，能体现出学生运用分析、比较、评判思维技能对世界粮食危机献计献策的思考力和行动力。

S1: I think this passage mainly listed three measures to solve the problem. Firstly, changing the diets is one of the important factors. The author suggested us that we should eat more vegetables instead of meat. In this way we can reduce a lot of resources. Secondly, vertical farming is a way to produce more food. Lastly, seeds in space may help make the seeds more productive. In this way we can have more food to feed the people around the world.

T: Very good. You have a complete summary of the measures in our textbook.

S2: In my opinion, there are three ways to solve the problem. Firstly, we can change our diet, eat less meat. Secondly, we can build farms in very tall buildings. In that way, we could produce more food with less space. I like grow food in this way. For example, we grow some tomatoes in the balcony. After graduation, I will consider vertical farming. That is good. Lastly, the projects of "Seeds in space" is a scientific way. But if the conditions in space may help make the seeds more productive, could we grow or mail the food from the space?

T: Sounds great. You summarized the measures and in the same time, you expressed your feeling of the measures. The second one is your favorite, right?

S2: Yeath. That is my opinion.

第二层级任务的设置能促使学生读取 1、2、3、4 段落信息，能将四段间的信息进行整合，发现这四段信息要素间的关系，并将之概括。学生在概括并阐释的过程首先能够概括性地讲出文章描述的三点措施是什么，要求阐述切题且要有概括性。课文中 2、3、4 段的标题起到了很好的概括性作用。学生在标题的提示下，需要进一步解释 changing diets 具体指代什么，growing differently 具体是指什么，seed in space 又是源于何种科学依据，能够将这三件措施清晰有序地进行陈述，则达到阐述完整、条理清楚的思维标准。上文所列举的师生对话是对有能力把握信息、语言表达水平比较高的学生而言，当然还存在部分学生只能将三项标题说出来，对细节的阐释存在难度，还有学生的描述稍显混乱。这需要师生在后续语言教学中加强原语言的信息记忆练习。

由于学生对于文章的理解是连续性的分析和判断而做出的概括，在对相应的举措做出阐释的时候，不仅是使用自己的言语，列举文本信息也包含了自己对文本内容的思考。所以阅读理解所考察的能力是不可切分且有重叠的。我们是以每层级任务所表现出的典型问题为关键点进行说明的。

（3）T3 思考语篇中所陈述的解决世界粮食问题的举措，你认为哪种最可行？提出你的看法和观点。

根据课堂学生讨论结果，师生提炼出应对粮食危机所列举的措施。本项任务训练学生进行综合对比，评价所列举措施的可执行性。在第一层级任务的执行中，在当时的问答情境下，随着师生对话的深入，讨论内容由表格数据信息的变化和趋势，聊到了粮食危机的解决方法，并总结出四种方法。因此将语篇原材料中所陈述的三项措施延伸为七项措施，第三层级任务促使学生对七项措施进行反思和评判，讨论可执行性并阐释理由。任务复杂度增加，以下为任务执行中学生展开的讨论情况。

T: In our class, we summarized several ways to solve the problem of food, such as clear the plate champion, raise the production, reduce the growth of population, find the resource from the ocean, while in our textbook, the author mentioned three ways, they are changing diet, growing differently, seeds in space project, How do you think of the measures mentioned, which ones are more important and accessible?

表 4-10

order	measure	Cons/pros	Reason
1	clear the plate champion	30%	
2	raise the production of plants	19%	
3	reduce the growth of population	5%	
4	find the resource from the ocean	4%	
5	changing diet	21%	
6	growing differently	20%	
7	space project	1%	

为观测学生对 7 条措施的观点和态度，我们进行了问卷调查。经过学生投票发现，第 1 条措施 "clear the plate champion" 支持率最高，达 30%。其次为文本描述的举措 "raise the production of plants"，达 19%，再次为文本提炼的措施 changing diet，growing differently。见表 4-10。学生所述理由如下：

S1: I think the measure of changing the diet is an easy way to carry. Because you know，although we are used to eat meat from the childhood，there are many food tastes like meat. They are favorable as well.

S2: In my opinion，clear the plate champion and growing differently is easier to carry out. They are close to us，and are easier. While raise the production of plants is a systematic way for the scientific.

S3: I am in favor of growing differently and clear the plate champion. Because the vertical farming is to build farms in very tall buildings in the center of cities. Such farms require less space. They also reduce the distance the food needs to travel to reach most people. While clear the plate is the way we are taking now，it avoided the waste of food greatly.

S4: I think the one of vertical farming is more important and accessible. Firstly，the way of planting in a different way can reduce the use of land and raise the production of food. Secondly，the other way is not so smart. For example，find the resource from ocean is possible to destroy the system of the ocean. Reduce the growth of population is too hard for us to control. It may lead to the conflict between the leaders from all countries all over the world. Therefore，vertical farming is more important and accessible.

学生针对世界粮食危机的问题发表个人观点，并提供相应的理由。第三轮任务较第一轮任务实施期有了显性的变化。首先体现在回答问题的态度上。初期许多同学面对教师的提问喜欢不假思索地回答 "I don't know" 逃避回答问题，逃避动脑思考。其次，体现在回答问题的深度上。多数同学发生的另外一个变化就是有意识地寻找与主题相关的理由方面去搜集证据。教师首先需要对于学生的回答进行鼓励性肯定，这不仅仅是一种策略，也是对学生思辨思维的引导和鼓励。较常规教学相比而言，在学习态度和回答质量上确实已经有了明显的进步。

建构主义理论认为，学习不是单单由教师向学生单向传递知识和信息，是在学习的过程中学生自主建构意义，产生新知的过程。在以上任务的完成过程中，学生基于图表的基础上对未来做出预测，并基于原有的认知创造性生成四种解决粮食短缺的措施和方法。文本作者意图在介绍文本三种举措的同时，也有呼吁大家重视粮食危机的劝说意图。学生在任务执行的过程中，并没有被动地对所列举信息进行简单评价，从学生所做出的投票选择来看，每个学习者都以自己原有的认知经验系统为基础，对七种信息的优劣进行快速对比，建构自己的理解和判断。基于个体的独立思考而生成的措施，在综合对比和权衡下，又对学习者的原有思考框架进行调整和改变。

为发现学生对于上述措施的具体意见，我们专门收集了学生的评价信息。从学生对于解决粮食危机的措施而进行的投票，我们发现 "clear the plate champion、changing diets、growing differently" 三种措施是学生认为是最容易实施和出成效的。从学生所给出的理由，我们进行了分析。目前学生认为最容易实施的三项措施，是围绕饮食方式、种植方式而进行的，学生对于改变饮食方式和变换人类种植方式相对兴趣更大。对学生来说课文所罗列的应对举措应该是属于新知。学生基于原有的经验与新知双向的相互作用过程中建构了自己的评价。学生阅读的宽度和厚度对问题的评价和影响显而易见。如果阅读的信息量大，那么学生就会对于任务中所列举的其他方式，如提高粮食产量、太空种子项目相关的内容具备更多的话语输出。阅读中的评价和批判任务并非单单是语言学习，而是通过阅读活动和任务获取意义的建构。前两轮论证文任务做过不少案例分析，通过任务引导学生对事物或信息作出评价需有理有据。评价理由还需考虑反例，即涵盖非重要措施所进行的解释和说明，才能使我们所做出的评价更为全面和充分。当然，口语输出比书面输出的难度要求高，学生做出评价还需更多时间进行构思和组织。不过比较欣喜的是，上文所列举的一位学生能使用首先、其次、最后等逻辑连词梳理自己阐述的逻辑顺序，在口语交流中实属难得。此外，学生可以利用关键词分辨因果。在本篇文章中，重点陈述某事物产生的原因或由它带来的结果，文章采用了表示因果的关键词。阅读文章后，学生能在阐释个人意见时，使用课文中一些关键指示词，如 as a result、lead to、therefore、thus 等帮助快速定位并说明事物之间的因果关系，这是值得推广的阅读策略。此外，评价也涉及对食物浪费现象的忧虑，在短时间内体现出对全球粮食危机的问题理解相对深刻。

语言学家斯蒂芬·克拉申（Stephen Krashen）提出的输入假设（Input Hypothesis）认为，大量可理解的输入是学习者语言学习的必要条件。他认为（Krashen，2010）广泛阅读是语言学习中最有效的工具，读的越多，读写能力越好，对复杂语言的把握和运用也就更灵活。大量阅读在语言和信息的处理能力和速度方面影响很大。

阅读不是简单的信息积累，它包含着由新旧经验的冲突而引发的观念转变和观念重组。阅读过程不是简单的信息输入、存储和提取。如果需要在阅读第三层级评价和批判思考方面发表合理、全面的见解，大量阅读和输入是重要前提。学生对以上措施发表观点，形成评价，是学习者在新旧知识经验间相互作用的过程。传统意义中的阅读教学，往往是对词语、短语、句子翻译等的练习和操练，我们任务的设置和执行更是针对语篇内容的批判理解。读者在阅读过程中，不断地对所读内容进行猜测并做出独立思考，需要读者具备大量的背景知识，这一点比新单词和新句型更为重要。（陈则航，2017：38）而读者自身的背景知识需要自身大量阅读获取。同样的文本类型、任务方式，但是语言输出和思辨素养不同。这需要我们在下一步的教学中侧重课文文本的同时，稍稍加大课外语言材料的补充。

（3）语言焦点和反思

基于说明性文本 Unit 5 Dinner table of the world，我们阐述如何综合运用各种技能，引导学生在理解说明性材料中习得相关知识。任务设计是连续性文本与非连续性文本相结合的方式。不同于连续性文本，非连续性文本即数据表格为表现形式之一的任务方法，侧重培养学生对文本信息的获取、概括、整合并进行阐释说明和评价的能力。而连续性文本则侧重培养学生对文本的鉴赏和评价的阅读能力。任务从整体设计而言，对学生的语言输入和思辨技能有很大的激发效果。

首先，聚焦学生在整轮任务中的语言表现。层级任务的设置和执行目标是以学生的语言发展为首要目标。语言是识别信息并传递信息的工具和基础。教学首先是帮助学生解决语言障碍，为调动学生进行有营养地阅读创造条件。任务首先是建立在对学生语言发展的训练上，从词语、句式两方面进行了侧重。其次，再从层级阅读理解层面，反思学生的完成情况并及时调整任务进度。

①词语的训练和考察

语篇的词语学习有上下文理解生词、构词法猜词等常规教法。我们不对所有词语面面俱到。在这里以文本中第一自然段"triple""forecast"两个词语的教学方式为例说明如何通过层级任务训练学生的语言技能。学生可以通过单词表获取这两个词语的直接意义，但是在非连续性文本的第一层级任务中，我们特意通过图表加强学生对单词的运用能力"triple"（三倍于……）如下面对话所示，学生在描述 1950 年至 2010 年的信息关系时，未有效利用"triple"这个新词。在师生的对话中，教师特意引导，架构这种词义概念网络图，使学生理解、提取并记忆本词。再比如"forecast"词语的应用，在学生不知其含义的情况下，根据语境中的"in the future"仍然做出有效的选择和话题的延续。

T: The core information is basically correct. Would you like to use one word to "summarize" the growth from1950s to 2010?

S: Let me think about it. Yes, it is the "triple" in the vocabulary list.

T: Brilliant. That is a severe situation. Well, Can you forecast what will happen in the future?

S: Forecast means ⋯? Well in the future, Ha-ha. That's definitely not enough for the future.

②对句式和逻辑用词的理解和运用

利用关键词分辨因果。学生在任务的阐释中能够使用表示逻辑关系的用词已是高中阶段应该具备的能力。在口语的表达中能够有效地运用，可以更有效地帮助学生合理组织语言。如在第三层级任务师生的对话互动中 S4 同学的阐述中的体现"lead to the conflict between the leaders from all countries all over the world. Therefore…"

③针对语篇任务完成情况的反思

结合课文文本信息来进一步说明任务完成情况。学生接收到数据图表体现的阅读信息，不仅要进行 Population、food 等字词辨识，还要整体把握图表的内容和主题。首先提取 Population、food 两个相关词语。学生需要掌握了基础的语言知识，能够意识到 population 为"人口""food"为"食物"才能根据图表中的两个柱体进行初步信息处理。其次，联系图表中两种色彩所代表的信息，结合三个时间段进行信息的比对、筛选、整合和处理。

首先，反思第一层级任务的设计和完成情况。任务 1 中的图表信息毕竟复杂度不高，信息是表面和显性的。学生将图表中反映的信息与自己的知识经验结合，对未来趋势作出推断得出隐含的信息。学生需选择词语、组织方式，把图表反映的信息用自己的言语全面表达出来。整个思考过程学生的理解与分析、归纳与概括能力等思维技能得到提升。任务主要是要求学生识别图表信息并进行解释说明。而原文本第一段并不是单纯进行数据的展示，作者无疑试图通过数据阐发粮食危机的社会现象。因此，我们根据文本的隐含信息绘制图表，在任务 1 中促使学生根据图表的变化趋势，促使学生对未来做合理的预测。由于课文作者意欲通过第一段的数据信息，点出全球粮食危机，并引出阐述解决问题的有效措施。因此本处于阅读理解第二层次的"预测"阅读技能，我们调整在第一层次中。预测与预览是两个不同的概念，预览指快速浏览的过程，阅读者在读前对文本内容、文章框架进行大致的了解，它侧重对文本信息本身的了解，不涉及读者个人的猜想和推断；而预测是一个积极思维的过程，它需要读者在读前、读中或读后根据已有了解的文本信息，结合自身的认知经验，通过自身理解和推断，对文本的内容或后续的情节发展等进行猜测，并在阅读过程中验证，预测具有较强的主观性，对读者的思维能力要求也更高。

预测要求学生激活头脑中原有的背景知识（如通过其他渠道获取人口和世界粮食问题的认识）、阅读已获得的数据信息（实际图表中所展示的数据），并用原存储在脑子中的背景知识和图表所显示的信息进行信息交互，思考并预测未来的变化。基于图形数据变化所做的预测，无疑能调动学生已有的知识和逻辑推理思维，加深对文本情节的理解。同时需要学生根据获得的信息预测课文内容，阅读中将自己预测的内容与文本材料（即作者在第 2、3、4 段所列举的举措）进行比对，不断发现新线索，不断修正假设，从而推动学习者发生有效地阅读。我们将文本的描述性数据信息转化为非文本图表设置了第一层级任务，在后续的教学中可以根据语篇文本的特点进行非文本形式的任务设计。除任务中所采用的"用数据表格导入"非文本方式，还可以考虑使用图表对课文内容进行增补，用图表梳理文章内容、结构的方式。

其次，第二、第三层级任务的设计和完成情况。阅读理解能力中理解分为直接理解和间接理解。直接理解就是在瞬息之间立刻实现的不要求任何中介性的思维过程。在这种情况下，主要运用的是知识。（顾锡涛、张媛媛，2019：63）第二层级任务根据阅读理解能力的第二层思维认知过程并结合文本内容而设计，即为概括文本中应对粮食危机而提出的措施。文本中未有有效的知识点和内容点适合训练学生比较信息间的关系或进一步做出预测的能力。第二层级任务的执行需要学生直接理解、识别文本相关信息，并运用归纳、阐释等基本技能，合理、完善地将语言组织呈现出来。概括和整合文本信息的能力可充分发挥学生的归纳综合能力，特别是对语言内容的归纳和整合能让学生锻炼语言的输出能力，提高对文本的鉴赏能力与思维品质。

所谓间接理解需经过复杂的思维过程，期间经历了不同的阶段。间接理解总是针对复杂的信息，并带有问题解决的特点。（顾锡涛、张媛媛，2019：63）第三层级任务的设置则蕴含了阅读理解能力所需考察的高阶思维和间接理解能力。在阅读教学中鼓励学生基于所读文本材料的特点、内容、风格形成反思和评判的能力是阅读的高阶理解能力。第三层级任务的设置是基于文本内容而设定，引导学生梳理并归纳了说明性文本的文本类型、文本特点和结构。学生在评价层面的完成情况如下，本班大部分学生在学期初表达个人观点时习惯只表达是或否，第三层级任务的要求客观上促使学生寻找理据去支撑观点和理由的输出。评价任务是开放性问题，考察我们对于客观事物的不同看法。上文所列举的学生观点显示学生对于 7 种措施的偏好与评价多集中于日常生活积累的背景知识。对于科学项目的措施未发表过多意见。研究表明，同一文中主题的知识会因读者背景知识不同而对文本内容理解和做出的评判出现差异。学生所反映出来的普遍性问题，也确实说明了学生对于科学教育相关的文本熟悉度不是很高。这与前面学生自评数据所反映出的薄弱点基本一致。而说明文阐述事物的关系、原理特点等方面，与科学类的话题相关度比较高。后续教学中需有意加强。高中英语阅读旨在通过阅读培养学习者的英语语言素养，与思辨能力（分析与比较、综合与分类、归纳与概括、批判与创新）等要素共同构成英语学科素养。这反映了高中英语文学阅读与思维发展对英语学科教与学的重要意义。然而在本轮次说明文本的阅读教学获得一些有价值的启发，也存在一些不足。具体如下：

1. 说明性文本可以结合以数据表格为主的非连续性文本任务，实现语言和思辨能力增效性。非连续性文本源于 PISA 阅读测试，更多从日常现象出发，更多关注学生如何运用知识应对现实的问题。相对于文化含量高、抒情言志的文本，非连续文本更能考查学生在现实情境下分析问题、化解问题的能力和思维。英语常规教学篇章以连续性文本居多，我们后续需挖掘和补充非连续性文本资源，搜集整理相关补充资料，锻炼学生从多组合文本中筛选、提炼、整合信息的能力。

2. 说明性文本训练需增补多话题的说明文。说明文是以说明为主，用以介绍事物、解说事理的文体。它主要是介绍客观事物的特性、构造、特点、关系、成因、功用，来解释事理的含义、原理、演变过程等。说明文给人科学知识。苏联著名教育学家瓦·苏霍姆林斯基（Vasy Suchomlinsky）曾指出："十年的经验使我深信，学生的智力发展取决于良好的阅读能力。"说明性文本的阅读不仅促使学生获得语言信息，更是以语言为载体锻炼智力、培养思维的重要途径。后续需增补教学资源，补充话题，以弥补教学中说明文文本的短缺。

以上为本轮的任务教学，有收获，也存在不足，无法从说明文文本类型上面面俱到，我们以 A 篇语篇为案例，弥补学生在数据表格类语言材料的语言薄弱点，以求于后续教学中借鉴和精进。下一个任务教学同样基于说明性文本，属于文化类语言材料，详见 B 篇文章任务实施过程。

4.1.3.2　Text B Food with Meaning 任务实施

本篇文本为说明性文本，话题有关中外文化。学生在理解说明性文本描述语任务的薄弱项为："在读中外文化类说明性短文时，能概括主要内容。"依照前文计划，基于阅读理解能力层级任务实施教学干预，重点是培养并提高学生对于中外文化类说明性文本的阅读理解能力。

1.前任务：介绍任务背景和阅读主题

Foods with Meaning

Breakfast eaten quickly before the journey to college or work，lunch eaten while we work，dinner as a takeaway— they probably sound quite normal to many people. For them food is just functional—something to fit in to the busy day. However，many foods also carry meaning and mean something greater. Here we look at the meaning of some foods around the world.

Wealth

Jiaozi are traditionally eaten at a family dinner on the eve of Chinese New Year. It symbolizes wealth and prosperity for the coming year. A popular New Year's meal in Italy is cotechino con lenticchie (green lentils with sausage). The shape of the lentils and the fact that they grow in water symbolizes wealth. In Germany，Poland and Scandinavia，it's believed that eating herring at midnight will ensure a year of wealth.

Progress

In some countries，including Cuba，Spain，Portugal，Hungary and Austria，pigs symbolize progress. It's not limited to pork，even biscuits and cakes shaped like a pig are thought to be symbols of progress.

Luck

In Greece，people eat a round cake called vasilopitta，which is made with a coin baked inside. Whoever gets the coin is lucky throughout the year. In countries such as Spain，Portugal and Peru，at New Year people eat 12 grapes at midnight to symbolize having 12 lucky months in the coming year.

While many foods carry meaning, some "traditional" celebratory dishes were simply invented by companies to make money. One example is the green bean casserole traditionally eaten at American Thanksgiving celebrations. It is not a centuries old recipe, but one invented by the Campbell Soup Company in 1955. Although these foods do not have actual meaning behind them, today we could not imagine celebrations without them.

2. 任务环

（1）T1 本篇属于文化类说明文，请在文章中找出承载介绍文章主题的关键语句。

通过课堂观察学生阅读时钢笔在页面的滑动情况和眼睛在页面的凝视时间发现，学生停留在首段的末句时长与眼睛凝视的时间较其他段落稍长。识别出首段的信息后，学生迅速对本篇文本的主题作出表述："Many foods also carry meaning and mean something greater." 经过访谈得知，学生由 A 篇文章属于首段提出现象和问题的结构，推测 B 篇文本首段也会起到点明主题的作用。因此会将重点放在首段并寻找能反映主题的语句。学生识别出相关信息并使用首段语句阐释语篇主题，快速地表达出 B 篇文本是围绕"食物承载的意义"展开说明。教师进行阅读教学分析时，由任务的层级结构归纳出阅读语篇的图式结构。A 篇文本属于"问题—解决型"说明文的结构特征，那么从一般意义而言，学生会对"问题—解决型"的说明文产生基本的图式认知。当再次遇到文本结构特征类似的说明文时，会调动头脑中已有的文本的体裁结构特点对本篇语篇进行加工，这也解释了学生在完成第一层级任务时，能迅速聚焦语篇首段寻找主题信息的阅读表现。

（2）T2 理解并概括出文章中所述食物承载的文化含义是什么，理解并比较各类含义下，食物与其所蕴含的文化要素间的关系是什么。

B 篇文本的语篇段落结构共 5 个段落，文本类型、结构特点都与 A 篇文本"Feeding the world"极其相似。固定的篇章结构对学习者非常有利，学习者会懂得利用图式结构来指导并加速阅读。此外，学生根据课文独立出来的三个标题"Wealth""Progress""Luck"，也能将食物与食物的文化含义之间的内在关系联系起来，以上因素使学生在完成第二层级任务所要求的理解和概括难度降低。

以 "Wealth" 为例，与其密切相关的段落为："*Jiaozi* are traditionally eaten at a family dinner on the eve of Chinese New Year. It symbolizes wealth and prosperity for the coming year. A popular New Year's meal in Italy is cotechino con lenticchie (green lentils with sausage). The shape of the lentils and the fact that they grow in water symbolizes wealth. In Germany, Poland and Scandinavia, it's believed that eating herring at midnight will ensure a year of wealth."

在阅读理解能力第二层级概括与分析书面信息的任务中，除"概括文章中所述食物承载的文化含义"外，我们还设置了"理解并比较各类含义下，食物与其所蕴含的文化要素间的关系"的任务，考查学生概括与分析信息的能力。

文本中所列举的食物均代表"财富"，但其内在联系是什么？换言之，上述段落能代表"财富"的食物究竟在何种意义上意味着"财富"呢？我们不但需要具备能力识别出文章所列举的文化含义并做出概括，还需理解 "Jiaozi" in China，"cotechino con lenticchie" in Italy，"herring" in Germany，Poland and Scandinavia 与"财富"的关系。第二层级任务在考查学生概括信息能力的同时，对学生的分析能力提出了新的要求。对于中国文化背景下的学生而言，对 "Jiaozi" 所代表的财富密码主要从 "Jiaozi 的造型、馅料" 产生的寓意进行解读和分析；而对于 "cotechino con lenticchie" 则相对陌生，原文在"形状""生活在水中的事实"两方面给出了关联信息，但是文章对 "The shape of the lentils and the fact that they grow in water symbolizes wealth" 的原因陈述比较抽象，对于生活在不同文化背景下的我们而言，理解认知仍存在难度。"豆子的形状"是否寓意"团圆"，与"财富"有什么联系？再有就是"生活在水中的事实"何以解释"财富"的寓意？ "herring" 与财富的关系则理解难度更大，"herring" 能否与我们母语背景下的"年年有余"认知画上等号？如果不能，那么 "herring" 与 "Germany，Poland and Scandinavia" 国民的生活有何关联？学生需要查阅大量资料，做出综合分析和阐释，难度系数比较高。在阅读 B 篇文本的过程中，我们尝试对文本的内容进行思辨性的提问和深究，在知其然也知其所以然的路上慢慢探索，学生对于"语言使用"和"文本内在关系"的认知深度增加，而不是单单停留在机械记忆或是零散单词的输出。

（3）T3 结合地方特色挖掘本地食物，阐释并传播本土饮食代表的文化意义。

Task Description

Work in groups. Search the Internet for information about certain local specialties in China as your own and make a presentation to us.

Task Requirement

The conversation should last at least 6 minutes. The following items should be included :

    1. Survey and choose one of the famous local specialties.

    2. Cultural meanings it represents.

    3. Other relevant information it conveys，such as the origin its cultural meaning derived from .

    第三层级任务为综合项目型任务，任务的设置含有两层教学目标：一、侧重强化学生在理解说明性文本的信息概括能力；二、侧重强化学生在理解说明性文本的"评价和批判书面信息"的能力。本篇文本为说明性文本类型，文本的内容、风格、作者意图等方面进行评价和批判的空间不大。我们将理解书面能力第三层级任务"评价和批判书面信息"的能力要求转化为要求学生对"中华本土饮食承载的文化意义"进行阐释与评价。B 篇阅读文本 "Foods with meaning" 的主题为阐释世界范围内的饮食与文化。基于 B 篇文本主题，我们将第三层级任务设置为挖掘中华饮食的文化含义，推动中国饮食文化走向世界，充分发挥中国文化的独特优势和作用。中华饮食文化不是显学，但饮食背后的文化底蕴丰厚肥沃。彰显中华饮食文化，增强学生对于我国本土饮食的文化自信的任务设置非常有必要。第三层级任务分 4 个步骤执行，见表 4-11、表 4-12、表 4-13 与表 4-14。

Discuss with your partner and collect your thoughts on the following questions and samples.

Step 1 Discuss in groups and try to list festivals and special food on each occasion.

表 4-11

Chinese festival	Food and drinks
Spring festival	Jiaozi or glutinous rice cakes

Step 2 Please write a reporting outline，including six items of the ideas，background，goals，content，process and reflection of local specialty you selected. The below is for your reference.

表 4-12

作品标题	Jiangtang Noodle 浓情姜汤面		
介绍总时长	5 分 57 秒	相关知识点	食物
资料来源	《捷进英语》	单元名	The food

1. 阐释理念
"一带一路"背景下，本次微课教学以培养学生的英语应用能力和交流能力为宗旨，以学生为中心，以"台州特色面食姜汤面"为教学载体，借助思维导图和信息化教学手段，培养并提升学生使用英语诠释地方传统特色面食的应用能力，鼓励传承并弘扬地方面食文化，提高文化自信。

2. 阐释背景
阐释背景为外语教学与研究出版社《捷进英语》Unit 5 The food，单元内容为西方食物介绍。本部分介绍与课堂文本相辅相成，以外国朋友的兴趣点台州姜汤面为切入点，主要介绍东方地方面食姜汤面的历史起源，现代背景下在食材特点、功能等方面的发展和文化意义。

3. 阐释目标
本微课旨在引导学生关注中国地方特色面食文化，能够掌握并可以使用英语介绍姜汤面的历史发展、现代特征，所承载的文化含义；积极对外传承和弘扬的过程中，提高自身的英语应用能力和交流能力。

4. 阐释内容及重点难点分析
内容：环绕"台州特色姜汤面"这一主题，了解台州姜汤面的历史、现代特点，并启发学生透过台州地方面食表层现象观察其传递的文化特征和食物所承载的"长寿""爱""团圆"等中国文化的价值观念。
我们在 6 分钟内主要阐述：
①台州姜汤面的历史来源；
②台州姜汤面现代背景下的发展：食材、功能、适用人群、食用时间；
③台州姜汤面映射的中国文化的价值观念："长寿""福禄""爱""团圆""和谐"；

5. 汇报设计、方法与过程
汇报设计与方法：
教学组织以外国友人的疑问为切入点，以思维导图为辅助，并结合 PPT 讲解、视频观看，采用讲授法、案例演示教学法，按照从古至今的时间轨迹，引导学生对姜汤面食进行了系统的诠释。
汇报过程：
①导入：（38 秒）
以外国朋友的疑惑引出微课主题：如何将姜汤面讲给世界。
②目录和思维导图的应用：（23 秒）
直观、高效，有助于学生对姜汤面的发展脉络和隶属关系做整体把控。

续表

③时间机轴的设计:(1分11秒)
讲解姜汤面发展史:汉朝、宋朝、明朝、现代。
④姜汤面的传承与现代特性:(2分36秒)
采用视频演示、图片对比等方式说明食材特点、功能作用、适用人群、食用时间,帮助更好地理解姜汤面的历史起源和当代特性,有效解决教学重点。
⑤传承与发展中姜汤面所承载的文化意义和价值观念(46秒)
  采用图片诠释古今传承中食物背后的价值观念。
⑥未来发展的思考(11秒)
  接待外国友人,推介和讲述姜汤面的真实案例,提出对未来发展和传承的思考和期望。

6. 汇报总结与反思 本次汇报借用思维导图等手段,图文并茂,把姜汤面的古今发展和关联信息、各阶段特性与图像、颜色、关键词等建立并掌握记忆链接,有助于从整体上简单、高效地了解并掌握姜汤面的相关知识,体现学生为中心的教学理念,激发学生的英语学习兴趣;同时采用图片对比、案例应用等方式,循序渐进,激发学生使用英语向外界讲述中国地方特色面食文化的兴趣,增强应用能力。

Step3. Work in pairs and introduce the local specialty to us in 5-10 minutes.

It is suggested to list the key words or expressions beforehand and it will be better to show us the English and Chinese equivalents of the words given. Take the sample in Step 2 for example，typical vocabularies are shown in the table for your reference.

表 4-13

菜系	Cuisine	celebration	庆祝
recommend	推荐	姜汤	Soup made by ginger
Banquet	宴会	hospitality	好客
toast	祝酒	姜片	Sliced ginger
黄酒	……	朝代	……
虾干	……	团圆	……
……	……	……	……

Step4. While someone is making the presentation，the rest of the groups are required to raise 1-2questions and give assessment feedback.

表 4-14

Task	
Name of group	
Presenter	

Your comments on the performance of each group					
Group No.	rank	Clearness of Cultural meaning	Sentence structure	vocabularies	Other information

  学生在第三层级任务的完成情况如下：任务可由学生独立完成或小组合作完成。班级共提交了 18 份 ppt 汇报资料，因此任务由原计划的 2 课时延长至 4 课时完成。原先任务如以小组合作完成，经教师建议一般由 4—5 人形成。本次任务由学生自主组队，我们发现由 2 人组合的小组为主，由 1 人独立完成为辅。学生所选择和汇报的食物为："Ants climbing trees，LaBa porridge，crayfish，hotpot，jiaozi，Sanhuang Chicken，Seaweed cake（海苔饼），black fish，snakehead，Peking roast duck，jujube，pancake in Zhejiang（食饼筒），Eight-treasure pickles，sweet dumplings，Turducken，pistachio nuts." 其中 "Turducken" 是西方圣诞节的传统食物，显然不符合对于 "中华本土饮食文化" 的任务要求。我们以学生所选取的浙江省仙居县的地方特色美食 "hotpot" 为例，汇报学生在综合型任务的完成情况。第一步骤主要要求学生对中国的节日和代表性美食进行归纳和梳理。这一步骤的目的是训练学生完成综合型项目所需的信息搜集能力。学生对于春节美食所进行的梳理发现，下列食物均可作为春节的传统食物："Jiaozi，glutinous rice cakes，zongzi，Sanhuang Chicken（三皇鸡），pancake（食饼筒），hotpot." 其中因南北方饮食文化的差异，北方喜好 "饺子" 作为过年佳肴，而南方则有吃 "年糕""食饼筒""hotpot" 的不同，西南地区则有吃火锅的习俗。第二步骤学生完成情况不佳，原因有两个：一是学生未养成对汇报进行计划和预演的思维习惯；二是这一步骤的难度系数确实比较高。虽然我们已经降低难度，将 6 个小条目阐述理念、背景、目标、内容、过程与反思缩减为两三个小项，其中 4、5 阐述汇报内容和过程为必选项目，但从执行情况看，后续教学中仍需以思维导等图表形式表征信息为佳。步骤三的完成情况良好，学生有能力将汇报中所产生的重点或难点词语与表达进行列表。以汇报 "hotpot" 的组别为例，词语列表见表 4-15。

表 4-15

inheritance	遗产	kettle	壶
two-flavor hot pot	鸳鸯锅	blanch	沸水煮
triple fresh hot pot	三鲜火锅	hospitality	好客
beef in hot pot	牛肉火锅	mutton in hot pot	羊肉火锅
clear soup hot pot	清汤锅	entertain	招待

学生的汇报原文如下：

Do you know hotpot? Or do you know the reason why we eat hotpot on Spring Festival, (pause, waiting for the feedback of the rest students) ok, next, let's introduce some related information. You may get some hints from it.

In China, eating every kind of hot pot is not a simple hot pot, but history, culture and inheritance. Although from north to south, from east to west, different taste, but the mother in eat hot pot, each rush thing is to let people can have a reason to get together, in the cold lonely winter, in the reUnit ed at night, no matter go home, or eating out, as long as the kettle, a pot of fire, a group of friends and family together, steaming, tumbling soup base, words, are all in the pot.

Hot Pot, known as "antique soup", gets its name from the "gu dong" sound when the food is poured into the boiling water. It is an original Chinese delicacy and has a long history and is a suitable food for all ages. There are several types of hot pot, such as two-flavor hot pot（鸳鸯锅）,triple fresh hot pot（三鲜火锅）,beef in hot pot（牛肉火锅）,clear soup hot pot（清汤锅）, mutton in hot pot（羊肉火锅）and so on.

Do you know the right way of eating hot pot? Maybe the way we used to have a hotpot is too casual，if there is a chance to entertain a foreign guest，it is better to show them the proper way. Firstly，you need to blanch in a pot，then put the food into the soup and cook it. Always remember meat before vegetable. You may have a little beer while enjoying the hotpot. Secondly，it is advisable for you to eat some fruit after eating the hot pot.

在第四步骤学生进行的评价任务中，评价以下列指标为评价标准"Clearness of Cultural meaning，Sentence structure，Vocabularies，Other information"。这一小组对于"hotpot"的介绍和说明主题非常清晰完整，演说的内容分为文化含义、食物种类类型、食用方式三方面信息，结构层次比较明晰。演说所采用的句式结构与词语复杂度适中，没有给听者造成太多的听力认知负担。案例中学生以 hotpot 为例所做的介绍与说明，对火锅美食所蕴藏的中华文化传统进行了很好的归纳。其他组别任务完成情况良好。我们要求组别间针对汇报内容提问问题，问题可涉及产生疑惑的词语、句式表达、汇报内容等方面。由于第三任务主要围绕中华美食文化，汇报组别与提问的组别提问的兴趣比较浓烈，互动性较高，讨论过程中教师协调或干预不多，这是研究项目运行至第三轮次进展顺利的一项综合项目。

3. 语言焦点和反思

本部分围绕 B 篇说明性文本材料开展阅读理解教学干预。首先，我们聚焦学生在整个任务执行中的语言表现。

①词语、句式和逻辑用词的理解和运用

第一层级任务主要是识别文本中的主题信息，第二层级与第三层级任务对学生的语言运用能力具有很强的调动作用。如第二层级任务中"herring"与"Germany，Poland and Scandinavia"国民的生活有何关联？文本对这一部分的陈述未附加充足的信息进行说明。对此，第二层级任务执行中，分析"食物"与其代表的文化意义之间的关联时，需要学生做大量的探索工作和信息查询工作。而这一过程查询大量的英文信息，搜索信息范围包括中文网页与英文网页。我们对在德国工作多年的浙江某医药公司的经理进行过专门咨询，询问德国国民年夜饭对"herring"青睐的原因，但通过种种途径的反馈信息针对德国、波兰、欧洲西北部地区国民在新年喜欢食用"herring"未有充足的证据。

未得到充足的证据阐释文本中 herring 与德国等地区春节的关联，但经过大量信息收集和思考后，学生将"herring"与我们母语背景下的"年年有余"认知画上等号。学生作出的语言表述为："Fish symbolizes smoothness，happiness，prosperous in China，people like to use fish express good wishes. Likewise，herring carries the similar meaning in Germany，Poland and Scandinavia. I believe people all over the world have the similar expectation for luck or wealth." 母语背景知识的迁移在很大程度上解释了这两个要素之间的关联，对此我们仍需针对文中 herring 与德国春节的关联这一问题做深入的探索，才是一个思辨人所具备的品

质。但学生所做出的这一表述是语言和思维的双重表征。其外，第三层级综合型任务分四个步骤执行，每一个步骤都含有对语言技能的锻炼。18 种主题含有的英文信息量大大拉动信息输入效应。每个汇报组都在汇报前提交了英文原稿与重点词语列表。从课堂学生的互动程度看，学生需要教师所营造的此类任务环境。

②任务反思

首先，我们需要对组建合作学习小组的人数设置更加重视。合作学习的内容相当广泛，国内外学者出于认识视角的不同，对合作学习的概念理解也不相同。合作学习就是教学上教师使用小组，使学生共同执行学习活动，以最大限度促进学生自身以及同伴的学习。（李朝辉，2003：4）合作学习在实施中可能由于教师自身理解和运用方式、运用条件的原因，并未充分发挥其有效性。任务型教学等教学方法都特别强调学生合作学习的重要性。合作学习对于培养学生的团队合作意识确实具有重要的价值，但合作学习中人数的设置往往没有引起教师足够的重视。在一个 40 人左右的班级中，5 人一组，班级为 9 组，那么班级汇报会在 2 课时内完成。因此本着小组汇报不会过度占用课堂时间的想法，在以往的合作学习中，我们基本是按照 5 人数进行小组设置。任务执行中会出现个别组别或个别学生在合作中学习目的性不高，或分工不均而导致合作学习任务完成效果不高等问题，但这种现象未引起我们足够的重视。合作学习的应用需要具有一定的选择性。B 篇文本任务执行过程中学生自主组队的事实给我们又提出一个很好的教学课题。合作学习的人数区间究竟设置在什么范围才能最大限度实现有效合作学习？根据合作学习执行中发现的问题以及对合作学习理论的理解和认知，李朝辉（2003）认为为达成有效学习，在组建合作学习小组时教师要全面考虑学生的学情特点，如学习成绩、学习能力、性别比例、爱好、个性等组成合作小组。那么通过我们的课堂观察，我们认为达成有效学习还需要包括小组合作人数的设置。

其次，悠久的历史文化和灿烂的民族文化是我们生存的民族精神。CSE 量表在说明性文本中特别添加了"中外文化类说明文"一条描述语，这是广大英语教师推动中华文化走向世界的信号灯。从实验开始初期，教师对学生感兴趣的资源曾做过调查，结果显示，对跨文化类资源感兴趣的学生比例只占到

2.2%，而对电影和歌曲感兴趣的比例分别为 68.9% 和 20%。中外文化类资源和文本资料是国际交流通用的话题，它不仅能快速缩短人际交流的距离，有助于消除误解、摩擦，而且可以扩大视野和圈子，展示一个人的文化素质和才华，同时也是国际友人间传达身份、地位、诚意等信息的重要标志。作为英语教师，我们可以好好利用教学资源，充分发挥外语学科的独特优势和作用，做好中国传统文化传播的育人工作。

③文本图式的强化方式

Unit 5 A 篇与 B 篇文本层级任务实施的过程中，教师会带领学生对说明性文本的文本类型和文本特点进行梳理与归纳。

图式是以等级划分层次形式储存于长期记忆中，并能发生相互作用的知识结构。（傅萍、彭金定，2019：74）帕特丽夏·卡雷尔（Patricia Carrell，1988）将图示分为语言图式、内容图式和形式图式，这与我们层级任务教学的教学目标有异曲同工之处。语言图式和内容图式主要是就词语、句式、文章内容而言，形式图式主要是指文本类型。在整个任务执行中，我们主要是以文本类型为维度，从阅读理解的四个理解层次进行学生语言和思辨方面的培养。图式理论将文本类型单独划分为一个分类，这里我们采用"形式图式"的概念名词，主要目的是强化日后教学中对于文本类型的重视。形式图式指的是有关各类文章篇章结构的知识，是指作者对文章体裁了解的程度。形式图式不仅能促使读者借助头脑中已有的组织结构框架对下文发展做出很好的预测，而且一旦结构被确认，形式图式的相关知识可以让读者将更多精力集中在内容上，从而能够相对容易地找出语篇中的重要信息。换言之，在阅读过程中，读者如果提取了相应的形式图式，就能够提要钩玄地理解文章的主旨大意，把握各段落的逻辑关系。（顾锡涛、张媛媛，2019：179）

说明性文本多是阐释事物的关系、特点、原理等信息，常用的结构形式主要是分为总分式，主要是事物说明文常用的结构形式；并列式，文章内容没有主次轻重之分，每一部分内容都很翔实；连贯式，按照事物发展过程安排层次，前后之间会互相承接；递进式，各层关键是由表及里、由外入内、由表层现象到内在本质。第五单元 A 篇说明性文本属于提出现象点题后进行措施说明，属于问题解决式的结构形式。A 篇任务仅以 A 篇文本类型即形式图式结构为例，介绍这类说明文组织结构和框架方面的知识。虽然我们也对其他结构进行了介绍，但学生头脑中已形成的图式知识，需以大量案例的实践为基础推进理解。

说明文的形式图式通常由引言、正文和结局三部分组成。引言作为文章的第一部分，从简短的篇幅主要向读者阐述文章的写作主题。正文是文章的主题部分，从不同的角度或立场对文章的主题进行具体的表述、论证或说明。结局就是对文章内容的归纳，通常为一些总结性的话语。（廖慧美，2016：37）最常见的说明文模式有一般—特殊型说明文、问题—解决型说明文和匹配—比较型说明文三种。我们以任务为载体，引导学生梳理文本特点和结构特征。

教师阐述说明性文本的概念和特征后，启发学生思考 B 篇文本的类型结构和逻辑结构。首先，基于已有的形式图式，学生经过思考后归纳得出 B 篇文本属于问题—解决型说明文。理由如下：学生能够识别出文本第一段主要介绍全球粮食危机的现实问题，语篇主体段落为提出措施，最后一段为总结结论。经过学生分析思考，我们可以清晰地发现 B 篇文本为问题—解决型的结构来进行写作，即每一部分的内容都没有主次轻重之分。文中所阐述的三项措施都是针对第一段作者抛出的现象而阐发说明的，此种方式为问题解决型说明文。其次，问题—解决型说明性文本结构一般分为三部分：第一部分引言段，主要提出问题；第二部分是文章的主体段落，提出问题的解决方法；第三部分是总结部分或为解决问题提出个人的建议。

为促使学生能够更清晰地把握说明性文本的文本特性和逻辑结构，我们建议学生以思维导图的方式总结文本结构。问题—解决型说明文通常由"情景—问题—反应—评价 / 结果"四个部分组成。（徐思煌，2009：597）作者会先设计情景作为背景，然后摆出问题或困难，再针对问题或困难提出解决问题的可能方法，最后评价或选择最佳方案。（丁其美，2007：57）本篇文本最后段落并未阐明作者的观点和评价，我们鼓励学生对文本内容进行创造性的阅读，进行同题再写作。不但深化了学生的思维深度，也完善了文章的图式结构。

我们以两篇说明性文本为案例，以任务为载体培养并提高学生在理解说明性文本的语言能力与思维能力。

4.1.4　第四轮教学干预：指示性文本维度任务实施

本轮研究是基于书面指示文本所执行的教学实施。"根据阅读理解能力的定义，理解书面指示的能力指语言使用者围绕指示性材料建构意义的能力。指示性材料是指示、告知或要求人们如何做事情的书面或口头语言材料，如食谱、技术规范、作业要求等"。（刘建达，2019：112）虽然前文已对指示性材料的概念做过表述，这里再次释义旨在帮助大家了解本轮的教学干预。实验对象为大一新生，根据前期阅读自评数据，理解书面指示弱项描述语任务为"16.在读简单的流程图时，能理解各流程间的关系"。由于授课教材中没有与此任务紧密相关的阅读学材，因此在教学过程中针对此种类型的任务，需要我们做全方位的思考，将此条描述语任务内隐到教学中，既能结合阅读材料，又能紧密联系流程图的理解，不至于单单训练理解流程图的阅读任务而陷入阅读和思维训练的孤立。

4.1.4.1　研究目标

前三轮的任务教学干预，皆是以"课文文本"为任务载体，我们发现学生的阅读能力和思维素养在每一阶段都有不同程度的变化和提高。而本轮任务"理解流程图间的关系"则无具体的阅读文本语境。脱离文本的思维理解训练是无本之木。指示性书面文本较其他文本类型而言相对有限。因此，我们需将其内隐到阅读教学的设计中。我们首要任务为重新理解描述语任务的含义，寻找任务内隐的方式和依据。其次，寻找教学任务与此条描述语的结合点。

4.1.4.2　（四级）书面指示描述语的概念解读

中国英语能力等级量表中文版（四级）书面指示的描述语为："在读简单的流程图时，能理解各流程间的关系。"其对应的英文版本 Table 28 Understanding written instruction 所使用的描述语界定为："Can understand the connections between steps in procedures in simple flow charts." 两种版本基本对应，描述语的中心词为"流程图"与"关系"。那么何为"流程图"？我们以"流程图"为检索词通过知网搜索相关学术文献，检索结果显示无任何概念或相关定义界定的学术研究。我们检索维基百科，所做的定义为：

"A schematic representation of a sequence of operations，as in a manufacturing process or computer program. Also called flow diagram，flow sheet."

（American Heritage® Dictionary of the English Language，Fifth Edition. Copyright © 2016 by Houghton Mifflin Harcourt Publishing Company.）(from wikipedia)

在维基百科中对"流程图"所进行的英文解释中心词落脚在"representation"，我们对其解读应为"图形表征"或"图形表型形式"，即"一系列运行或操作的图形表征"，"如生产过程或计算机程序的运行过程的图形表征"。换言之，从学术文献搜索的信息结果表明：迄今为止"流程图"还未引起学术界学者的广泛关注，其概念与范围也未形成明确的界定。"流程图"一系列运行过程的图形表征既可以是实物生产线上的工艺流程，也可以是大脑思考问题的图形表征。结合英语学习，以阅读过程而言，读者阅读时大脑的运作过程和思维方式而形成的图形表征也可以称为流程图。思维导图最初是 20 世纪 60 年代英国心理学家东尼·博赞（Tony Buzan）发明的一种笔记方法。东尼·博赞认为思维导图是对发散性思维的表达，因此也是人类思维的自然功能。思维导图的发明人东尼·博赞是一位畅销书作者，因此其著作并不追求科学的严谨性，所以至今没有看到思维导图的严格定义。但是思维导图是一种非常有用的图形表征工具（托尼·巴赞，2005：19-20），是表征知识，将思维过程形象化、可视化的工具 (刘晓宁，2009)。因此，结合指示性文本描述语任务阅读教学，我们以思维导图作为流程图的一种呈现方式，思考思维导图与阅读教学的契合点。

4.1.4.3 （四级）书面指示描述语与教学任务的契合与内化融合

阅读中如何借助思维导图让学生能够分清主次，更快更清楚地找出主要思想与事物间的彼此关联，是理解书面指示性文本任务设置的最终目标。任务的设置是非常有用的中间媒介，让我们在实际阅读和思维过程之间平稳过渡。前期三轮层级任务型教学法，在本轮活动中仍需继续秉承，即"以学生为中心"的任务型教学法的理念和方法。不同之处在于，思维导图是学生阅读过程中个体思想所产生的图式体现。学生个体思维的差异性决定了产出图式的差异性。因此，我们对学生思维导图的输出不做任何评价活动。隐性知识的增长是通过学习者运用语言进行交际获得的，学习者最大限度地运用语言进行交际，强化语言在不同语境下的使用和练习，能促进隐性知识的提高。（方文礼，2003：17）本轮任务的目的是让学生在阅读中轻松驾驭导图，强化思维导图的使用和练习，使其成为我们学习乃至生活中的一种隐性思维模式，不但有助于理解流程图的逻辑关系，更能提高阅读分析和管理水平。岑艳琳（2011），柴邵明、丁美荣（2006）等人已经从实证研究和理论分析等层面论证了思维导图对学生阅读理解能力的整体促进作用。

授课教材《21世纪实用英语教程》《捷近英语》所选课文文本类型为叙述文、说明文、论证文，而对书面指示类文本没有充足的选材。因此我们将四级阅读理解能力描述语对学生的任务要求"对于语言简单的流程图，能理解流程图的关系"内隐运用到叙述性文本、说明性文本和论证性文本的全程阅读教学中。实施任务前我们利用周末的时间对实验班学生进行了为期四天的思维导图培训，从导图的概念、绘制方法、价值和意义三方面让学生对思维导图进行整体认知和了解。

4.1.4.4　思维导图在阅读教学中的功能与用途

"任务型"教学包括任务前的准备，任务实施与引导和任务后的反思。（方文礼，2003：20）由于本轮任务渗入全程的阅读教学中，那么任务前中后的范围指代宏观的时间跨度。思维导图的应用环节很广，可以说渗透力极强，可以在很多教学和学习环节进行应用，但是我们在使用时一定要把握好度和量，避免过度使用，教学重心失之偏颇，而影响教学效果，消减学生学习的积极性。为避免过多过量应用思维导图，我们将重点集中在课前训练学生理解学案设计导图以及每篇语篇处理后学生应用导图进行归纳和概括环节。语篇中思维导图的应用需要根据文本特点加以应用。

①任务前

思维导图在课前的应用可以体现为教师以导图的形式设计每次阅读课程学案，包括明确授课目标和教学重难点等教学思路。关键点是思维导图的初期应用应以思维导图为载体，以实际应用场景引导学生理解教学流程各步骤的逻辑关系，进而对每次课程的授课建立认知，提高学习效率。任务前的学案导图中并未对篇章主题、结构、内容等方面做过多涉及，目的在于保护学生对课文主体内容的学习探究性。教师以思维导图的形式呈现学案设计，帮助学生理解指示性文本的知识输入，帮助学生建立系统、完整的指示性文本的知识框架体系，循序渐进帮助学生加以应用。

对于学生而言，学案思维导图主要是辅助预习阅读材料。根据我们近五年对本校 21 位英语老师的大学英语教学课堂进行的观察发现，学生对每次课程的教学安排普遍没有清晰的认知。英语课程每节课的重点、难点基本都是课堂中教师通过 ppt 展示或口头告知，而通过学案思维导图，教师不仅培养学生理解导图要素的关系，还可以帮助学生厘清疑难点、组织学习安排。

②任务中

思维导图在任务中的应用首先集中于对阅读文本与学习内容的组织功能。教师需要根据语篇文本的类型和特点和教学设计考虑，利用思维导图组织各类学习活动，如头脑风暴活动，采用以教师为主导积极引导，学生为主体积极参与的方式，持续鼓励学生进行思考与应用。（芩艳琳，2011：17）思维导图在层级任务中的应用还体现在其作为总结性工具的使用。总结性工具实施过程为：教师根据实际情况，在课堂教学内容完成后，训练学生学习运用思维导图对课堂学习进行总结。尤其是教师根据自身实验设计，训练学生使用思维导图对四种文本类型进行总结，加强学生对叙述性文本、论述性文本、说明性文本的图式认知。

线性笔记是传统的笔记方式，以思维导图形式总结打破线性笔记死板记忆的魔咒，在总结和整合阅读学习的同时记忆和分析信息，并借助它产生创造性阅读思维。如通过绘制思维导图，可以归纳文本结构的基本分类和语篇结构，之后可以再认知并修正已形成的图式结构，这个过程会使得阅读过程产生意义，也加强了我们对阅读材料的理解和记忆。我们主要采用常用的思维导图模板进行总结和记忆，即"六要素"（时间、地点、人物、事件、经过、结果）或者"SWOT 分析"（优点、缺点、机会、挑战）以及爱德华·德·博诺（Edward de Bono）的 PNI（正面、负面、有趣面）。（东尼·博赞，2017：124）

于学生而言，教师以思维导图的形式组织的头脑风暴活动，首先利于学生阅读过程中激活大脑、提取存储信息，进行意义建构，从而形成有效的阅读理解与语言输出。其次，以思维导图进行总结与评价等活动，帮助学生厘清阅读重难点并反思疑难点。学生以导图用于整理阅读内容，如知识的分析与组织、梳理与优化、信息的记忆和提取等活动有助于引发阅读过程中的逻辑思考能力。

为保护学生对指示文本的认知兴趣，我们在思维导图类材料的处理上把握度与量，与叙述类文本、论证性文本、说明性文本的处理融合与协同。因此导图流程的运用，依照不同文本类型与内容等特点，体现形式有所差异。下面我们以案例分析演示如何以思维导图作为学生理解指示性文本的应用工具。

由于在前文第三章节的实验背景中对学习者、教学内容、目标都做过详细介绍，这里我们主要讲述以思维导图为载体，基于阅读文本训练学生理解指示性文本的方法和技巧。从《21世纪综合英语实用教程》（叙述性阅读文本第一单元）A篇"Transition Point in My Life"为例，教学时间共计90分钟。本次课的教学内容主要是阐述文本作者初入大学校园的学习历程，教学重点是学习适应大学生活，做好生活和学习的平衡。通过本次课的英语学习，加深学生对"大学校园"文本话题的知识了解和语言运用，能在入学后第一堂课，以本篇阅读文本加快学生的适应期，对学生的生活、学习与社团活动等整体发展进行价值引导。通过思维导图的应用，培养学生在读简单的流程图时，识别流程图各要素间的关系，提高逻辑分析能力。

思维导图的呈现分类形式有两种：整体功能分类和导图绘制形式分类。（刘瑜，李传亮，2019：9）导图的制作主要以文字、图像、线条来呈现。导图的绘制不是所有人的强项，思维导图的使用人群会因为绘画功底高低而使导图的使用受到限制。因此，我们鼓励学生不局限于导图的美观，而专注于思考以文本内容呈现为重点，导图由关键词、线条和简单的中心主题组成。因此，从功能用途角度，思维导图分为聚合思维导图和发散思维导图。聚合思维导图主要是用于归纳整理信息，在阅读教学初期教师根据教学设计较多使用发散导图呈现信息，锻炼学生识别和分析导图流程间关系的能力。阅读教学中后期则要求学生根据教学设计学习绘制聚合导图，主要是训练学生对于阅读文本信息的归纳整理能力。见表4-16。

表 4-16

教学阶段	教师活动	学习活动	教学意图
课前（初期以教师提供导图，学生识别导图逻辑关系为主）	①教师以思维导图设计学案，进行导读。	学生分析导图中学案学习指令，明晰学前活动。	识别导图流程、分析导图要素和学习指令。
课中（初期以教师提供导图，学生识别导图逻辑关系为主）	①教师以"college life"为关键词，实施头脑风暴，由关键要素中引出篇章主题内容（学案导读中未明确此任务，保障课内活动的有效性）。②教师以 SWOT 导图形式，分析示范文中作者在大学瓶颈中引导学生平衡大学生活与学习、工作交友等活动。	①学生根据背景知识思考主题词"college life"涉及关键要素。②学生思考阅读篇章，在理解的基础上做出强弱项分析、归纳得出文本作者在学习和其他活动中实现有效的平衡方式。	激活学生背景知识、学习识别导图指代要素和逻辑关系。帮助学生理解文本，提高学生的语篇分析能力。
课后（主要是学生学习运用导图）	①聚合思维导图用于归纳整理信息：一堂课的内容整理、一篇文本的图式形式（本次案例课后环节。②叙述文本轮次完成后用于叙述文本特征归纳。	学生学习运用导图归纳、反思所学内容。通过归类梳理上阶下阶关键知识点的联系、做到更高效地把握阅读学习的核心特征。	运用导图反哺对导图流程的理解能力。

思维导图展示：

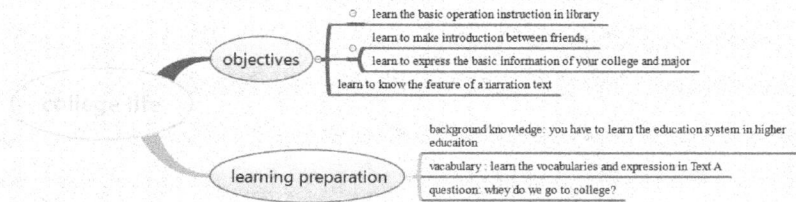

课前学案导图

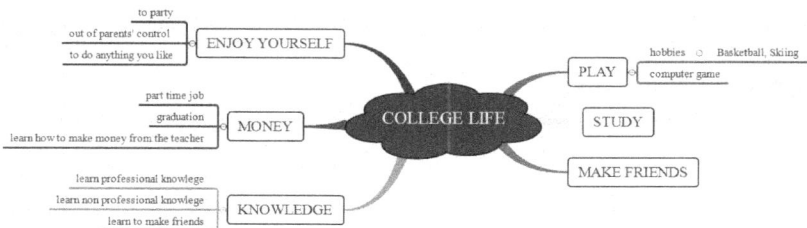

课中头脑风暴与 SWOT 分析

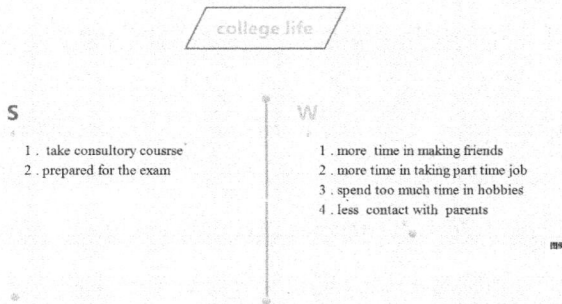

图 4-2　课中 SWOT 分析

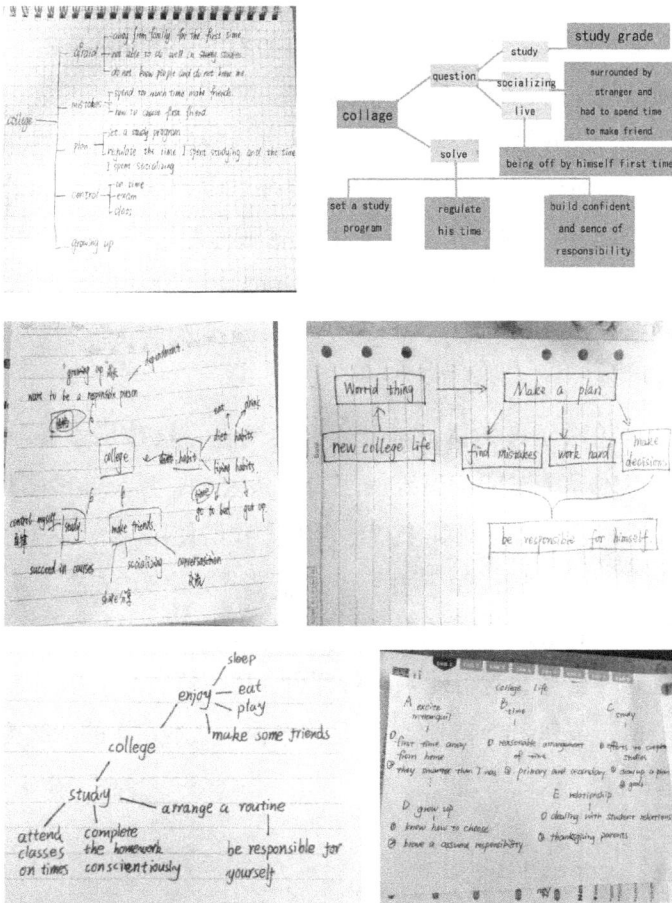

图 4-3　课后整理课堂所学

③语言焦点与反思

思维导图在学习中的应用通常包括思维导图辅助阅读和思维导图辅助写作两部分。（刘瑜、李传亮，2019：168）通过思维导图工具应用于阅读的过程主要是训练学生识别指示性文本流程图的逻辑关系与学习按照逻辑去表征阅读知识的目的。

课前的学案思维导图、课中围绕主题词开展头脑风暴形成的集体思维导图与课后个人总结课堂所形成的聚合型思维导图，对学生阅读过程中的激发力有所不同。课中所使用的集体思维导图是课堂环境下公开场合提出的，每个关键词或者核心概念都有一种向心力，这种向心力将班级学生的思维拉到了同一个思维方向，保证对阅读文本形成交融而全面的思考。课后由学生独立归纳形成的思维导图则是学生个人独立挖掘自身想法，对回忆与理解阅读主题、文本要素等知识进行分析，并用思维导图表征语言进行输出的思考过程。因此，思维导图辅助阅读活动对语言的提炼与概括、聚合与应用具有极大的激发作用。廖秀慧（2013）、芩艳琳（2011）研究证实了思维导图对促进高中与大学生英语阅读理解水平提高的有效性。本轮任务不是研究思维导图对阅读的作用，而是借助思维导图训练学生理解流程图类指示性文本的阅读能力。见图4-2与图4-3。

我们对于本轮次任务的执行进行了问卷调查，32位同学参与了调查，31位同学都认为思维导图对阅读思维的逻辑与条理性、系统与清晰性很有帮助。只有一位同学认为思维导图对其未产生影响。我们使用在线图悦对学生的问卷作答文本进行高频词分析，如下图所示："清晰"频率为16次。从学生的反馈信息可以发现，学生认为思维导图有助于对每次课的学习进行总结，以逻辑性更强的判断标准对自身的学习效果进行评价；复杂的文章使用思维导图可以帮助进行信息概括，条理清晰；对于文章整体结构，文本主旨的理解更为高效。见图4-4与表4-17。

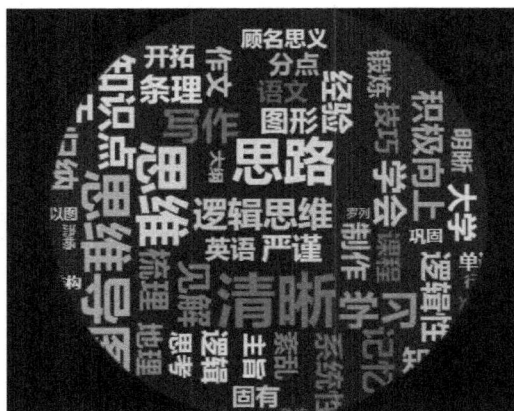

图 4-4

表 4-17

关键词	词频	权重
清晰	16	1
思维	15	0.9932
思维导图	10	0.9404
思路	9	0.917
学习	7	0.8667
知识点	3	0.7881
写作	3	0.7753
学会	3	0.759
知识	3	0.7401
地理	2	0.7234
课程	2	0.7221
英语	4	0.7219
思考	2	0.721
归纳	2	0.7189
有助于	2	0.7137
结构	2	0.7012
制作	2	0.6887
固有	1	0.6698
语文	1	0.667
作文	1	0.6669
大纲	1	0.6651
分点	1	0.6641
见解	1	0.6638

续表

关键词	词频	权重
大学	1	0.6614
变强	1	0.6606
逻辑	1	0.66
思想	1	0.6598
逻辑性	1	0.6594
锻炼	1	0.659
梳理	1	0.6574
系统性	1	0.6566
逻辑思维	1	0.6551
条理	1	0.6527
经验	1	0.6515
主旨	1	0.6504
开拓	1	0.6495
积极向上	1	0.6423
关键词	1	0.6382
熟练	1	0.6326
巩固	1	0.6232
图表	1	0.6192
图形	1	0.6184
严谨	1	0.6168
流畅	1	0.6165
顾名思义	1	0.6067
罗列	1	0.6023
行文	1	0.6009
明晰	1	0.598
紊乱	1	0.5954
学科	1	0.5796
单词	1	0.5666
记忆	1	0.5588
技巧	1	0.5461

　　阅读既是一种语言活动，又是一种思维活动。它是读者运用其背景知识、语言技能和思维能力，与作者通过文字性语篇媒介进行积极交流、围绕文章主题进行有意义的创造性建构过程。（岑艳琳，2011：16）思维导图是一种将人类的抽象思维具象化的思维工具，通过将各级主干的内容，用隶属、因果、递

进、先后等关系，层级清晰地展现出来，目的是提升学习和思考效率。（刘瑜、李传亮，2019：5）因此，基于叙述性文本、说明性文本、论述性文本三种阅读文本类型，将思维导图应用到大学英语阅读课程教学中，即达到了训练学生识别指示性文本流程图的关系和步骤，也提升了学生的逻辑思维能力、语言表达能力和合作学习能力。（岑艳琳，2011：47）

第一，思维导图增进阅读记忆。思维导图是一种可视化的图表，也是一种整体思维具象化的工具，可将所有认知功能领域，如记忆、创造性学习和其他不同形式的思维模式展示出来，思维导图模仿人类大脑细胞的突触和连接，将我们自身思维的产生和连接方式可视化。（东尼伯赞，卜煜婷，译，2017：34）主题字关键字的使用使我们在做聚合思维归纳时，积极思考语篇或段落的核心主旨，运用通感，即符号、图像、颜色和空间等多种生理感觉，共生、回忆、反馈原知识信息方面效果突出。

第二，思维导图的信息表征形式促进学生对阅读材料进行整体的意义建构。它从对阅读材料整体信息表征的角度着手，使学生阅读不局限停留在字、词、句、段微观层面，能够运用逻辑思维理解阅读文本材料的逻辑关系。首先，它助于学生分析阅读材料的主题，即要表达的中心思想，并归纳、概括出阅读文本所描述的层级信息，这对于建立文本的整体语义网非常有益。学生识别辨认阅读文本中作者的主要观点，并以思维导图表征上下阶信息关系，有助于学生识别文本事实信息，分析字面含义进行逻辑推理，推断出没有直接明说的抽象信息、隐含意义或深层结论，从而把握阅读文本主旨。

第三，基于前人研究基础，本轮次任务增补完善了高中英语阅读思维导图的模型。（廖秀慧，2013）廖秀慧利用说明文和记叙文所具有的特征，在大量教学实践过程中建构出说明文思维导图和记叙文思维导图模型，为思维导图在本研究中说明文和记叙性文本中的应用提供了一定的借鉴作用。我们突破议论文难以描述抽象意义的局限，增补论证性文本思维导图模型，为高中或大学生学习论证性文本的阅读提供了有效的工具，这对于如何通过使用导图影响学生的阅读认知结构、掌握阅读策略、提高阅读能力具有指导意义。

尽管本轮次的任务执行进行了较为全面与深入的研究，但由于思维导图的运用技能与教学精力投入有限，存有一些问题有待进一步完善。本轮任务型教学干预所存在的问题表现在如下几个方面。

首先，思维导图的绘制与呈现问题。任务实施初期，教师主要呈现以"思维导图"为载体的学案和其他教学活动，训练学生对思维导图要素间的关系进行分析和解读。任务中后期逐步过渡到鼓励学生学习使用和绘制思维导图。由于美国心理学家尼尔·米勒（Neal Miller）最早对短时记忆能力进行了定量研究，他发现人的短时记忆的广度为（7+2/7-2）个信息块。结合思维导图的呈现方式，思维导图绘制时信息主干和次级的分支数量一般应控制在 7 个以内，超出的信息必须重新进行归类，通过归类，梳理上下阶核心词语之间的联系，可以更高效的表征核心的问题。（刘瑜、李传亮，20019：77）因此训练学生逐步运用思维导图表征阅读材料要素间的关系时，需遵循分支数量的最大界限。

其次，对某些同学来讲思维导图的绘制过程比较耗时，会对其英语阅读学习带来某种负面的影响。思维导图的绘制分为手绘和计算机绘制的方式。计算机绘制思维导图比较费时，因此我们在教学过程中没有过多地让学生绘制美观度极高的思维导图，由于它的本质就是辅助人们思考复杂问题和表征信息，（Warwick, P. & Kershner, R. 2006：108-127）是一种将内在心理活动外化具象而成的导"思"导"想"的图画，是梳理与表征信息的关键环节，（侯玉田，2001：41）因此我们对学生的要求是只要把阅读文本各要素间的关系以导图的形式进行表征就基本可以，无需在美观上自我设限。本质而言，思维导图用于阅读学习或写作可以呈现思维的过程，而学生绘制出来的思维导图展现了学生学习时发生的阅读思维痕迹，加强对文本知识的理解与内容的深化。

指示性文本任务描述语中"在读简单的流程图时，能理解各流程间的关系"是学生现阶段指示性文本的阅读理解难点。在现有授课教材中没有与此描述语紧密相关的阅读文本选材的背景下，我们将此条描述语任务设置内隐到教学中，设计了本轮次的教学任务。本轮任务旨在"即能结合阅读材料，又能加强学生对流程图的理解，不至于单单训练流程图阅读任务的认知而陷入阅读和思维训练的孤立"。由于授课时间的限制，我们在实验中采用问卷及阅读测试成绩作为评价方式，未把学生平时绘制的思维导图作为一种评价的手段。在课堂结束之际，我们对学生进行了简单的问卷调查，34 名同学参与了问卷。34 名同学中只有 1 人回答问卷对其帮助不大，33 名同学积极肯定了思维导图对阅读学习和写作学习的帮助，如思路清晰、逻辑性增强、有助于理解文章内容和知识点等等。在学习过程中使用导图所产生的某些消极学习态度，我们教师需要积极引导学生。

4.2 基于证据下的学习者写作教学干预

前面我们详细阐述了如何在学生阅读自评数据驱动下，以四种文本类型实施任务型教学干预。教学任务的实施以交际语言能力模型为框架，从 CSE 阅读理解能力的识别与提取书面信息的能力、概括与分析书面信息的能力、批判与评价书面信息的能力，创造性阅读四个层次由低到高培养学生在阅读中的语言和思辨能力。中国英语能力等级量表的制定原则是"面向运用的"语言能力量表，是以语言应用为目标。（刘建达，2019：22-23）

如果我们称前文三层任务的阅读教学干预为吸收性技能干预，接下来我们来说明第四层级创造性阅读任务，即读写结合、以读促写、以写促读的学习任务是如何将四级量表"书面表达能力"与四级"书面理解能力"相融合，如何从理解阅读文本传达的信息过渡到通过英语写作产出性技能表达和交流思想的过程。我们从创造性阅读任务的表现形式、教学方法、实施策略、范例与评析四个方面进行阐述。

4.2.1 表现形式

4.2.1.1 续理论下的读后续写

在外语教学和学习过程中读写结合的方式有很多，如重写、缩写、读后续写等表现形式。但因理解和产出结合的强度不同，促学效应有强弱之分，效率有高低之别。以语言理解和语言产出紧密度的标准来衡量，读后续写不仅将两者紧密结合起来，而且符合外语学习环境下读写条件较听说机会充分的特点，是提高外语学习成效的好方法。（王初明，2012：3）

王初明教授（2012）在"读后续写—提高外语学习效率的一种有效方法"一文中，专门论证了读后续写促学外语的功效。王初明教授（2010，2011）指出外语学习中语言理解和语言产出相结合，会产生协同效应。与本族语者互动缺乏现实外语学习环境，读后续写的读写结合不仅使得理解和产出结合度强，（王初明，2010）并且具有许多优势。1）发挥学生的想象力，助于创新思维能力的培养。2）语言理解与语言产出结合度较紧密。3）与阅读文本及其作者能产生思想间的互动。4）助于学生创造性地模仿和使用阅读文本的语言。5）在理解语篇中学习运用语言。6）阅读文本有助于学习者自我修正。7）适用于不同等级与范围的外语学习者。8）大量阅读的输入对外语教与学几乎不会产生负面作用。9）防范抄袭。（王初明，2012：3）

此外，更有实证探究读后续写促学语言的机理，分析结果印证了读后续写的有效性。它之所以有效促学，因其符合语言学习规律，（王初明，2015）侧重语言输入、激发学习者的学习兴趣，促进语言输出、加快语言的应用，（姜林、陈锦，2015）具有明显的外语促学效用。（洪炜、石薇，2016；姜林、涂孟玮，2016）其表现形式通常为隐去某部分内容，如隐去语篇的末尾；（王初明，2013：708；2012：4）隐去语篇的后半部分（王敏，2014：503）或隐去中间部分，提供开头和结尾；或保留被抹去段落的主题句或段首语；（王初明，2012：6）让学生阅读截留部分，在理解的基础上续写，补全内容。目前所实施的读后续写活动经实证检验是有促学功效的。然而此类活动由于隐去语篇部分，割裂了学生对语篇体裁结构完整性的理解。我们提出另外一种创造性阅读任务，既符合读后续写促学语言的机理，又对学生的整体思维发展起促进作用。

4.2.1.2 续理论下的同题再写

由于文本是话题内容的载体，阅读理解能力与书面表达能力是语言使用者围绕书面语言材料建构意义的能力，在制定量表时，我们不仅仅描述认知过程，还考虑语言材料的类型，（刘建达，2018：107）包括理解书面描述、理解书面叙述、理解书面说明、理解书面指示、理解书面论述和理解书面交际 6 类。（刘建达，2018：107）CSE 阅读分量表在设计时考虑了文本的功能作用，那么我们设计创造性阅读任务时也需要基于量表考虑文本语篇的文本类型对学习者的影响。在量表中语言材料的类型称为"文本类型"，而在体裁教学法中将其称为"体裁"。体裁教学法（Genre Approach）是 20 世纪 80 年代中期出现的一种教学方法，是以语篇体裁分析理论为基础，以语篇的图示结构为重点的教学方法。因此，基于 CSE 量表的创造性阅读层级任务需要帮助学生建立语篇的图式结构意识，加强学生对于体裁密切相关的体裁意识和语篇语言特征的认识。（康霞，2017：92）

"续论"认为语篇中存在不完整语段，语篇内容需要增补和深化，能为延续文本的思想提供动力，为语言的模仿和创造提供机会。"续论"认为语言理解与语言产出能力不对称，续是互动的源头，无续则无互动。读后续写常规活动是人为创造"不完整语段"，刻意将学生代入人为设置的语境中。而基于中国英语能力等级量表的书面理解能力的最高阅读层次是鼓励学习者基于书面文本进行批判性思考和评价后而产生的创造性阅读。批判和评价的阅读必然对所读材料的内容、形式、风格及意图等做出反思和评判。那么读者使用语言针对原文本进行评判性理解的过程必然是从读者角度对原文本原有要素进行重构的过程。创造性阅读含有对原文本的重构，也含有思维的再创造。研究中创造性阅读任务是基于同一文本主题进行再写作的任务，即为"同题再写"任务活动，符合"学伴用随"原则，具备读后续写的促学优势：

①激发表达动机。
②凸显语境作用。
③借力互动促学。

除此之外，具备自身独有的优势：

④帮助学生建立完整的文本图式结构。
⑤相伴语境更为完整。
⑥提高学生阅读与写作一体化的思辨思维。

我们所提出的"同题再写活动"任务是在同一阅读主题下的写作而生成，具体形式为：基于阅读文本的同一主题进行再写作。

以第三轮任务中"Food with meaning"为例，阅读文本 A 是一篇说明性文本，主题是阐述食物承载一定的文化含义，文章结构采用三段式的说明文结构。阅读文章处理后教师设置的同题再写任务为例，基于 A 篇文本主题："食物承载一定的文化含义"，以"当地传统美食"为对象，阐述"中华传统美食所承载的文化含义"为主线进行创造性阅读，即同题再写作。学生进行写作所选取的食物及其承载的文化价值肯定与原文是不同的。具体列举的食物与文化之间的逻辑关系阐述肯定是不同的，创造性阅读思维和语言协同强度比较大。

对原文本阅读思考后的"再写"也是一种形式的"续"。同题再写是"续"理论下的新生表现形式，同题再写允许学生模仿原阅读文本的语言等特征，但写作时需将原阅读文本所形成的评判和思考因素考虑在内，从读者角度对同一主题进行阅读再生成。既有模仿的因素还含有一些创造因素，不限制语言的模仿和应用，同时能发挥自己的创造性，更倾向于对阅读认知与思辨思维的培养。信息加工理论认为，（Mclaughlin，1990）人类大脑信息处理能力是有限的。语言的模仿与协同可使大脑"留存"信息加工的空间，将学习注意力投放到思考与创造内容中。借鉴原阅读文本中出现的词汇或表达去产出或创新阅读主题，这是一种解决大脑的信息加工能力不足、促进语言或内容产出更为顺畅的策略。（王初明，2015：757）主题相同，语言协同，文本的图式结构协同，学生才能在写作内容方面有更多的思考空间。创造性阅读遵循"内容要创造，语言要模仿，创造与模仿要紧密结合"的外语学习路径。（王初明，2014）

4.2.2 教学方法

在前面章节所进行的阅读教学中，我们是基于量表的理论框架设置，实施阅读层级任务教学。因此，创造性阅读，即读写结合的写作活动需要相伴阅读文本，即遵循阅读理解能力自评数据—阅读文本类型—写作文本类型。因此我们在读写结合层次任务环节从叙述文本、论述文本、说明文本、指示文本四个维度执行，训练学生书面表达能力。基于量表的书面表达能力是我们项目组在写作领域的尝试，相关学术成果借鉴性不高，因此我们需要对目前流行的外语写作教学方法进行研读，并结合创造性阅读任务自身特性，采用更为科学的读写结合教学方法，指导学生的书面表达。

在国外，影响力较大的写作教学法为"结果教学法"（20 世纪 60 年代左右也称为成品教学法）、"过程教学法"（20 世纪 70 年代起）、"体裁教学法"（20

世纪 80 年代起）、"认知教学法"（20 世纪 80 年代中后期）。国内学者王初明提出的"英语写长法"、刘润清的"原认知写作教学法"等也在不同层面提出了适宜中国语境下的英语教学方法。由于篇幅关系，我们以表格的形式简明回顾上述写作教学法，分析其理念精髓与优缺点，并重点阐述第四层级任务创造性阅读任务所适用的教学方法。见表 4-8。

表 4-8　写作教学法优缺点区分

教学法	教学法精华	优缺点
结果教学法	强调学生遣词造句的能力，注重句子组合和语法练习，是一个句子入手，发展到段落，再到篇章的过程（康霞，2017：77）。以写作的文本输出为导向，使学生理解并有意借鉴阅读文本的语言与内容等方面的特征。教师给予系统化的写作训练与指导，并帮助学生及时作出修正与调节（徐昉，2012：6）。	优点：适用于二语水平低的学生。注重词、句、段、篇的写作训练。 缺点：结果教学法是以教师为中心，但是聚焦点在文章的结构、语言使用的准确性、思想表达的有效性等方面。（康霞，2017：77）
过程教学法	侧重激发学生的写作潜力，鼓励学生在写作环节主动探索和创造性思考。（徐昉，2012：6）。 实施模式：预写—草拟—修改—定稿（Tribble，1996）预写包括：审题—头脑风暴—阅读—记笔记列提纲。草拟重点在内容的谋划。修改包括：同学互评、修改重写、教师评价。定稿。	优点：教师善于鼓励学生探究问题、表达个人想法，并合理分配教学与写作操练时间，（徐昉，2012：6）重反馈和评改。（康霞，2017：87） 缺点：小组讨论与定稿前写作的效率有待提高。
体裁教学法	着重范文体裁特征的分析和模仿，使学生尽快熟悉某一类体裁的写作特点（徐昉2012：6）。超越对语篇语言、内特征等方面的简单描写，从写作为手段进行交际，强调语篇写作的规范性。（秦秀白，2000）	优点：培养学生的体裁意识，认识到写作时有规律可循，突出写作的交际性功能。 缺点：体裁法具有规约性、程序性等特点，可能使教学活动和写作成果呆板或千篇一律。
认知教学法	强调在理解规则的基础上进行操练，强调意义学习。可恰当发挥母语作用。全面发挥学生听说读写技能，分析并纠正错误。（高媛，2017：45）	优点：是语言翻译法的体现，强调四种技能全面发展。写作教学中也可以实现其他三种技能的发展。 缺点：实践效果有待更多检验。
写长法	建立在"以写促学"的理念，要求学生定期写作，并根据能力变化，拉长作文长度。内容要创造，语言要模仿，创造与模仿要紧密结合。	优点：强调以写促学；打开学生情感通道；挖掘学生潜力。肯定优点，淡化不足。 缺点：可能误导学生专注写作的长度或过度借鉴原文语言而导致写作质量不高。

很显然，没有一种教学法能完美无缺，对某种写作因素过于强调有可能导致忽视对其他写作因素的关注。了解上述写作教学方法的理念和规则，有助于我们考虑如何结合不同视角，提高创造性阅读任务教学的成效。

目前高校英语写作的大环境不容乐观：

第一，教材中所体现的体裁意识淡薄，教材所涉及的体裁（genre）不够广泛，缺乏相应的写作指导，忽视了体裁与语篇的交际目的相联系的交际功能；（蔡慧萍、罗毅，2015：11）学生缺乏相关的体裁知识。（舒晓畅，2009：116）

第二，目前信息化手段的影响，如百度翻译、搜狗翻译等工具的便利和迅捷，成品或段落瞬间完成，无形之中降低和削弱了学生写作的积极性。

第三，作文批改用时长，效率低下，并且评价反馈不及时的现状导致教师减少了学生写作练习的频率。

从以上所述写作教学方法的变化来看，人们对写作本质的认识是发展的，"以学生为中心"的理念占据主导地位。我们在教学方法上要推陈出新，不断反思和推动写作的发展。写作是语言综合能力的产物，需要教学方法的多元化组合才能更有效。创造性阅读层级任务的教学方法采用"体裁法""写长法"相结合的方法而实施，主要关键点是结合中国英语能力等级量表对书面阅读理解能力与书面写作表达的要求、信息时代背景下学生群体的学情特征、读写结合任务的具体要求而设置的。

首先，中国英语能力等级量表书面阅读分量表与书面表达分量表以文本类型而划分语言材料。中国英语能力等级量表框架是中国英语发展历程中的一次标志性坐标，力求衔接各个学段的英语学习。2020年大学英语教学指南也明确规定，将量表逐步纳入日常教学中。总量表在书面理解能力和书面表达能力分量表的制定中，按照6种文本类型进行了分量表的划分和描述语的制定。从国家战略层面，已经率先明晰了外语学习中学生对文本类型的意识培养，那么我们创造性阅读任务的教学方法需要审视当下的英语写作教学环境，重视以学生为中心的自主学习，以CSE量表为指导原则，在阅读与写作教学中，有意识引导学生提高对各类文本体裁规范性的认知，加强学生相关的图式知识储备，优化语言知识建构过程。

其次，信息化时代促进高效学习发生的同时带来一些负面效应。当前学生的语言学习学情现状，要求我们综合写长法进行写作教学。随着互联网和移动设备的便利，机器翻译带来学习效率的同时，从某种意义上削弱了学生进行写作创作的积极性。其次，高职院校的学生英语学习基础和自主学习能力相对薄弱，过多借助机器翻译降低语言产出能力。学生在写作中单词、句、段乃至整篇都习惯依赖机器翻译，长此以往，大脑中信息储存能力得不到有效的提取，语言记忆和表达能力会大幅度降低。在此环境下，创造性阅读教学当务之急需要在提高学生语篇图式意识的同时，结合激发学生真情实感和写作冲动的写长法进行综合指导，旨在激发学生写作兴趣，获取学习成就感，提高自信心。（王初明，2006）

最后，创造性阅读层次任务，即表现形式为同题再写，是基于"续"理论而产生的含"续"任务，促学效率相对更高，能提升学习者语言水平与思辨思维。所谓"续"是指交际双方在语言交流语境中话轮的承接与延续。（王初明，2017：547）2017年王初明在《从"以写促学"到"以续促学"》一文中专门从理论推演论证了以"续"互动促学语言的机理。语言是通过"续"学会的，学习高效率是通过"续"实现的。续"的原理就不再局限在读后续写中应用。含"续"任务练习含"续"即促学。（王初明，2017：551）但是，在执行含续任务时如强调续写内容的创造性而未提供充足的阅读文本供借鉴，强调续写语言大量输出而未将之与语言输入协同起来，强调续写语言的流利性而未提供系统化的训练加强语篇连贯与段落衔接等方面的知识与素养，（王初明，2017：549）将功亏一篑。因此，基于"续"理论的同题再写创造性阅读任务需综合体裁教学方法，才能达到以读促写的真正目的。

正如秦秀白所言，体裁教学法下的体裁规约性不是一定不移的。由于文化因素和语篇变量的不同，属于同一体裁的语篇之间存在差异。写长法与体裁写作方法的互补，既避免了学生作文输出的常规性或千篇一律的可能性，又可以在保持原文本结构特点的基础上阐发个人对原文本内容的创造力。（康霞，2017）

4.2.3　实施策略

上一小节我们主要介绍了第四层级创造性阅读即"同题再写"任务活动的学理依据和教学方法。本章节主要阐明第四层级任务的设计原则、过程掌控和评价反馈三个关键点。

4.2.4.1　第四层级任务设计原则

任务型教学（Task-based approach）强调"用中学"的语言学习过程，（康霞，2017：127）第四层级任务以读促写活动需要秉承任务型教学的理念，以体裁教学法和写长教学法为理据，是衔接学生阅读与写作的一项综合型任务，任务的设计需要遵循任务型教学任务的 5 个特征，并充分考虑体裁法和写长法的写作教学优势，取长补短，最大限度优化第四层级任务教学：①任务以满足交际意义为首要要素；②任务有定向的交际问题需要解决；③任务与真实语境有一定关系；④任务的制定以能完成为基本标准；⑤根据结果评价任务的执行情况。（Skehan，1998）

（1）同题再写任务需要切合学生关注点，满足趣味性原则。

任务设计需要以"学生能完成任务"为首要考虑因素，任务以阅读课文主题为本。专家和学者对阅读课文的选材原则做了很多有益的建议，如真实性原则、循序渐进原则、趣味性原则、多样性原则、现代性原则和实用性原则。（束定芳、庄智象，1996）各类教材的作者在阅读文本选材上，一直是以激发学生阅读兴趣为目的而努力探索，也存在一定选材的缺陷。如我们所使用的《21 世纪实用英语教程》教材第六单元单元主题是以"追寻梦想"为主线，以教育大家克服困难、坚守体育精神的价值观为主要内容。但是相对于我们大学生来讲，从小学一直到大学都在反复接受主题宣传。如果创造性阅读任务在课文阅读完成后要求学生继续"追寻梦想"这一主题进行写作，学生进行创造任务的积极性会大打折扣。一般来讲，让大学生产生兴趣的任务需要与其年龄段、教育背景、学习环境等因素相关。网络在学生的生活中已经占有极其重要的地位，据调查发现，大学生现阶段感兴趣的话题多与名人、创业、野外探险、恋爱等话题有关。那么我们可以从相关角度，选择多模态的相关资源与原阅读文本进行对比，既可以进行思辨思维的引导，也是激发学生写作兴趣的基本保障。

以第一轮叙述性文本的阅读章节 Unit 6 "Tracking Doun My Dream"为例，我们在带领学生进行本单元的阅读学习时选择了两种与"梦想"相关的资源：一是 TED Talk 世界著名长途游泳运动员戴安娜·纳艾德（Diana Nyad）的励志演讲，主要讲述在她 64 岁的时候，如何从古巴到佛罗里达成功渡过了 100 英里海湾，实现了她作为一名运动员毕生的梦想。二是综艺节目《荒野求生》中贝尔征服美国犹他沙漠的过程。两项任务从任务设定的特征来讲，都是与真实世界类似的活动有一定关系，符合学生创设写作的框架和场景。然而，我们经过学生调查发现，学生更喜欢综艺类外文节目，认为贝尔追寻梦想的过程更激发人的内心。因此，我们结合前三层级阅读学习任务，设计了第四层级任务。原阅读学习任务为：①第一层级任务是在熟悉课文的基础上考察学习者的信息识别与提取能力。②单元的第2层级任务是课文补充材料与课文中激励主人公继续梦想的原因进行归因和比较；T2补充材料：归纳并对比文中作者与贝尔继续梦想的区别是什么：比较、归纳、理解与发展补充材料升华价值观。③第三层级任务假设你是文本A作者，你做何种选择？你的理由是什么？任务从整体设计上呈现梯度性，思维训练与阅读认知训练同步。而基于前三层级阅读任务铺垫会自然形成个人的思考，我们形成了本单元的第四层级任务："请再次阅读原文作者与贝尔追寻梦想的经历，写一篇150字的叙述文，阐述自己追过的梦，说明最初缘由、追梦的过程。并结合两位主人公梦想成真的本质，阐述假如梦想再出发的演变过程。"以学生兴趣点而形成的同题再写任务，才能刺激学生写作输出，产生写作的意愿和动机。

（2）同题再写任务需要体现写长法促学的基本要求

写长法促学的机理主要是学习协同效应而产生的拉平效应。任务是传达教学目的和要求的关键，同题再写任务是"续论"的表现形式之一，那么第四层级任务的设置需要体现促学的要求。含"续"任务的显著特征是原阅读文本相对意义上的不完整激发学习者补合与深化，在书面产出的过程中以阅读文本为范例学用语言。（王初明，2018：40）创造性阅读任务是以学习者对原阅读材料进行评价与批判思考后而形成的同题再写，相对意义上的"不完整"，促使学习者对原阅读文本内容、风格、图式结构等要素进行补全与重构。当使用英语进行书面产出时，可借鉴原阅读文本的语言特征（如单词、短语和句型），使得续写部分尽可能与阅读材料内容连贯，主题相近。（王初明，2012：6）原阅读材料的高阶阅读思维认知过程要求学生学习批判与评价，即学习者需要对原文的内容、风格、写作意图等方面有所评判和思考，那么这一过程是对原文本的重构。情境创设下的同题再写任务是充分理解阅料的内容和写作思路、风格与意图等各要素进行思维碰撞后的理解输出，发挥想象力，按照原主题的思路再创造，形成更为全面的产出。其基本内容应该包含对原阅读材料进行批判与评价的思考，强调阅读文本的"不完整"，促进写作任务与阅读材料及原作者的互动与对话。

（3）同题再写任务适宜"体裁协同"逐步过渡"内容引导形式"的写长形式

近十年来，体裁（genre）被越来越多地应用于语言教学领域，并逐步形成了一种被称为"以体裁为基础的教学方法"（Genre-based Teaching Approaches）。（韩金龙，秦秀白，2000：11）其宗旨是：①促使学生认识到语篇因体裁归属性所承载的交际目的和篇章结构不同；②促使学生认识到语篇是语言与社会意义建构的集合体；③促使学生基于阅读语篇的图式结构，理解、掌握相关的知识并能学会创作。（韩金龙、秦秀白，2000：12）在前文的小节中我们对"体裁教学方法"的优势和劣势做过详细的概括和阐述。同题再写任务是基于阅读文本的学习，引导学生对某一类体裁或语类的语篇模式有所认知，培养学生的语篇协同效应。由于 CSE 量表是将书面理解与书面写作能力以"文本类型"作为划分分量表的重要考虑因素，因此我们认为阅读教学与写作教学需首先满足让学生掌握一个相对固定、可以借鉴和依赖的语篇模式为前提，增强语篇理解和语篇创作的信心。当学生熟练掌握语篇的图式结构和理据之后，能够对不同图式结构运用自如（韩金龙，秦秀白，2000：15），可从基于原阅读文本的体裁协同逐步过渡到不拘一格的写作创造。初期阶段，我们适宜稳中求进，增强学生语篇认知。从长远看，如果原阅读文本是叙述性文本，同题再写任务可以是叙述性文本或其他文本类型，但是文本类型过渡和转换的度需要由教师视情况而把握，以免造成学生对文本图式认知的混乱。简言之，同题再写任务需要遵循循序渐进的过程，重视培养学生对文本类型亦称为体裁或语类意识，让学生在阅读中理解不同语篇的体裁结构，并在写作中关注并有意识大胆创作符合语篇图式规范的作品，实现交际意图。

4.2.4.2 掌控写作过程

创造性阅读层级任务实质是教师引领学生从理解、分析阅读文本的过程中学会判断和评价，基于同一阅读主题学习运用各种语言技能进行书面输出，阐明个人的想法和思考。写作教学方法名称各异，但教学过程和步骤基本脱离不开写前、写作和评阅三个基本阶段。(徐昉,2012 : 6)见表 4-19。

表 4-19　写作教学基本步骤汇总

写前	写前阅读、范例分析、谋篇布局(列提纲、创建表格、思维图、概念图、立方图等)、学习写作策略等。
写作	一稿写作、二稿修正、三稿及以上完善与定稿
评阅	同伴互评、学习者自评、教师评价、课堂点评与归纳、练习、纠错等

过程体裁法(process-genre approach)的提出者,英国斯特灵大学理查德·巴杰(Richard Badger)和古迪丝·怀特(Goodith White)(2000)认为体裁分析理论把写作同社会环境紧密结合,他们提出了四个教学步骤:示范和分析—模仿分析—独立写作—编辑修改。其中示范与分析环节是向学生展示一种体裁的社会交际目标、语言特征等要素。模仿与分析是学习者对某一体裁文本的内化和建构阶段。独立写作是根据题目将体裁知识实际创作的过程。

我们实施的同题再写任务是体裁—写长法的综合运用,基于前人研究的基础,并结合中国英语能力等级量表书面表达策略,创设了创造性阅读任务对同一主题的再写作过程。见表 4-20。

表 4-20　同题再写写作过程

写前规划	阅读文本理解三层次分析——思维导图概括体裁特征——计划构思(思维导图)——教师指导反馈——再计划构思(思维导图)
写作执行	单稿写作
评估与补救	机器辅助评阅+教师评阅(语篇结构+思辨)—修改

由于创造性阅读任务是基于学生的阅读理解能力自评数据而形成的综合型写作任务,书面表达策略具有普适性,适合基础阶段、提高阶段和熟练阶段。我们采用了规划、执行、评估/补救三个部分,体现写前、写中、写后三个阶段。

写作是复杂的心理过程,且写作过程往往是不能预测的。(康霞,2017 : 132)写作是个非线性、不断发展的过程,因为写作的内容、主题、思路、框架都会在写作的过程中产生。换言之,传统写作教学中语篇生成的过程缺少合理监控。因此,教师需要密切关注和把握学生复杂的写作心理过程。(康霞,2017 : 132)由于中国英语能力等级量表书面表达策略量表在规划、执行、评估/补救部分,按照不同级别都提出了大量切实可行的策略建议,是对学生同题再写作过程把控的一把标杆，解决了传统教学中不能预测和科学引导学生写作过程的教学困境。但是写作过程的指导策略如果是逐一实施的，难免陷入顾头不顾尾、写作教学效果欠佳的可能。而科学的写前规划是开展良好写作的重要开端，因此，创造性阅读层级，即同题再写任务将重点放在写前规划阶段。

由于前期阅读教学中，我们已经将思维导图辅助运用于四种文本维度的阅读训练，学生具备了初步的语言基础，且实证发现，运用思维导图可以促进学生对阅读材料的整体理解。（舒晓畅，2009：120）因此，我们在创造性阅读层级任务的实施过程中，运用思维导图促学的先天优势对学生写作输出过程进行辅助。

学生在没有写作前所产生的思想和意义都是发展变化的，大脑是学习者对原阅读文本梳理、分析、比较、提炼、调整，最终形成思路的一系列复杂的过程。因此在创造性阅读层级任务教学中，如何能对学生基于同一阅读主题进行再写作的心理过程进行合理监控，适度引导并促进学习者将阅读文本所学转变成自己的语言输出？把知识和思维信息表征化的思维导图是可以帮助教师对学生的心理过程进行合理监控，且具有良好的促学效应。在前面三层级阅读教学干预中，我们以思维导图的训练方法贯穿于四种文本阅读中，学生对导图的使用和认知已不再陌生，因此思维导图引入同题再写写作任务中是一种较为自然的过渡。从一定意义而言，写作需先激活学习者已知的图式知识，通过师生间的交流与合作，围绕写作主题进行知识建构，在新旧知识的转化与协同中表达新观点，生成新的文本。（戚亚军，2007）在创造性阅读层级任务执行过程中，我们以思维导图作为读写结合的联结点，对学习者阅读中生成的语言图式、内容图式和形式图式进行表征、生成与创造性输出。具体实施方式为：在四种类型的文本阅读学习中，有度有量设置理解文本所需的思维导图运用形式，以导图总结文本类型和信息，训练和培养学生对四种文本的语篇体裁意识和阅读知识。阅读与写作是相辅相成、不可分割的，通过前面阅读文本解析和文本类型（体裁）总结，激活并加强学生头脑中已有的图式与语言背景知识，因此在同题再写写作训练时，以原文所呈现的典型语篇框架让学生分析与借鉴，在师生的交流和互动中，教师并鼓励引导学生对文本进行评价和批判性思考，利用思维导图的信息表征特点，引导学生呈现观点与写作架构，并给予及时的反馈和调整。

此外，二语习得研究发现频次作用对二语写作产生积极影响。（徐昉，2012：9）多稿写作能使学习者作文的内容、结构、语法等多方面得到提高。但过多频次的修改难免会降低学生创作热情，在我们创造性阅读层级任务的写作中，我们的任务要求控制在二稿频率，既保持了写作者的写作热情，也保障了后续的修改与完善。

最后，创造性阅读层级任务过程中需要注意的，"同题再写"是阅读后的一种续写活动，再写任务的写作执行"紧随"阅读文本教学，是实现学习协同效应的基本保障。"紧随"体现在两点：一是再写任务需要紧随"阅读的文本评价与批判性思考层次"，才能更利于学习者对原文本的"相对不完整"进行思考和重构。二是教师的反馈需要"紧随"学生进度。师生学习中的意义协商是语言习得效率的重要影响因素。学生在书面写作中的思想、内容、语言表征等方面得到及时有效的反馈和深化，是语言输出连贯、合理、准确的有效保障。

4.2.4.3　创造性阅读任务评价反馈—借力信息手段

创造性阅读任务的评价反馈将主要基于写长法的教学理念，体现两个环节：一是写前环节，教师评阅以思维导图表征的写作框架，及时对写作内容和体裁框架做好调控；二是写后环节给予评估和反馈，利于学生二次修改和提高。具体环节为：选取一两篇课堂优秀习作进行集体评阅，共读共评，归纳问题；中等水平或水平相对较低的习作，借助批改网机器评改对学生的语言点进行作文批改，教师将主要精力用于对于写作内容和逻辑结构方面的指导，在教师对于内容和逻辑结构的指导和评改中，秉承保护学生积极性、认可优点为先、提出意见为后的策略。

评价反馈即读者针对阅读文本提供评价和反馈，帮助作者进一步修改与完善。（康霞，2017：134）按照不同的评价标准，评价分为不同的维度。信息化时代背景下，按照写作评价的主体，评价由传统的教师评价、同伴互评、自我评价逐步增设到自动写作评改系统的在线评价四种方式。而无论采用何种评价方式，对写作文本中的语言问题是否要给予纠正以及如何纠正在写作教学中存有分歧。写长法的提出者王初明教授（2010）认为，中国老师在写作教学中的"纠错情节"不利于学生的中介语发展，提倡用大量的语言输入去构建学生的二语体系，挤压犯错空间。强调读写任务紧密结合含"续"的写作练习进行促学。

写长法旨在通过任务设计激发学生写作兴趣和写长过程，提高学生的学习成就感，帮助学生从基础写作阶段过渡到提高和熟练阶段。（徐昉，2012：11）就评价和反馈而言，主要是课堂上选取优秀的写作文本进行集体评阅，师生评价结合，以认可优点为主，纠正语误为辅。对于一般或较差的同题再写文本则以认可优点为主、鼓励写长为先。

创造性阅读层级任务即同题再写作活动以写长法和体裁法为理论指导，需要结合两种教学法的优点。写长法不是单纯追求写长，在写长的背后有一套理念和操作方法。其中有三项操作方法涉及同主题再写作任务的评价问题：（1）是否安排写作过渡期，作文批改由多稿修改逐步过渡到单稿修改或学生自主评阅；（2）是否要求学生对已完成的写作文本进行自主修正；（3）是否在课堂上针对优秀写作文本进行师生评价与交流。在这里，我们需要说明的是，学生受传统模式的影响，期望老师给予批改和纠错，否则一方面认为老师不负责，另一方面认为老师不关爱学生。写长法无论是从任务设置还是评价反馈方面，都以保护学生学习积极性为出发点。

因此，为了满足学生对于教师纠错的心理需求，我们基于语料库和云计算技术实施作文自动批改策略。批改网是国内机器评改产品的领头羊，是国内唯一一家基于语料库的机改作文的系统。（高媛，2018：18）根据高媛所开展的一项对学生与教师所做的问卷调查与访谈结果显示。88.2%的同学对批改网提供的点评表示认可；86.3%的同学认为批改网提供查重功能；92%的同学认为批改网提供了全面的语言方面的修改建议。90%的教师认为批改网能够准确地指出学习习作中的语言错误，并给出修改建议。但是有81.6%的教师认为批改网存在一定的欠缺，主要是对学生习作的内容方面无法进行监控。另外，批改网对学生习作中的逻辑问题也不能做出科学的反馈。梁茂成、文秋芳（2007）依据语言测试领域的作文评分要素，对国外具有代表性的三种作文自动评分系统（PEG、EA、E-rater）进行分析，认为现阶段自动评分系统需要利用自然语言处理技术，从学生作文中挖掘对作文的语言质量和篇章结构质量具有释放性的变量。

综上所述，续写由人的主观意志驱动，能使影响语言学习的各个变量聚合关联，环环相扣，形成网状，通达联动。词语与篇章关联，理解与产出关联，前读与后续关联，模仿与创造关联，内容动态表达与语言静态操练关联，个人体验与他人提供的样板关联，学与用关联。关联互动导致协同，协同引发学习效应。（王初明，2019：2）创造性层级任务的批改和评价要以促学为导向，既保护学生的写作积极性，也需教师对语言质量和篇章结构做好调节和把控。

4.2.4 写作图式与范例评析

传统的文本体裁以描述文、记叙文、说明文、议论文和应用文常见，而描述与叙述常常穿插运用，主要指以叙述为主的表达方式。因此，常用的文体分为记叙文、说明文、议论文、应用文四大文体。中国英语能力等级量表对语言材料的文本类型是根据系统功能语言学对文本功能的分类而划分，分为描述性、叙述性、说明性文本、指示性、论述性、交际性文本6类。（王淑花，2012）中国英语能力等级量表对传统文本"体裁"的命名方式表述为"文本类型"（Text type），文本划分的种类也由4类文体增至6类。划分的标准与种类虽然不同，但本质是相通的，CSE量表对文本的划分更为细致，文本的功能性更强。"同题再写"的写作任务是理解阅读文本传递的信息并表达自己信息的复杂过程，需要通过前期阅读理解认知进而撰写不同功能文本的能力而体现。从文本类型维度来分析，前期实验班学生阅读理解能力弱项体现在叙述性文本、论述性文本、说明性文本、指示性文本四类文体，其中指示性文本穿插于其他三类文本。那么"同题再写"任务需基于理解前三类文本，即叙述性文本、论述性文本、说明性文本进行同题创作的能力。在同题再写任务中，我们需要继续巩固加强前期阅读教学的文本图式认知。

同题再写任务是以体裁—写长法融合的教学方法为指导，我们必须基于叙述、论述、说明三大文本类型（文本类型也可称为体裁、语类），加强学生语言表达能力与思维的培养。前面阅读教学章节，我们对于叙述性文本、论述性文本、说明性文本，以思维导图的方式进行了文本图式概括和总结。学生通过使用思维导图，对三类文本类型具有初步的文本图式认知，在创造性阅读层级任务中，我们专辟一个小节进行系统的阐释和探讨。

4.2.5.1 书面叙述性文本

书面叙述文本是写作活动中较为常见的类型之一，聚焦叙述类文本中的各

种要素，比如人物、时间、场景、起因、经过和结局等。（刘建达，2019：131）

叙述文本图式结构可分为：起始句—主体部分—结尾部分。起始句的目的是营造气氛，吸引读者注意力。有四种表达方式：一、直接描述故事发生的场景，包括地点、时间、天气以及主要人物等内容；二、给读者营造悬念；三、通过提问或使用名句；四、使用直接引语或对话。主体部分是让读者详细了解故事的经过，包括故事的人物、事情、何时发生、何地发生、如何发生或为何发生等具体信息与内容。因文本主题的写作目的不同，起始句的信息叙述可以有所不同，但基本不会偏离上述语义内容。结尾部分不仅仅是故事收尾，还可陈述故事所带来的启发或期望。（蔡慧萍、罗毅，2015：123-124）以第一轮任务叙述性文本 Unit 6 "Tracking Down My Dream" 为例进行叙述性文本图式结构分析。

（1）叙述性文本的开头部分

文章的起始部分集中在第一段落，"直接描述故事发生的场景，包括地点、时间、天气以及主要人物等内容"。在四行文字描述中，作者清晰地交待了故事发生的场地、参与人与主要事件。在开头的段落中，介绍了作者的个人情况和现状。这几点叙述全面、紧凑。文章是记人为主，首先把人的特征、状况在开头部分加以介绍。

（2）叙述性文本的主体部分

叙述性文本的主题展开可以从四方面入手：以人物活动的时间顺序为线索，按空间位置变换组织材料，以事件发生的顺序记叙，以人物的主次性格特征为序。前两种方法主要用于叙事、第三种方法记人亦可叙事。（康霞，2017：158）第四种方法是记人的文章，主体部分采用的是第三种方式"以事件的发生为序"。交代了故事的主要经过，我们可以从 "who，what，when，where，how，why" 等要素了解到具体的信息和内容。

（3）叙述性文本的结尾部分

叙述性文本的结尾在结构上和方法上没有特殊要求，通常依照事件的发生、进展的顺序而自然收尾。叙述性文本语言特征为：主要以第一人称进行叙述，常使用过去式叙述已经发生的故事，并使用一些时间连词进行语义的逻辑衔接。（蔡慧萍、罗毅，2015：123-124）

以思维导图来进行文本图式表征，见图 4-3。

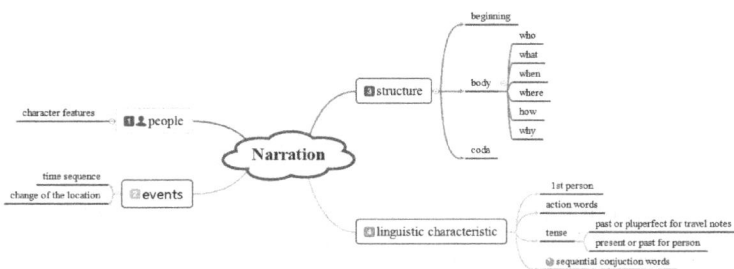

图 4-3　叙述性文本思维导图图式

4.2.5.2　书面论述性文本

书面论述性文本是极为常见的写作活动，主要就观点、现象、作品等提出看法并加以评述。基础学习阶段，书面论述仅是对具体行为、人物、喜好等的简单论述，主要集中在论述自身观点的理由上。在提高阶段，书面论述拓展到对社会现象、民生问题、图书或文章等的评论，并需要在说服性、论证方法等方面加以规范。（刘建达，2019：134）前期阅读教学中，我们在四轮次的任务教学干预中都有设定特定的层级问题训练学生对文本的看法并说明理由，在具体情境下也对某些论证方法，如识别好理由、提供反例等论证方法进行了训练。本部分主要是阐述层级性任务教学中对学生图式结构知识的训练。

论述性文本是一种逻辑性很强的书面表达方式，作者需要大量客观的证据和论证，说服读者就某个话题与其达成共识。就论辩结构而言，学界多引用和参考 Stephen Toulmin 理论模型。

文章的论辩顺序一般采用下面三个步骤：首先论证本人观点、接着论证相反观点，然后反拨相反观点。在这三步写作中，每一个语步完整的论辩结构含有 Claim（提出观点）、Data（提供证据）、Warrant（说明理由）三个部分。（徐昉，2012：85）Claim 是指作者的观点，（徐昉，2012：85）或结论，是要被证明的陈述、主题、观点。（董毓，2017：135）Data 是为支持观点立场所提供的各种事实依据，如生活实例、研究结果和统计数字等。Warrant 是指说明和解释那些列举的事实证据为什么能够支持所提出的观点，（徐昉，2012：85）是连接证据和结论之间的桥梁，常被归在理由一类或是隐含假设。（董毓，2017：

135）以《捷进英语》第一单元 A 篇文本 "Virtually connected—Gifted?" 为例针对书面叙述性文本进行论辩结构分析。

（1）论证本人观点（argument）

①Claim：文章的题目是 "Virtually connected—Gifted?"（虚拟连接确实让我们变得更聪明吗？），那么作者在文章第一段亮出自己的观点 "People don't have to be successful to feel confident. So where does this confidence come from? I think it's a result of using technology."

②Data："On Facebook，there are hundreds of people I know，but in reality I only communicate with 40 or 50 people"，"Social media is not the only technology that changes our opinions of ourselves."，"On MTV and other networks，I can see famous people live just like me on reality TV shows" 从三个事实依据来论证作者的观点，即科技让我们变得盲目自信。

③Warrant：说明科技而产生的虚拟在现实社会是不堪一击的，来进一步阐述作者观点"我们不能相信虚假世界所带来的这种虚假自信"。

在论辩结构上，议论性文本写作中一个常见的问题就是仅从自己的立场出发，罗列观点，不会融入反方观点，展开反驳论证。（徐昉，2012：84）虽然文章中作者的观点明确，有三条论据作为论证支撑，但由于缺乏对相反观点的反驳，文章整体的说服力不足，辩证思维稍显薄弱。这一点我们在阅读层级任务中已经启发学生对此进行批判思考和讨论。第四层级创造性阅读任务需要学生对阅读文本的"不完整"进行再创作，能够对这个论证缺口进行思考和训练，是对学生思维与创作表达的最佳促学效果。我们如果对其论辩结构进行创作与完善，需要从下面两个环节着手，即运用论辩结构论证相反观点和反驳相反观点：

（2）论证相反观点（counter-argument）

文章需要从反面观点，即"科技不是单单带给我们虚假的自信"出发，进一步阐述作者观点，如 technology makes some net star popular。

（3）反驳相反观点（rebuttal argument）

是对已经知道的反例、例外的考虑、反驳和说明。如在 A 篇文本中 although technology makes some net star，it makes more people to spend time or money on them。

　　图尔敏模型在阅读与写作中对学生的批判性思维培养具有重要的作用，具有自身的优点；（董毓，2017：137）第一，模型包含并凸显论证的要素与功能，显示论证是个"有机整体"；第二，模型是构造和寻找论证的指南；第三，模型凸显了反驳的必要性；第四，模型以"辩驳反例要素和具体情况因素"明确了"限定"的作用，是保证论证合理性的调控手段。（董毓，2017：137）考虑不同立场的观点并给予批判与思考，是论述性文本写作的重要一环，能够加强学生的思辨思维能力，我们需要正确地引导学生表达自己的观点和立场，重要的是针对文本找出不同意见的根本问题所在，提高书面创作与论辩的说服力。（徐昉，2012：85）

　　图尔敏模型更能符合实际的书面性文本创作论证模式，对分析和判断论证更有指导意义，（董毓，2017：137）我们在创造性阅读层级同题再写作任务执行中，以图尔敏模型为指导，能够对论述性文本写作结构形成最完整、有效的规约。在语言特征方面，我们需要注意以下内容：

　　1. 多使用一般现在时态来表达作者的观点或进行客观论证。

　　2. 多使用陈述句阐述论证理由。

　　3. 适当运用修辞应用于语境，如头韵、夸张、幽默，增强说服力。

　　4. 词汇运用方法，应尽量减少口头语，多使用书面语言，增强文章的厚重感与信任感，用词规范性。

　　5. 句间可使用连接词，增强文章逻辑关系的清晰性和流畅度。如：最常见的序数词：firstly, secondly, finally, consequently；表示进一步的连接词：additionally, in addition, moreover, besides, as well；表示观点的连接词：agree to a view, agree with, agree that, accept that, in favor of, oppose that, object to, argue 等等。

　　以思维导图针对论述性文本来进行图式结构表征，见图4-4。

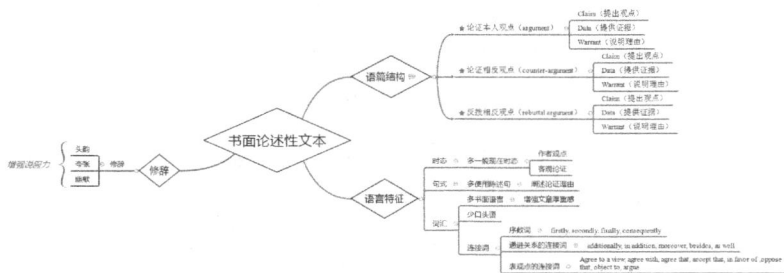

图 4-4　书面论述性文本思维导图图式

4.2.5.3　书面说明性文本

书面说明以具体的说明对象为所指，规定了不同水平学习者可以说明的内容、范畴等。（刘建达，2019：32）说明性文本也称阐释文，解释不同的概念和事物。（徐昉，2012：31）

书面说明性文本的写作方法可以按照时间、空间、结构、逻辑顺序展开，也可以采取举例、比较、对比、分类等方法展开。在阅读理解前三层级教学干预环节，我们对于说明性文本体裁结构的讲解是按照时间、空间和逻辑顺序的分类方式进行说明。英语教材中最常见的说明性文本模式有一般—特殊型（一般—具体或一般—例证）说明文、问题—解决型说明文和匹配比较型说明文三种。（廖秀慧，2013：35）阅读教学中所列举的两篇说明性文本"Feeding the world"，"Foods with Meaning"是以逻辑顺序而展开的"问题—解决型"和"一般—特殊型"说明性文本。这里我们有必要介绍书面说明性文本的另外一类划分方法。说明性文本也可以是向读者说明作者的观点、说明两个事物的异同、事情发生的起因与后果、事物的分类、对两个事物的对比与对照和说明实践发生的过程等。（蔡慧萍、罗毅，2015：127）说明性文本也可分为 5 大类，即用举例说明的方式表达的例证式说明文（exemplification exposition）、通过对比和对照方式表达的对比式说明文（comparison and contrast exposition）、说明过程的过程分析说明文（process analysis exposition）、说明因果的因果式说明文（cause and effect exposition）、表示类别的类别式说明文（division and classification exposition）。（蔡慧萍、罗毅，2015：127）

虽然具体分类有所不同，但说明性文本篇章结构在谋篇布局上存在共性。完整的说明性文本应该由三个语义部分组成，即开头段落说明主题，正文主体部分根据不同类别加以说明，结尾段再次呼应主题，进行总结。5类说明性文本主体部分因文本主题需要说明的侧重点不同而不同。

在实际应用中，说明性文本和论证性文本经常结合在一起（徐昉，2012：32）形成混合型文本，需要把重要的文本主题阐释明白，与读者取得共识。以上是我们在创造性阅读层级同题再写任务中，基于教材中书面叙述性文本、书面论述性文本、书面说明性文本三个维度对学生进行的文本图式认知培养。语言分析专家指出，不管叙事、描述还是说明、论辩文本，文本内在结构遵循通用文本四步法，situation—problem—response—evaluation（或 result）。Situation 指事件发生的背景或语境；Problem 指产生的冲突或矛盾；Response 是对该冲突或矛盾的回应、观点，或者解决问题的过程；Evaluation 指最终的结果，或对事件的评价。（徐昉，2012：2）

上述我们以思维导图在创造性阅读层级任务中，针对叙述性文本、论述性文本、说明性文本所进行的图式认知训练，我们也可以尝试将四步通用法应用在记叙、描述或说明、论证的文本写作中，既可以顺应这个结构，也可以转换结构顺序。对一个问题的回应可以是一个重复的过程，也可以是正面或负面的。（徐昉，2012：29）

4.2.5.4 学生写作范例与评析

中国英语能力量表的书面阅读理解能力和书面表达能力按照语言使用者所能理解的语言材料类型，分为理解 / 表达书面描述 /、理解 / 表达书面叙述、理解 / 表达书面说明、理解 / 表达书面指示、理解 / 表达书面论述、理解表达书面互动 6 个分量表。（刘建达，2019：107-130）

语言理解与表达能力最终需要满足基于运用的语言交际原则，即在既定的语境下运用语言能完成哪些交际任务。（刘建达，2017：6）阅读理解能力作为语言理解能力的重要组成部分，最终也需要落实到"能够做什么"的问题上来。外语学习是在大量语言输入的基础上，不断操练与应用而达到内化的有机生长过程。（王初明，2012）创造性阅读层级同题再写任务以体裁—写长为教学方法，基于"续论"学理依据，在第四层级任务的设置方式和评价方式等环节打开学生的感情通道，激发学生的写作积极性，并在叙述性文本、论述性文本、说明性文本、指示性文本的阅读教学中带领学生对文本的结构特征、语言特点、内容、风格等方面进行审视、分析、归纳与应用，建构学生在叙述、论述、说明、指示性文本的语言能力和语类意识。同题再写创造性阅读层级任务借力阅读语篇进行阅读和批判性评价，在产出环节重复和模仿使用阅读文本出现的词语或语法结构（Bock，1986）发生文本图式结构启动，使得创作者把阅读文中的语言及其使用方式直接应用于创写当中，变成自己的语言和使用方式，学习效应自然发生。（王初明，2015：754）同题再写创造性阅读层级任务是围绕阅读文本的主题、内容、风格、文本图式结构等方面进行阅读和评价，强调信息识别与提取、概括与分析、批判与评价、创造性阅读四层级的阅读认知过程中归纳文本类型或语类图式，在相伴的语境下去激活，（王初明，2015：754）相关语言知识与语言技能，提高语言运用能力。

两个学期我们依据 7 个单元（详见第三章节）的阅读文本，设置了 6 次创造性阅读任务，即叙述性文本同题再写作任务 3 项，分别依托《21 世纪综合实用英语》Unit 1、Unit 2、Unit 4；论证性文本同题再写作任务 3 项，分别依托《捷近英语》Unit 1 Text A、Unit 1 Text B、Unit 7 Text A；说明性文本同题再写作任务 1 项，依托于《捷近英语》Unit 7 Text A。下面我们将详细阐述学生在叙述性文本、论述性文本、说明性文本的同题再写任务两方面给予评价反馈，机器评价从 14 个维度提出语言建议，教师评价主要从书面表达所发生的语言协同与内容创新进行反馈。见表 4-21。

表 4-21　创造性阅读层级任务设置

序号	阅读文本 第一学期 第二学期	文本类型	同题再写作任务 100–150words
1	Unit 1 Text A: College—A Transition Point in My Life	叙述	College—A Transition Point in My Life Introduce the transition point in your life, including your gains, obstacles the author referred.
2	Unit 2 Text A: He Helped the Blind	叙述	Select one invention and introduce details, including the origin, key events.
3	Unit 3 Text A: Thanks, Mom, for All You Have Done	叙述	Write a letter to your Mum or Dad, for all he or she has done for you.
4	Unit 6 Text A: Tracking Down My Dream	叙述	How to Track down my dream again.

续表

序号	阅读文本 第一学期 第二学期	文本类型	同题再写作任务 100–150words
5	Unit 1 Text A: Social Media's Influence on How One Sees Himself Text B: Watching or Posting	论证	1.Has net-based technology only bring us the fake confidence. 2.Some people say : "The content you share and how frequently you post on our Wechat say something about our personality." How to comment on this opinion? We like to hear the voice from you.
6	Unit 5 Text A: Feeding the World Text B: Foods with Meaning	说明	Select one typical specialty and introduce it to us, including the translation of the food, ingredients, its cultural meaning.
7	Unit 7 Text A: Sense and Memory Text B: Don't Forget	论证 说明	Some people say : "our senses and memories are more connected than we think." How to comment on this opinion。How to comment on this opinion? If you agree with it, please state your reasons. If you disagree with it, provide your reasons.

（1）叙述性文本创作范例与问题剖析

为了帮助学生厘清思路，原阅读文本可以保留被抹去段落的主题句或段首语；或提供阅读文本的开头和结尾，要求创写中间部分；或划出阅读材料中有助于创写的语言和句型，提醒学生运用；或让两名学生针对阅读材料的续写内容，加强互动，激活想象力，合作创作完整的一篇作文等。（王初明，2006）叙述性文本的同题再写任务是基于同一个文本主题进行再写作。在 21 世纪综合实用英语 Unit 6 Text A Tracking Down My Dream 阅读教学中，我们将课外补充文本与教材文本的主人公坚持梦想的原因进行对比、评价等阅读任务后，学生具备针对"坚持梦想"这个主题重新建构语言基础和思辨空间，创作层级任务含有对故事主题的批判与发展。

学生作文 1

Live For Myself: That is my dream

I once read a story about a young girl who was injured but completed the race eventually. At the beginning, she was sad and didn't plan to take part in the race next year. While she was dwelled in her pain, a girl who cheered for her encouraged her and changed her mind. At last，she decided to track down her dream next year in sports meet just because of the cheers from the girl.

Most people，however，underestimate themselves in the pursuit of their dreams because they care so much about what others say. To put it another way，we might have to consider carefully whether the criticism from them is proper while we care so much about the voice from others. it may be that we are fall down at something. If the words from others are wrong，then we should transcend the handicap that our heart dwell so deep in other people's words .These misconceptions must not be allowed to preclude our progress.

We must endeavor to keep others' words in perspective. Warm words are definitely empower us vigor and emotion. But what if they are some dirty words or cold words? Don't let cold words from others dismay you，don't let sneers and ridicule from others derail you，don't let external interference deviate you from your life track.

If I have another chance，I would complete the game by my own will. Try to stick to the thoughts in my mind，be myself and live for myself.

表 4-22　No.1 学生作文机器体检报告

类型	维度	测量值	参考范围
词汇	形符数	292	195~230
	字数	258	166~208
	类符数	147	93~115
	平均词长	4.23	4.23~4.97
	平均词长标准差	2.22	2.19~2.62
	高频词语占比	74%	77%~86%
	学术词语占比	16%	2%~7%
	超纲词语占比	10%	3%~8%
	篇章连词	2	8~14
	动词短语	17	7~17
段落	段落数	5	3~5
句子	句子数	16	11~17
从句	从句总数	30	9~17
词性	连词	3%	3%~6%

机器评分：82.5 分，文中衔接词和过渡词使用的很棒；作者词汇基础扎实，拼写也很棒；作者在句法层面做的很棒。从机器评分来看，高频词、学术词、超纲词使用较多，词汇基础扎实。见表 4-22。

教师评分：文章内容结构清晰，层次分明，逻辑紧凑，夹叙夹议，既含有对原文的内容协同，又含有从整体上对"坚持梦想"提出中肯的建议和看法。第一篇作文首段总结概括原文故事梗概，第二段分析原文作者追求梦想的来源并对这种梦想持续的动力进行评价提出了自己的看法，第三段提出一种反例，假如来自陌生人的不是鼓励和温暖而是冷言冷语，我们又当如何进而提出坚持梦想要从自身内在出发，为自己而活的结论。这篇作文是在原阅读文本基础上的再创造与生成，学生是思辨性思考主人公追求梦想的原因，而发出追求梦想需从内在因素出发的人生观。

语言协同：对原文语言协同主要体现在第一段落，词语选择如 injured，complete the race，take part in the race，track down。

学生作文 2

Overcome Difficulties and Move towards Dream

Difficulties come at us unexpectedly, when we facing it, most of us chosen to shut them out, but only a few of us accepted them. Once there is a girl who was injured before the sportsmeet and she attended the game at last. The result was definitely obvious the girl would be the last one.as we predicted, the girl in the sports meet was last and she was very sad after finishing the race. She refused to take part in the game again. Unexpected, she changed her mind and regain hope to track down her dream just by the warm words from a stranger.In the wild challenge, Bell met and overcome countless difficulties just because he love consider the challenge as his favorite.

In the face of difficulties, sometimes slacking off will be defeated by difficulties.In the end, of course, it is the few who succeed. At this time, they always feel that misfortune is part of success! Indeed, only through difficulties can we hug success.We need to do the followings:

First of all，we need a robust heart，we can spur ourselves step by step and do our best to achieve our inward purpose . Secondly，we should have a clear-cut goal. Even if we deviate from our established direction，we can quickly adjust and get back on track. By the way，we have to be optimistic，we are not saints，we will fail. But，we must endeavor to overcome setbacks .whereby these，in the pursuit of success on the road，we can triumph over all difficulties，gradually towards success.

Although difficulties will preclude us from moving forward，but difficulties can be served as a kind of training，and we can gradually achieve success through our own efforts.

表 4-23　No. 2 学生作文机器体检报告

类型	维度	测量值	参考范围
词汇	形符数	334	195~230
	字数	291	166~208
	类符数	161	93~115
	平均词长	4.40	4.23~4.97
	平均词长标准差	2.58	2.19~2.62
	高频词语占比	75%	77%~86%
	学术词语占比	16%	2%~7%
	超纲词语占比	8%	3%~8%
	篇章连词	1	8~14
	动词短语	21	7~17
段落	段落数	4	3~5
句子	句子数	19	11~17
从句	从句总数	25	9~17
词性	连词	3%	3%~6%

机器评分：83 分，作者词汇基础扎实，拼写也很棒；作者在句法层面做的很棒；采用了恰当的衔接手法，层次清晰。从机器体检报告进行比较，本篇作文高频词语、学术词语、超纲词基本等同。字数总数高 50 字。从句总数略低 3 句。见表 4-23。

教师评分：本篇文章虽然机器得分虽然仅仅以 1 分略高于第一篇例文，但内容比第一篇丰富，主要体现在在第一段引入原文作者与《荒野求生》中的贝尔两者进行对比的写作手法，进而提炼出自己的看法；其次，作者在第三段中以"三项步骤"阐述了向梦想前进的具体行动措施，无疑加强了创作文本行文的逻辑性和丰富程度。较前者略高一个水平。

语言协同：从内容与切题读来进行评判，本篇作文与前一篇作文相比，与原阅读主题的内容契合度较高。作文中画线部分是学生自己从课外资料中借鉴的词语，学生的书面表达过程有意识地发生了语言协言。学生能够进行批判性思考，顺着主题的思路进行再写作，与读后续写任务相比，更多的是对文本主题从不同的视角诠释和创新发展。

（2）论证性文本创作范例与问题剖析

Topic: Has net-based technology only bring us the fake confidence?

requirements:

Some people say that network only bring us fake confidence.

Firstly，some social media empower us more power than in reality.

Secondly，through MTV or other network，we could see the so-called "celebrity" live a life as normal as we do which make us more confident that ever.

Lastly，the computer games or other kind of competition games make us be an internet hero which is useless in our reality.

So，how do you think of this phenomenon?

针对以上写一篇小的议论体裁的作文，要求如下：

首先，针对上述现象发表个人观点。

其次，列举分论点和例证。分论点基本可以看作是对例子的总结和概括，这个步骤不能与例子事实信息混淆。要求不少于两个例证。

最后进行结论。

学生作文 3

Internet and reality

I think the Internet will bring us false confidence to a great degree and cannot change our real life【观点】. Through the Internet，we can know more people，but this is only limited to the virtual world【论据 1】. You may be shy in real life，but in the virtual world，you will be very open and follow one's inclinations【论据 2】.

Why is there such a big difference？In the final analysis，you still care about the opinions of others. Many teenagers are not good at learning in real life and indulge in online games to find a sense of achievement and confidence【论据3】. However，no matter how successful you are in online games，your real life is still the same【保证】.Therefore，the Internet will bring us false confidence to a great degree. We should live in reality and find self-confidence in real life. Only in this way can we live happily.【结论】

表 4-24　No.3 学生作文机器体检报告

体检报告：

类型	维度	测量值	参考范围
词汇	形符数	167	195~230
	字数	147	166~208
	类符数	82	93~115
	平均词长	4.27	4.23~4.97
	平均词长标准差	2.29	2.19~2.62
	高频词语占比	83%	77%~86%
	学术词语占比	13%	2%~7%
	超纲词语占比	7%	3%~8%
	篇章连词	1	8~14
	动词短语	7	7~17
段落	段落数	1	3~5
句子	句子数	10	11~17
从句	从句总数	3	9~17
词性	连词	4%	3%~6%

机器评分：78.5 分，班级排名第 8 位。文章词语表达丰富，高级词语积累做的也很棒；句式变化多样，句法方面做的很棒；文中衔接词丰富。针对推荐表达（13）、拓展辨析（6）、句子错误（4）、学习提示（4）、近义词表达学习（3）、句子警示（2）、标点警示（1）、搭配错误（1）、动词错误（1）、冠词警示（1）等参数给出修改建议。见表 4-24。

教师评分：文章论证结构不错，针对阅读文本的论题表明个人观点后，提供 3 个论据来进行论证支持，最后进行结论强调论点。创作文本与原阅读文本相比较，最大的进步是在表明论点时加入了"to a great degree"出现了限定词

（qurlifier）的使用。但不足之处，论证理由是未考虑反例，也就是未提出"虚拟技术在某种程度上来讲也给我们带来一些真实的自信，促使其在现实社会中继续发光，如草根明星等现象的出现"，在后续写作中需要注意。

　　语言协同：我们从语言、内容、语篇体裁上进行简要分析。在学生创作文本中出现了部分语句与原阅读文本的协同，如上文中下划线所示的例句。创作文本提供的论据交友与网络游戏两块论证理由是与原阅读文本相似的例证，但学生并未原文照搬。创作文本图式结构上基本是遵循原论证文本的论述结构。较原文相比较，在论证结构上均未提供反例。但由于限定词的运用"在一定程度上"，使创作文本所提供的证据，将作者的观点指向进行范围限制，使"在一定程度上网络带来虚假的自信"这个主张的提出是合理的。创作文本对原阅读文本论证的完善，是至关重要的发展与创造。

　　学生作文 4

The network is a double-edged sword

Some people say that network only bring us fake confidence.

Firstly，some social media empower us more power than in reality.

Secondly，through MTV or other network，we could see the so-called "celebrity" live a life as normal as we do which make us more confident that ever.

Lastly，the computer games or other kind of competition games make us be an internet hero which is useless in our reality. But I don't agree with the above opinion.

【论点】

Since the beginning of the popularity of the Internet，major companies have set up their own web pages and websites on the Internet to introduce the situation of the company and promote the company's products. More and more companies have openly solicited orders online to better promote their products. There are more and more similar websites，many different kinds of online malls have opened，and they boast that their products are cheaper and more cost-effective than they usually buy in the market. In an instant，the information spread widely among the Internet users，resulting in the full exchange of supply and demand information. As long as people enter the goods they want on the Internet and search for them, a large amount of supplier information will appear, and suppliers can also use the information on the Internet to find out which consumers have the greatest spending power for their goods. Statistics, in order to better targeted publicity. Without leaving home, people can make transactions on the Internet, which greatly promotes the prosperous situation of supply and demand in the market. Today, with the high development of the information industry, and people's demand for information is increasing. The Internet has become the best communication media【论据 1】. For students, many large-scale test registration and score queries can be carried out online, instead of making always busy and expensive voice calls as before. In the past two years, the details of the national unified civil service examination have also been published on the Internet. Candidates only need to open the recruitment website of the region where they are located, and a series of details such as recruitment department, number of candidates, positions, requirements and so on will be clear at a glance. Together with the materials and registration places that need to be brought for the examination, they are also clearly displayed on the Internet, so that candidates can understand the situation very conveniently and easily. For Unit s that publish information, it is no longer necessary to send personnel to publicize it one by one; for candidates who want to know the situation, they do not have to travel all the way to the designated place to ask for enrollment brochures and learn about the enrollment situation. Both aspects have benefited a lot from the dissemination of network information【论据 2】. The network greatly shortens the distance between people。【结论】

表 4-25　No.4 学生作文机器体检报告

类型	维度	测量值	参考范围
词汇	形符数	525	195~230
	字数	471	166~208
	类符数	244	93~115
	平均词长	4.94	4.23~4.97
	平均词长标准差	2.68	2.19~2.62

类型	维度	测量值	参考范围
词汇	高频词语占比	73%	77%~86%
	学术词语占比	20%	2%~7%
	超纲词语占比	11%	3%~8%
	篇章连词	1	8~14
	动词短语	36	7~17
段落	段落数	5	3~5
句子	句子数	21	11~17
从句	从句总数	37	9~17
词性	连词	4%	3%~6%

句酷批改

机器评分： 89 分，在同类作文中排名第一位。并对推荐表达（17）、学习提示（7）、拓展辨析（7）、近义词表达学习（6）、句子错误（3）、冠词警示（2）、大小写错误（2）、标点警示（2）、连词警示（1）、句子警示（1）、搭配警示（1）、冠词错误（1）、名词错误（1）等参数提供语言建议。见表 4-25。

教师评分： 文章写得非常不错，超过同级学生的书面表达水平，文章明确表明创作者自己的观点，即不认同原阅读文本中所阐述的现象，即互联网不是只带给我们虚假的自信；文章从公司利用互联网进行公司业务介绍和产品推介，促进供需买卖、考生利用网络进行测试报名与成绩查询，单位发布资料双方便利两方面进行论证说明互联网给我们带来很大益处，最后创作文本结论认为互联网拉近了人与人之间的距离。较其他创作文本来讲，本篇学生创作的用词和说理能力较为深刻、清晰、透彻。但存在三点问题：1. 逻辑顺序需要再增强，以分段的方式展示层次性；2. 文章需要以中心句点明分论点；3. 结论部分需再丰富，与论点呼应。

语言协同： 我们从语言、内容、语篇体裁上进行简要分析。在学生作文中出现了部分语句的协同，如上文中下划线所示的例句，但所发生的语言协同仅仅是作为引入部分。论据内容与原文的事实根据不同，选取的是崭新的事实作为理据。体裁结构上基本遵循论证文的基本结构特征：在论证结构上首先引入论题与某些人所持有的观点和态度，明确个人观点；其次提供两方面的反例论据作为支撑进行对部分人观点的反驳；做出结论。文章的亮点在于提供了两方面的支持与部分人的观点进行反驳，说明这两种情况的存在就已经推翻了部分人所持有的观点和论证。反驳的存在突出了论证结构是对话和辩证的。这一点进步也是我们在学生作品中比较欣喜的发现。

（3）说明性文本范例

在基础阶段，书面说明描述语指向日常生活需要说明或澄清的内容，所需说明的事物是常见的。在提高阶段，描述语所要说明的事物除日常所需说明或澄清的内容外，还包含非连续性文本以及抽象话题。（刘建达，2019）本部分是基于原说明性文本训练学生对于文化类说明性文本的创造性阅读层级的同题再写作学习。

Topic: This Unit is mainly involved with the foods with cultural meaning. So please introduce one local specialty to us.

requirements:

1. State clearly the relevant information, including the name, features etc.

2. The cultural meaning of the food must be included. More information is encouraged.

3. Some conjunctin words or expressions will be better to introduce the food. 100-150 words.

基于食物所承载的文化意义主题，以中华地方美食为例，阐述中华美食与其所代表的中华文化进行说明性文本表达，要求：

1. 介绍需要涵盖食物的基本信息。
2. 介绍需要阐明美食所承载的文化意义等相关信息。
3. 层级任务中所归纳的用于表达文本逻辑关系的某些连接词或表达可以有意识地运用。（100—150 字）

学生作文 5

Hot Pot

Hot Pot, known as "antique soup", gets its name from the "gu dong" sound when the food is poured into the boiling water【食物来源】It is an original Chinese delicacy and has a long history and is a suitable food for all ages.there are so many types of hot pot, such as: two-flavor hot pot, triple fresh hot pot, soup hot pot, beef in hot pot, mutton in hot pot etc【种类介绍】. and I like to introduce the method of eating hot pot, first, you need to blanch in a pot, then put the food into the soup and cook it.next, put some meat before vegetarian. Meanwhile you can drink a little beer while enjoying the hot pot, or you may eat some fruit after eating the hot pot.【就餐建议】

Eating every kind of hot pot is not a simple hot pot, but history, culture and inheritance. Although from north to south, from east to west, different taste, but the mother in eat hot pot, each rush thing is to let people can have a reason to get together, in the cold lonely winter, in the reUnit ed at night, no matter go home, or eating out, as long as the kettle, a pot of fire, a group of friends and family together, steaming, tumbling soup base, words, are all in the pot【文化寓意】.

So, foreigners can't hide the charm of hotpot.（周倩倩）

表 4-26　No.5 学生作文机器体检报告

类型	维度	测量值	参考范围
词汇	形符数	276	195~230
	字数	231	166~208
	类符数	133	93~115
	平均词长	3.81	4.23~4.97
	平均词长标准差	1.94	2.19~2.62
	高频词语占比	69%	77%~86%
	学术词语占比	14%	2%~7%
	超纲词语占比	13%	3%~8%
	篇章连词	2	8~14
	动词短语	10	7~17
段落	段落数	5	3~5
句子	句子数	10	11~17
从句	从句总数	14	9~17
词性	连词	4%	3%~6%

机器评分： 76.5 分，作者句法知识掌握的不够好，可适当增加从句的使用；文中衔接词和过渡词使用的很棒；作者词汇基础扎实，拼写也很棒。见表 4-26。

教师评分： 本篇创作文本内容组织写得非常不错，超过同级学生的书面表达水平，创作文本抓住题目要求的两个关键信息：食物与文化意义。首段介绍了地方食物的相关信息，如食物来源、英文名称、种类、就餐建议四个细节进行了深刻清晰的说明。创作文本主体部分对食物所承载的文化含义进行了深刻的诠释。末段对外国友人发出邀请，也可视为是一种文化的宣扬与传播。与机器评分相比较，教师评分主要从文本内容组织、图式结构进行分析。较其他创作来讲，本篇创作文本的用词和阐释能力较为深刻、清晰、明确。作者需加强复杂句式的训练和练习。

语言协同： 由于创作文本所选取对象与原阅读文本选取的对象不同，语言用词、句式结构未发生明显协同。

学生作文 6

The Meaning of Food Transmission

Crayfish is very viable. In addition to Asia，Europe and Africa are also home to it，so it has become a world-class cuisine. In Europe，Africa，Australia，Canada，New Zealand，and the Unit ed States，people eat crayfish【受欢迎程度】. The worldwide "success" of crayfish，in addition to some forms and habits，is also due in part to its tolerance to pollution ability. It can reduce pollution to some extent【作用和功能】.

Crayfish in China can be said to be a national supper. When summer night comes，crayfish and beer are the perfect thing to eat. Crayfish have swept the whole of China，so to speak. In the eyes of the Chinese，crayfish are delicious and a rare delicacy.【在中国的受欢迎程度】

Many people think that the introduction of crayfish was used to decompose the bodies during the War of Resistance against Japanese Aggression. However，the fact is that when China introduced crayfish，the war did not begin. It was introduced as food and bait in the beginning. And if you handle it properly，it's nutritious，so we don't need to panic, we're gona have to eat it.【早期发展与当今观念和态度的变化】

（胡彬彬 康佳）

表 4-27　No.6 学生作文机器体检报告

类型	维度	测量值	参考范围
词汇	形符数	223	195~230
	字数	185	166~208
	类符数	107	93~115
	平均词长	4.39	4.23~4.97
	平均词长标准差	2.48	2.19~2.62
	高频词语占比	65%	77%~86%
	学术词语占比	22%	2%~7%
	超纲词语占比	21%	3%~8%
	篇章连词	1	8~14
	动词短语	13	7~17
段落	段落数	4	3~5
句子	句子数	15	11~17
从句	从句总数	15	9~17
词性	连词	4%	3%~6%

机器评分：80.5 分，文章用词灵活多样，高级词语使用也比较准确；使用了部分简单的长难句，可适当增加一些复杂的长句；全文结构较为严谨。见表 4-27。

教师评分：

本篇创作文本虽然机器得分高于第一篇创作例文，从机器评语进行比较，机器自动评分系统认为本篇文本创作者所使用的高级词语用词准确，句法复杂度较前一篇稍高。但从创作文本内容与切题度来进行评判，本篇创作文本与前一篇相比，与主题的契合度稍差。作文分别从龙虾的受欢迎程度、作用、功能、在中国的发展和吃客的观念变化四个信息点进行了说明，但并未阐明龙虾所承载的文化含义，跑题度 50%。

与机器评分相比较，教师评分主要从创作文本内容组织、图式结构进行了反馈与建议。较前一篇创作来讲，本篇创作文本的高级用词和长难句使用略高，但从内容紧密度上需要进一步完善和提高。

语言协同：由于文章所选取的地方美食与原文选取的美食不同，具体语言用词、句式结构未发生明显协同。

综上所述，我们基于前三层级任务教学，在体裁—写长法的教学方法的指导下，从第四层级任务的设计原则、掌控写作过程、借力信息手段综合评价方式等要素，进行书面叙述、书面论证、书面说明创造性阅读任务教学干预。经过三个维度的书面创作文本分析和课堂观察，本轮次教学干预下学生在这三类文本材料的书面表达能力都有不同程度的语言协同和发展。基于中国英语能力等级量表干预下而产生的这一新型创造性阅读活动对学生语言与思维方面的促学功效比较显著。以"同主题再写作"任务黏合阅读与写作活动为一体的创造性阅读层级的任务，凸显"续论"续写的优势，它基于阅读内容的理解与输入去进行创造性书面表达活动，理解性的阅读输入与辩证性的写作输出产生了学习的互动协同。

一方面，我们汲取了体裁法的精华，以思维导图的表征方式归纳三个文本维度的图式结构，学生的访谈反馈："在写作中我对文章的结构比较清晰，困难点就是构思形成自己的观点和角度进行叙述或说理。"另一方面，我们汲取了写长法在材料选择原则、难度控制、评价方式三点关键要素方面的理念，选取主题具有趣味性、内容具有延展性、语言难易度适中，能激发学习者表达欲望的阅读材料作为蓝本，给学生创作提供思考空间。在阅读前三层级任务教学中，教师通过课堂观察可以判断学生对文本主题的兴趣度，这对后续开展第四层级创造性阅读活动是非常重要的一项参考。用于研究所需的阅读文本涵盖 8 篇叙述性文本、3 篇论证性文本、3 篇说明性文本，共计 14 篇阅读材料。基于上述14 篇阅读文本，我们实施了 7 次同题再写作活动，涵盖 3 次叙述性文本创作、3 次论证性文本创作、1 次说明性文本创作。创作要求基本控制在 100—150 字。但实际写作中，有 60% 的学生写作文本长度超过 150 字，在学生创作文本写作程度中有 292、334、525 字之多。现阶段用于续写练习的文本多集中于记叙文为续写材料，且形式多为隐去原阅读文本的尾段进行续写练习，少量研究者关注议论文体裁的续写活动。张秀芹、张倩（2017）通过实验发现，以议论文文本用于续写的学习协同效应更强，错误明显少于记叙文续写，语言准确性相对高于说明文形式的续写活动。通过我们的观察发现，学生在同题再写作任务活动中对论证性文本的写作积极性高于叙述性文本与说明性文本。学生在叙述性文本的同题再写文本多是夹叙夹议的混合文体。在这里，我们阐明三点教学反思和启示：

1.第四层级创造性阅读同题再写任务对"材料趣味性"的界定和选择可考虑以阅读理解能力量表前三层级的阅读教学观测作为参照进行综合判断。对阅读材料趣味性的常见判定方法是教师研讨判断和学生问卷进行预判。此外，我们可以借鉴阅读理解能力教学的三个层级的任务完成情况，尤其以第三层级的评价与批判性阅读为主要参数作为观测。如以《21世纪综合实用英语》Unit 3 Text A: Thanks, Mom, for All You Have Done为例，文本材料以"感恩"为主题，语言材料难度适中，但阅读教学中学生对这篇文章的参与度反响不大。后续经过访谈得知，心理课程也经常以"感恩"主题进行活动练习，重复性的话题消除了学生的创作激情，因此我们未基于"感恩"主题设置同题再写作任务。这一参数是对文本材料的趣味性进行预判的重要补充因素。

2.针对"以读促写"的同题再写作任务的评价方式，需综合"体裁教学法""鼓励写长法"进行优势互补。学生的文本类型意识培养非一朝一夕，我们在学生作品中仍然发现部分创作文本结构混乱，体裁意识不强，学生容易陷入因文本结构组织不清，而对文本内容的组织和思考条理含混不清的尴尬境地。培养文本类似图式认识能够使学生理顺对某类文本的结构意识，而将注意力集中于文本整体的内容与思维表达。王初明教授提出"续论"下的读写结合活动，目的是鼓励与保护学生的学习动机和学习兴趣，再题再写作任务吸收写长法的精神，不以写长为目的，但可以写长为策略，鼓励学生尽量写长创作。通过视学情调节创作文本长度要求，逐步加大写作量，促使学生突破外语学习的极限，在模仿的同时进行创造，获取学习成就感，提高阅读与写作的自信心，将外语知识加速转换成面向"运用"的外语运用能力。（王初明，2006）

3.机器测评对于主观题尤其是作文内容方面的反馈缺陷决定了人工评分的不可或缺。写作活动不能用统一的衡量标准进行评价。但是高效、统一操作性强的写作评价标准不是一件易事，每个学习者独特的知识结构、理解方式、创新模仿能力耗费大量时间、精力，造成评价测量的巨大阻碍。（翟洁，2019：293）在同题再写作任务活动中，我们以机器评分辅助教师评分进行综合打分的评价方式。机器自动评分系统反馈高效、及时，能对创作文本中的语言使用如词语选择、查验语法错误、拼写错误、连接词、高频词等语言准确性方面提供更为精准的信息反馈。但对文本内容与逻辑性方面的反馈有待完善，我们需要引导学生理智地对待作文自动评分结果。以人工评价为主、以机器评价为辅是更为科学、合理的评价方式。

4.3　基于证据下的学习者自主学习干预

本节将主要阐述基于学生的阅读理解能力自评数据驱动下，针对学习者开展的学习干预。学习干预主要是学习者对自身学习进行学习调控、管理、实施的自主学习活动。"自主学习"这一概念最早由卢博米尔·霍力克（Lubomir Holec）（1981）引入外语教学领域。他认为外语教学既需教授学习者获取交际所需的各项语言技能，又要教授学习者具备独立学习的自主学习能力。（崔小清，2019：3）卢博米尔·霍力克对自主学习的定义为："能主导和控制自己学习的能力，通过自然生成或教师干预形成"。（崔小清，2019：17）自主学习的概念自提出以来，国内外学者对其进行了多角度、多领域的研究和探索，如自主学习概念的界定（Little，1991；Dickinson，1995）、自主学习影响因素的研究（Zimmerman，1998；庞维国，2003；徐锦芬，2007）、自主学习能力能动方式的研究（Littlewood，1999；Cotterall，2000；彭金定，2002；楼荷英，2005）等等。学界对于自主学习的研究成果是我们的宝贵经验和借鉴，自主学习干预的实施需要全面、周密、严谨的科学设计和研究规划。本书从外部教学干预和内部学习者自主学习干预两部分着手进行任务实施，受精力和时间等因素的影响，很可能会顾此失彼。学习使用 CSE 量表指导学习的学习过程蕴含了很多思辨元素，对学生的语言学习和思辨发展有很好的促进作用。因此，我们在以外部教学干预为重点的情况下，实施学习者学习干预，鼓励受试学生积极参与自主学习活动，在增强自主学习能力的过程中发展自身的语言能力和思维能力。

大学英语是历时发展的，而大学英语课程中的自主学习也是随时代变迁的。教育部颁发《课程要求》的试行稿（2004 年）与正式稿（2007 年）中教学目标在提出"培养学生英语综合应用能力"之外，都提到"增强学生自主学习能力"。自主学习能力可以通过教学得到培养，而档案袋在教学中的应用正是培养自主学习能力教学的有效途径之一。（胡健，2014：115-116）此外，学习档案袋的使用过程，就是通过学习档案袋的建立，鼓励学生展示、参与评价进而对自身

的学习过程进行自主调节。（胡健，2014：115-116）

因此，以档案袋追踪学生应用量表指导自主学习的过程无疑也是促进学生思辨能力的途径之一。那么档案袋的建立和组成包括哪些内容，关系到学生自主学习的建设和开展成效。目前国内外学者对于档案袋的定义和分类见解不同，至今仍未达成一致见解。如国外有人把档案袋分成展示型档案袋、文件型档案袋和评价型档案袋 3 类；有人把档案袋分成过程型档案袋和成果型档案袋 2 类；有人则依据档案袋的用途将其分为展示型档案袋、文件型档案袋、评价型档案袋和过程型档案袋等 4 类；有人根据档案袋的不同功能将其分成理想型档案袋、展示型档案袋、文件型档案袋、评价型档案袋以及课堂型档案袋等 5 类；也有学者对教学中运用的档案袋，按照"独立性"这个维度，将它们分成 4 个不同的水平，即什么都装的档案袋、成果或产品档案袋、展示性档案袋和目标型档案袋。而国内有些学者把用于班级学生评价的档案袋分成成果型档案袋、过程型档案袋和评价型档案袋 3 类，另有些学者根据档案袋的内容建构与呈现方式，把档案袋分成结构型档案袋、半结构型档案袋和无结构型档案袋 3 类。（黄光扬，2003：50-51）根据建立档案袋的不同目的，档案袋一般可分为过程型档案袋、目标型档案袋、展示型档案袋、评估型档案袋。过程型档案袋的特点是：监测学生的学习过程和学习行为，鼓励学生管理并调节自己学习过程。目标型档案袋的特点是培养学生具备明确的目标意识，发展学生进行目标选择、计划制定与自我监控的能力。展示型档案袋的特点是通过展示学习成果，既增强学生的自信心，又促使教师掌控学生们的学习成就。评估型档案袋的特点是通过学习成果的收集开展学习评价，培养学生的评价能力。（胡健，2014：115）

国内外学者对档案袋的概念和分类并未达成一致见解，这需要我们从自主学习要素的构成来帮助理解。卢博米尔·霍力克提出自主学习应该包括 1. 学习目标的制定；2. 学习内容的选择；3. 学习策略的选择；4. 学习进程的选择与监控；5. 学习效果的评估。大学生英语自主学习包括确立学习目标与计划，学习内容、学习策略、学习手段这 5 个方面。（崔小清，2019：124）而根据上述档案袋的类型划分，档案袋是根据建档的目的、功能、内容建设与呈现方式而有所不同。基于中国英语能力等级量表阅读理解能力量表促进学生自主学习的档案袋建设，离不开学习目标、学习内容与进程、选择学习方法与技巧三点关键要素。第一，档案袋需要明确使用目的，即学习目标的建立；第二，档案袋的建立需要体现学习者英语学习过程或学习轨迹的核心证据，即学习内容；第三，档案袋需要体现学习者进行学习方法的选择与调节。我们依据这三个关键点设立了档案袋，以档案袋干预学生的学习需从档案袋的学习目标设立、学习内容选取与学习方法的选择三个关键点展开。因教学干预中包含由阅读转向以读促写的认知过程，为避免学生的学习负荷过强，学习干预以阅读文本为主，学生有余力可逐步增加书面表达训练。自愿参与自主学习干预的受试群体共计 12 名学生，男生 2 名、女生 10 名。我们首先汇报如何建设档案袋，并以档案袋建设的三个关键点为序汇报档案袋实施情况。

4.3.1 档案袋的建立

表 4-28　阅读档案袋

学号： 姓名：	内容	具体描述
阅读理解 能力目前 水平	Level 3 Level 4 Level 5	
阅读理解 能力目前 弱项	阅读文本类型	
	阅读认知描述语	
	阅读策略	
提高目标		
阅读档案 计划实施	阅读时间安排 阅读文本类型 资料来源 采用阅读策略 （建议 1—2 项）	

阅读学习档案袋由个人信息、阅读理解能力目前水平、阅读理解能力弱项、阅读理解能力提高目标、实施计划 5 部分内容组成。阅读水平由阅读理解自评等级问卷数据确定，问卷成绩为 22—110 分，总条目 22 条；Level 3 对应初中学段；Level 4 对应高中学段；Level 5 对应大学英语四级；阅读理解能力弱项由阅读理解能力自评问卷数据确定。见表 4-28。

4.3.2 学习目标的建立

在考查学生阅读理解能力自评准确性方面，我们以受试班级大学英语等级考试阅读成绩作为参照，对学生英语阅读成绩和阅读理解能力自评成绩进行了相关性分析，r= 488，p < 0.05（p= 013）；结果说明整体而言高职学生可以使用阅读理解能力分量表对自己的英语阅读理解能力进行有效的自评。那么学生自主学习干预第一步骤学习目标的建立需以阅读理解能力自评数据为依据。参与自主学习干预的 14 名学生都持有自身具体的阅读诊断数据。我们对阅读理解诊断问卷和数据的解读都进行了指导，并根据每人的情况，进行了具体反馈。反馈内容主要体现在阅读文本类型、具体阅读认知弱项、书面阅读策略三方面。为考查学生是否具备根据自身的情况确定学习目标的能力，我们回收了学生所建设的学习档案袋，对学生的学习目标进行了分析。见表4-29。

表 4-29 学生档案袋学习学习目标汇总

序号	学号	现水平	学习目标
1	07	Level 5	目标：先完成四级考试（上次 A 级 成绩：86）.
2	08	Level 4	目标：扩展自身的词汇量。
3	12	Level 4	目标：阶段一：回到高中英语巅峰时期水平。 阶段二：达到英语四级水平。
4	13	Level 4	目标未设立。
5	17	Level 4	目标：加强英语语言知识积累及语言知识运用的训练。
6	26	Level 4	目标：先攻论说性文章。
7	27	Level 4	到大二下学期期间达到 Level5，达到大学英语四级水平。大一期间词汇量达到 8000 单词和 1800 个词组。
8	31	Level 4	目标：能读懂文章要点，理解其中主要事实和重要细节。
9	35	Level 4	加强英语语言知识积累及语言知识运用的训练；重视细读。
10	40	Level 4	目标：1.希望在通篇阅读文章后，可以理解全文大意。 2.在思考题目时，可以更加准确地判断正确答案。
11	42	Level 4	提高对说明性文本的理解和掌握，在做题时可以快速识别出主题句。
12	43	Level 4	目标：提高阅读过程识别与提取信息的能力。 策略：关注阅读理解主旨大意，能识别、推断出反映作者观点与态度的信息。

参与自主学习干预研究的 12 名同学中，有 8 名同学可以根据阅读理解能力自评问卷的阅读自评弱项制定学习目标且学习目标设置明确，4 名同学所做的学习目标与阅读学习诊断弱项无关，其中 1 名同学设置的学习目标不明确，

2 名同学以大学英语四级考试通过为学习目标，1 名同学以提高词汇量为学习目标。教师是大学生进行自主学习的外在影响因素之一，（崔小清，2019：33）教师要培养学生在外语学习过程中承担自主学习的责任，帮助学生建立学习目标。对四名同学我们逐一进行了交流，与其分析探讨阅读学习的弱项，帮助重新调整学习目标。其中 3 名同学以阅读理解诊断弱项为依据重新设定学习目标，1 名同学仍以四级考试为最终学习目标。可见等级考试的导向对英语学习行为的影响比较深远，后续教学仍需考虑如何以 CSE 量表为参照标准，加强对英语教学的指导与应用。

4.3.3　学习内容的建设与选择

档案袋不是学生阅读成果的简单集合，而是有所选择性的集合，是体现学生自主学习轨迹的核心证据。内容的选择需遵循选择原则和标准，王瑞（2016：65）对内容的选择原则和标准进行了如下总结：

第一，档案袋的收集原则。

1. 应收集与教学目标保持一致的信息。（Valencia，1990）

2. 避免收集与教学目标关联度不高的信息。（John，1990）

3. 有意识收集助于发展学生语言能力的信息。（Farr & Tone，1993）

第二，档案袋需包括目录、师生交流记录、学习反思记录、"能做"行为清单、学习日志、阅读日志、学习调查表、访谈等 23 项条目。

第三，档案袋的核心内容。

1. 目录、阅读或写作日志、师生交流记录。（Farr & Tone，1993）

2. 创作文本初稿、教师观察记录、阅读材料清单、阅读日志、体现阅读策略的作品、体现阅读行为的清单、学生自评。（John & Van Leisburg，1992）

上述有关档案袋的内容收集原则和标准给我们提供了很好的借鉴。在有关档案建设遵循的原则中，虽然学者所做表述不同，但本质是一样的，即档案袋的内容收集需与课程教学目标保持一致，并有助于提高学生语言能力的发展。档案袋应以核心阅读内容为主，不能因任务的繁多而失去建档最初的目标动机。

我们以课程教学目标为指导，基于学习者个体的阅读理解水平和认知特点，12 名同学在自主学习干预中建立了学习者分目标。学习分目标体现"能做"描述语对阅读行为进行目标设定。在阅读理解能力弱项上，在档案袋中以阅读文本类型、阅读认知描述语、阅读策略进行了内容支架架构。档案袋内容的选择包括能体现文本类型的阅读样本、资料来源、体现阅读过程的词语总结。有余力的同学可以添加阅读笔记、草稿及反馈在内的一两件体现阅读过程的作品。因为教师的课堂教学干预已经涉及书面表达能力的训练，因此在自主学习干预活动中对写作没有做强制性的要求。

以参与自主学习干预活动的 40 号学生为例，其阅读理解能力自评结果显示描述性文本与叙述性文本为其阅读强项，说明性文本为其阅读弱项，阅读描述语任务"15 在读简单的数据表格类材料时，能理解数据所传递的信息。如升高、下降幅度，总体趋势。16 在读日常生活中常见的公告、招贴、广告时，能理解其大意。17 在读日常生活中常见的公告、招贴、广告时，能理解其大意"为其阅读弱项。基于此，40 号学生档案袋在计划实施一栏目"阅读文本类型"与"资料来源"的建设内容为收集并加大说明性文本资料阅读，资源收集将从关注公众号、CNN 网站等途径收集有关说明性文本资料，如科普类、仪器操作说明。

4.3.4　学习方法的选择

科学而有效的学习策略和方法是学习者建设档案袋，开展自主学习干预的基础和保障，能有效节省学生的时间与精力。旨在提高阅读理解能力的自主学习中，学生根据自身的阅读弱项，在分析自身阅读学情的基础上，设定了学习目标与学习内容。而选择自己感兴趣的学习方法则是影响自主学习成效的又一关键因素。

学习策略就是提高认知能力的学习意识。英语学习策略包含认知策略、元认知策略和学科基础知识。在自主学习中，学生需在理解学习策略的基础上具备相应的策略选择与判断能力。（王雅琴、徐未芳、杨巧章，2019：20-21）具体来讲，元认知策略的应用表现在以下几个方面：在英语学习中，理解知识是需要一些手段的，非语言信息就是一种手段；先制订学习目标，然后形成详细的学习计划；发现或者创造英语学习的机会，通过多种途径学习英语；在英语学习中遇到困难时，能够镇定地寻找解决的途径和帮助；经常和同学就英语学习进行交流，借鉴彼此的经验；在评价自己的学习效果时要保持客观的态度，总结学习方法；教师不仅需让学生掌握大量的认知策略，使得学生明确认知策略使用的条件，激发学生运用策略的动机，还要训练学生对认知策略的实际运用，使他们清楚自己所使用的策略后，主动尝试其他策略，以便选择最佳的策略。中国英语能力等级量表将阅读策略定义为：学习者有意识地利用已有资源通过某种手段达到自己的阅读目的。其中，手段既指不可视的思维活动，也指可视的行为；基于教育目标分类学中有关策略性知识的分类，策略能力由规划方案、执行手段和评估/补救办法构成，其中执行策略包括元认知策略与认知策略。（刘建达，2019：115）在四级阅读理解能力自评中，涉及阅读策略的条目为 14 条描述语，在阅读理解能力自评数据中，班级学生在阅读理解策略上未表现出弱项。而参与自主学习干预的 12 名同学阅读理解策略的表现则不同。我们在自主学习执行之初，对学生进行一对一的交流中对每个人的阅读理解能力进行了分析，其中包括阅读理解策略。学生上交的档案袋，在计划实施的阅读策略一栏中发现，12 名学生中只有 4 名学生的阅读策略是基于阅读分量表的阅读理解策略描述语而制定。8 名同学的学习策略是基于学习经验，如微信设置为英文，创建熟悉的英文环境，每天学习 30 个英文单词、看英文电影等等。见表 4-30。

表 4-30　学习档案袋学习策略汇总

序号	学号	现水平	学习策略
1	07	Level 5	1. 先去微信设置把语言换成英文； 2. 看英文电影时少关注字幕，多关注英文和读音； 3. 学唱英语歌； 4. 去英文网站看实用性材料，如：NASA、可可英语；百词斩（学英语软件，每天记三个单词，从基础性单词开始，周末进行巩固测试）。
2	08	Level 4	多阅读有关英语方面的内容，如：英语歌曲、电影、图书等。
3	12	Level 4	根据目前弱项增加单词、词组、句子的基础积累。
4	13	Level 4	每天背单词。
5	17	Level 4	多阅读描写性材料的文章，学习描写性语言表达，丰富词语运用，判断描写的意图，体会语言风格及语气。
6	26	Level 4	以说明性文本作为目标，每周看 3 篇文章，文章可是英语新闻报道，也可是阅读性材料文章。
7	27	Level 4	首先每天必看 30 个新词，并要求自己记下这些词，当天背下并熟记他们，到了下一天对上一天的单词进行听写，并温故而知新。其次可以尝试看一些英文电影，并顺着他们进行对话。然后手机上进行英语 app 的口语、语法练习（半个小时），在此期间对不认识的单词进行网上搜索，对那些不太理解的句子先进行大致翻译，然后与网上搜的进行对比并进行修改。多看看美英式新闻。
8	31	Level 4	课外有空可以多看英文电影或小文章； 练习一两篇阅读理解。

续表

序号	学号	现水平	学习策略
9	35	Level 4	每天加强训练。
10	40	Level 4	1. 每天有空阅读一两篇英语文章，并理解大意，增加词汇量； 2. 可以学习后隔几天做一篇阅读，增强对题目的分析，增强准确率；
11	42	Level 4	多阅读说明文体的文本，如英文教材、《国家地理》英文版等中的材料。
12	43	Level 4	关注阅读理解主旨大意，能识别、推断出反映作者观点与态度的信息。

从提交的档案袋信息来看，学生在阅读学习策略的知识和计划使用方面能力较差。学生表达出要提高阅读理解能力的目标和学习心态，但对具体的阅读策略与策略使用意识不清，把阅读理解策略定为背单词、学唱英文歌、看电影，如07、12、35号同学的策略选择。还有个别同学能够意识到自身阅读理解能力的弱项，但仍然坚持选择看电影和背单词的方法。虽然我们已经通过阅读理解能力问卷的方式让学生接触到符合四级水平学生的阅读认知策略，但激发学生运用策略的动机和训练学生阅读认知策略的运用还是需要专门、长期的培训与应用，学生阅读策略的能力才会有所提高。参与学习者自主学习干预的12名学生经交流后重新调整了自己的学习策略，但还有1名同学仍坚持采用看电影、听歌曲的学习方法扩充文本输入。

随着时间的发展，档案袋的执行需要学生自觉、主动并结合所设置的目标进行，以档案袋开展学习者自主学习干预离不开阅读内容的收集、学习、反思和调整。得益于信息化手段，传统的档案袋方法已经逐步被电子档案袋取代，利用IT应用的三大潜势（网络化、资源的分配与共享、信息与知识管理的数字化），（王同顺，2004）我们在钉钉上建立了阅读打卡任务，信息自动标记学生的阅读完成情况，它比人工的方式更能识别和监控学生的阅读轨迹。张殿玉（2005）认为自主学习是学习者外部环境和内在动机协调统一的结果。以学习档案袋为载体的自主学习活动时间设置了30天的时间，2名同学坚持到了最后。自主学习干预期间，团队教师在有精力的情况下不断鼓励和引导学生，也不断发送一些资料，以此鼓励学生的学习热情和学习动机。在问及参与自主学习的学习动力时，同学表示很难有这方面的主动性，他们更愿意以轻松的方式看看电影、听听音乐。不利于自主学习的情感因素，如畏难情绪成为自主学习中的主要影响因素。本部分以档案袋为载体的阅读自主学习干预，从档案袋的功能和目的来讲，更符合目标型档案袋的特点是：帮助学生设定阅读目标意识，选择学习内容、制订阅读计划、自我监控的能力。也是基于阅读理解能力问卷诊断进行个性化学习的一种过程，如学习目标的制定、学习内容与策略的收集与选择、学习过程的监控与执行，是学生学习使用量表指导自身学习的学习过程。

阅读过程强调利用已知建构文本意义，掌握语言、句法、结构等知识，并利用推理、判断等思辨技能对篇章进行合理的预测和评判；创作过程强调读者通过运用其阅读中所学的语言知识、文本类型知识、基于阅读经验和各种语言技能，充分调动各种思维技巧，对原文本内容、风格、作者意图、思想感情进行思考和评判的产出过程。档案袋模式是以语言产出能力为导向，通过任务驱动促进学习者学习，提高语言的交际能力。（王瑞，2016：226）阅读与写作活动都可以档案袋为载体，开展自主学习，档案袋用于学生的自主学习，对学习者的阅读过程或写作过程的作品进行有目的性、有选择性的收集和记录，能够展示学习者在这一过程中的付出、进步、成就或不足。档案袋有助于学生在语言输入与输出的过程中提高自我评价与自我反思能力，也是促进学生加强自我深化、增强自信心的有效手段。（王瑞，2016：63）学习环境是学生进行自主学习的外部环境，由学习主体、硬件设施和学习语料组成，是实施自主学习的外在保障；内部环境则由学习者的学习态度、学习行为和学习能力组成。（崔小清，2019：39）体现在以档案袋为载体的自主学习中，外部环境由教师、信息手段的辅助监控、学习目标、内容与策略的选择组成；内容环境由学习文本的收集、学习作品的选择和调整等积极态度和行为能力组成。教师与学生一起搭建的自主学习环境，一方面需要教师发挥及时的引导作用，另一方面需要学生的积极参与和合作。教师需要在学习技术上、学习者学习心理上及时提供帮助，还需要在阅读学习上帮助诊断学习者学习水平、在信息资源上帮助学生选择使用的资源等方面发挥积极的促进作用。更为重要的是学习者要勇于承担自主学习的责任、选择有效的学习策略，做学习管理和学习监控的责任者，将依赖型学习发展为有内在驱动力的自主学习。

第五章

数据收集与结果汇报

在本章中，我们将通过分析大学生同题再写作文本，汇报受试学生思辨能力整体表现。包含两部分内容：第一部分阐述研究所需的数据收集情况、评判标准和评判过程。具体说明评测思辨技能所需的作文设置、评判流程等细节。第二部分首先阐述受试学生思辨技能与思辨倾向整体变化与分项表现。以德尔菲"双维结构"模型为理论基础，以作文评测量具与 CTDI-CV 量具，对学生思辨技能与思辨倾向进行数据分析与讨论。其次阐述学生的语言能力表现情况。具体为受试学生的语言水平分布、语言能力整体变化、阅读理解与书面表达的分项变化展开汇报与分析。

基于中国英语能力等级量表阅读分量表，我们实施了完整、有序的层级性任务教学干预，包括学生阅读理解能力定级评估、阅读理解能力弱项诊断评估、基于诊断评估数据下的阅读教学干预与同题再写作等一系列活动。基于 CSE 量表驱动下的书面理解能力与书面表达能力是有机联结的整体，最终通过书面写作来集中体现和反射。因此本章旨在探究基于中国英语能力等级量表的层级性任务干预对大学生思辨能力的作用，希望为下列问题找到答案。

（1）学习者思辨能力整体表现是否受基于 CSE 阅读分量表的英语层级性任务整体教学的影响？

（2）英语层级性任务整体教学对思辨能力的分项是否产生影响以及影响程度如何？

（3）学习者二语水平是否受英语层级性任务整体教学的影响以及影响程度如何？

5.1 数据收集、评判标准与评判过程

5.1.1 数据收集

首先，研究采用作文文本收集数据，观测学生思辨能力整体与分项表现。课题组共设计并实施了 3 次叙述性文本写作任务、3 次论证性文本写作任务、1 次说明文本写作任务。文献研究发现论证文更能体现思辨要素的观测。（P. A. Facione & N. C. Facione，1996；Stapleton，2001；文秋芳，2012 等）因此，研究采用论证性文本作为思辨能力评测量具（详见第三章节）。同题再写作任务为：社会媒体带来虚假的自信、Facebook 朋友圈发帖内容与频率反映个性、感知与记忆的关系。经过与 7 名授课教师的讨论以及课堂内对于学生阅读活跃度的观测，综合各方意见反馈，选题选定在第一单元主题："虚拟连接"作为同题再写作任务的写作主题，要求学生就"虚拟连接的科学技术只给我们带来虚假的自信"这一话题进行创作，提交批改网智能平台。写作前下发纸质草稿纸，但未明确要求学生对写前环节进行记录，目的是观察在没有教师干预的情况下学生是否具备自我调节的行为与态度。任务后填写反思问卷，了解学生对于整个创造性阅读层级活动的认知态度。特别做出说明的是，一两个小时的主客观题的测试难以反映受试者自我调节方面的能力。（文秋芳，2012：42）因此本书中思辨能力自我调节技能的观察依据两个参数：第一，分析写前立意布局环节与论述文本框架的一致性与调节程度；第二，学生层级任务执行全过程中基于计算机辅助学习平台对学生全部创作文本修稿的监测记录也作为本项子技能的重要参数。（写前与写后环节为自愿环节）见表 5-1。

表 5-1　英语写作步骤

步骤	内容	时间	提交方式
1	写前记录构思（非必要）	5—7 分钟	纸质
2	作文写作	40 分钟	批改网
3	写后填写反思问卷	24 小时	而言学习平台

其次，研究采用加利福尼亚思辨能力情感特质客观测试中文版——CTDI-CV 量具针对受试学生进行思辨能力的客观观测量具，数据回收率 100%。

再次，对学生语言能力进行观测采用的语言能力测试工具为浙江省大学英语等级考试 B 级真题（2018 年真题），包括听力、阅读理解、写作等项目，检测受试学生的阅读理解能力和书面表达能力，是信度比较高的语言能力测量工具，数据回收率 100%。

最后，问卷调查与课堂访谈。为了更细致地了解 CSE 量表对学生在后续阅读与书面产出过程的影响，我们对班级同学进行了课程总结与反思的调查问卷和简单访谈，主要是包括受试对课程的认知态度和看法，个人学习进度、计划安排实施等语言学习经历与反思。

5.1.2　数据评判标准与评判过程

（1）评判标准

目前对思辨能力的评价标准方面，国内外学者们做了很多研究，理查德·保罗与琳达·埃尔德（2006）在所提出的三元结构模型中提出了 10 条思维检测标准。文秋芳（2008）在所提出的层级模型中将三元结构模型的 10 条标准精简为 5 条，即从 5 个维度进行评判，即相关性、清晰性、逻辑性、深刻性、灵活性。相对于 10 条思维检测标准，5 条标准对读写任务中写作过程评分指导性更强。本书评分标准主要基于文秋芳层级模型所提出的 5 条思维检测标准，对思辨技能的表现进行评判考量。文秋芳（2012）所设计的思辨技能主观量具，即作文评测中对分析、推理、评价三项核心技能从 5 条标准维度打分，而每个维度又分成 5 个分数段。打分标准和执行非常细致，却因每个分项技能产生的数据繁多，增加评分难度。

美国学者彼得·范西昂与诺琳·范西昂（1996）"思辨能力整体评价标准"侧重写作的整体评价效果，评分易操作，是测量学生写作中思辨能力表现的有效工具（Blattner & Frazier，2002；陈则航、邹敏等，2018：23）。但该评分无法诊断学生写作中思辨技能的强弱项，难以发现写作中微小的差异。（陈泽航、邹敏等，2013：23）因此，研究基于文秋芳思维检测标准，将整体评价方法用于思辨分项技能的评价中既能发现学生写作中的思辨能力分项表现与特点，也可以优化作文量具评分操作烦琐的问题。此外，我们借鉴理查德·保罗与琳达·埃尔德（2008）将思辨能力分为五级制：即 Highest、higher、medium、 lower、low 五级制更能合理地对思辨能力进行区间划分的方法，增加了中间纬度"Medium"，将"思辨能力整体评价标准"转换为 strong/acceptable/medium/unacceptable/ weak 思辨能力五级制评价标准。

（2）评判过程

课题组按照英语写作步骤发放写作资料，并在规定的时间内提醒学生提交作文。写作过程不能借助任何辅助工具，以确保学生写作的一致性与公平性。截止时间后，课题组在批改平台查看学生作文提交情况，并对没有正确填写学号与班级等信息的学生作文文本进行人工排序与整理。

结合上述研究问题，研究采用量化与质性研究，从多维度探究学生的思辨能力变化情况。除作文评测量具需要人工评分外，思辨能力客观测试量具、语言能力测试均有客观数据产生。

人工评测标准说明如下：评分员对照读写任务思维能力分项技能框架，依照"思辨能力整体评价标准"打分法，按照 1—5 分综合考量论证文本的阐释、分析、推理、评价、自我调节技能，评价学生在写作不同阶段的思维能力变化。综合评价论证文本相关性、精晰性、逻辑性、深刻性与灵活性（文秋芳，2012：114）。

作文评分者为 2 名同课题组的教学人员进行打分。当两者出现分歧时，则由第 3 位评分者进行仲裁。第一轮试评分后评分人员的皮尔逊相关系数总分达到 0.69，基本达到可接受值。主要原因是评分人员共同参与了评分标准的制定和试评分，并且基于同一教学背景，学生层次均为 B 层，学情与教学情况紧密关联。这在很大限度上保障了数据收集、分析以及评分的准确性和可信度，并进入正式评分。

5.2　学习者思辨能力情感特质表现——基于客观测试

本书基于中国英语能力等级量表实施教学干预的研究，依据上述研究问题，逐一报告相关结果。

5.2.1 学习者思辨能力情感特质整体表现

表 5-2 思辨能力独立样本检验（情感特质）

	实验班 1931		对照班 1932		t	Sig.
	均值	标准差	均值	标准差		
前测	243.79	17.60	240.27	19.72	.664	.866
后测	263.25	18.73	248.00	18.73	-2.39	.201

表 5-2 两班的前测独立样本 T 检验显示：实验班（243.79）和对照班（240.27）的平均成绩虽有差距，但标准差差别不大。实验班（243.79 ± 17.60）和对照班（240.27 ± 19.72）学生的思辨情感特质前测成绩没有显著性差异，t（42）=.664，p > 0.05（p=.866）。符合实验条件。但两班学生的思辨情感特质均分介于 210–280，呈现中等思辨能力。见表 5-2。

表 5-2 两班的后测独立样本 T 检验显示：实验班（263.25 ± 18.73）和对照班（248.00 ± 18.73）学生的思辨能力后测成绩未表现出显著性差异，t（42）=−2.39，p > 0.05（p=.201）。实验班学生的思辨情感特质总分均值，由较低批判性思维能力（243.79）发展（263.25），处于思辨能力中等水平。而对照班学生实验初（240.27）发展为（248.00），发展介于批判性思维能力中等水平。我们对实验班级思辨情感特质表现进行配对样本 T 检测，见表 5-3。

表 5-3 实验班 1931 思辨能力成对样本检验（情感特质）

思辨技能总分	前测				后测				成对差分均值	t	Sig.
	最低	最高	均值	标准差	最低	最高	均值	标准差			
实验班 1931	236.96	250.61	243.79	17.60	255.10	269.04	262.07	17.97	-18.28	-3.66	.001
对照班 1932	231.53	249.02	240.27	19.72	238.33	259.58	248.96	23.97	-8.68	-1.19	.245

表 5-3 实验班思辨能力成对样本检验显示：实验班学生思辨能力后测成绩（262.07 ± 17.97）与前测成绩（243.79 ± 17.60）对比发现，学生的思辨情感特质总体水平发生显著性差异，t（42）= −3.66，p < 0.05（p=.001）。对照班学生思辨能力后测成绩（248.96 ± 23.97）与前测成绩（240.27 ± 119.72）对比发现，学生的思辨情感特质总体水平发生显著性差异，t（42）=−1.19，p > 0.05（p=.245）。

5.2.2 学习者思辨能力情感特质分项表现

在对实验班学生与对照班学生发展的思辨气质情感特质总体趋势进行分析之后，下面我们具体说明实验班学生在思辨情感特质方面的变化。如下表 5-4 数据分析结果：

表 5-4 思辨能力成对样本检验（倾向）

	前测				后测				成对差分均值	t	Sig.
	最低	最高	均值	标准差	最低	最高	均值	标准差			
寻找真理	32.13	36.51	34.32	5.66	35.52	39.55	36.14	6.64	-1.82	-1.04	.309
开放思想	32.84	36.29	34.57	4.44	33.56	38.71	36.14	6.63	1.57	1.14	.263
分析能力	35.59	38.91	37.25	4.29	37.77	40.65	39.75	4.70	-2.50	-2.08	.047
系统化能力	34.48	37.02	35.75	3.27	38.39	40.68	39.11	3.86	-3.36	-4.17	.000
自信心	35.84	40.58	38.21	6.11	37.70	43.01	40.35	6.84	-2.14	-1.17	.254
求知欲	33.54	36.88	35.21	4.30	37.99	40.94	39.46	3.81	-4.25	-4.19	.000
认知成熟度	33.54	36.88	29.32	4.37	32.89	35.97	34.43	3.98	-5.11	-7.27	.000

表中实验班学生思辨能力情况特质分项技能成对样本检验显示：实验班学生寻找真理维度后测成绩（36.14±6.64）与前测成绩（34.32±5.66）对比发现，学生的寻找真理未发生显著性差异，t（42）=-1.04，p < 0.05（p=.309）。实验班学生开放思想后测成绩（36.14±4.44）与前测成绩（36.14±6.63）对比发现，学生的开放思想未发生显著性差异，t（42）=-1.14，p > 0.05（p=.263）。实验班学生分析能力后测成绩（39.75±4.70）与前测成绩（37.25±4.29）对比发现，学生的分析能力发生显著性差异，t（42）=-2.08，p < 0.05（p=.047）。实验班学生自信心后测成绩（40.35±6.84）与前测成绩（38.21±6.11）对比发现，学生的自信心未发生显著性差异，t（42）=-1.17，p < 0.05（p=.254）。实验班学生求知欲后测成绩（39.46±3.81）与前测成绩（35.21±4.30）对比发现，学生的求知欲发生显著性差异，t（42）=-5.37，p < 0.05（p=.000）。实验班学生认知成熟度后测成绩（34.43±3.98）与前测成绩（29.32±4.37）对比发现，学生的认知成熟度发生显著性差异，t（42）=-4.19，p < 0.05（p=.000）。

5.3 学习者思辨能力认知技能表现——基于主观测试

5.3.1 学习者思辨能力认知技能整体表现

表 5-5 思辨能力独立样本检验（认知技能）

	实验班 1931		对照班 1932		t	Sig.
	均值	标准差	均值	标准差		
前测	11.50	3.34	11.67	1.80	-.144	.065
后测	15.30	3.84	12.55	2.92	2.61	.040

表 5-5 两班的前测独立样本 T 检验显示：实验班（11.50）和对照班（11.67）的平均成绩虽有差距，但标准差差别不大。实验班（11.50±.34）和对照班（11.67±1.80）学生的思辨认知技能前测成绩没有显著性差异，t（42）=-.144，p＞0.05（p=.065）。符合实验条件。但两班学生的思辨认知技能总分均<15，呈较低思辨能力。见表 5-5。

表 5-5 两班的后测独立样本 T 检验显示：实验班（15.30±3.84）和对照班（12.55±2.92）学生的思辨能力后测成绩表现出显著性差异，t（42）=2.61，p＜0.05（p=.047）。实验班学生的思辨能力认知技能总分均值，由较低思辨能力（11.50）发展（15.30），处于中等水平思辨能力。而对照班学生实验初（11.67）仍处于较低思辨能力水平（12.55）。

下面我们对实验班级思辨认知技能表现进行配对样本 T 检测，参试整体（n=42），见表 5-6。

表 5-6 思辨能力成对样本检验（认知技能）

思辨技能总分	前测				后测				成对差分均值	t	Sig.
	最低	最高	均值	标准差	最低	最高	均值	标准差			
实验班 1931	10.46	12.54	11.50	3.34	14.08	16.50	15.30	3.88	-3.78	-5.06	.001
对照班 1931	10.45	12.90	11.67	1.82	10.58	14.51	12.55	2.92	.864	1.85	.094

表 5-6 实验班思辨能力成对样本检验显示：实验班学生思辨能力后测成绩（15.30±3.88）与前测成绩（11.50±3.34）对比发现，学生的思辨认知技能总

223

体水平发生显著性差异，t（42）=-5.06，p < 0.05（p=.001）。对照班学生思辨认知技能后测成绩（12.55±2.92）与前测成绩（11.67±1.82）对比发现，学生的思辨认知技能总体水平未发生显著性差异，t（42）=-1.85，p > 0.05（p=.094）。

5.3.2 学习者思辨能力认知技能分项表现

在对实验班学生与对照班学生发展的思辨能力总体趋势进行分析之后，下面我们从五个维度来具体说明实验班学生在思辨能力认知技能分项的变化。见表 5-7。

表 5-7 思辨能力认知技能成对样本检验

	前测				后测				成对差分均值	t	Sig.
	最低	最高	均值	标准差	最低	最高	均值	标准差			
阐释技能	2.45	2.92	2.69	.75	3.19	3.76	3.47	.91	-.79	-4.63	.000
分析技能	2.34	2.85	2.60	.83	2.99	3.54	3.26	.89	-.67	-3.59	.001
推理技能	2.24	2.80	2.52	.89	2.92	3.41	3.17	.79	-.64	-4.04	.000
评价技能	1.90	2.43	2.17	.87	2.97	3.55	3.26	.93	-1.10	-5.74	.000
自调技能	1.23	2.01	1.62	1.25	1.67	2.57	2.12	1.45	-.50	-1.82	.077

表 5-7 中实验班学生思辨能力分项技能成对样本检验显示：实验班学生阐释技能后测成绩（3.47±.91）与前测成绩（2.69±.75）对比发现，学生的阐释技能发生显著性差异，t（42）= -4.63，p < 0.05（p=.000）。实验班学生分析技能后测成绩（3.26±.89）与前测成绩（2.60±.83）对比发现，学生的分析技能发生显著性差异，t（42）=-3.59，p < 0.05（p=.001）。实验班学生推理技能后测成绩（3.17±.79）与前测成绩（2.52±.89）对比发现，学生的推理技能发生显著性差异，t（42）=-4.04，p < 0.05（p=.000）。实验班学生评价技能后测成绩（3.26±.93）与前测成绩（2.17±.87）对比发现，学生的评价使技能发生显著性差异，t（42）=-5.74，p < 0.05（p=.000）。实验班学生自我调节技能后测成绩（2.12±1.45）与前测成绩（1.62±1.25）对比发现，学生的自我调节技能未能发生显著性差异，t（42）=-1.82，p > 0.05（p=.77）。

5.4 学习者语言能力表现

研究将学习者的语言水平分为优秀、良好、中等、及格、不及格五个等级，我们对学生实验前后各分数段分布情况进行报告；其次我们针对实验班学生在实验前与实验后的语言能力总体水平、阅读能力、写作能力三个维度进行了配对样本检测，对学习者的前后测成绩进行汇报。

5.4.1 学习者语言水平等级分布

表5-8　学习者语言水平等级分布

分数段（等级）类别	[100-90]（优秀）		[90-80]（良好）		[80-70]（中等）		[70-60]（及格）		[60-0]（不及格）	
	实验前	实验后	实验前	实验后	实验前	实验后	实验前	实验后	实验前	实验后
人数（42）	4	20	8	18	16	5	13	0	1	0
百分比（%）	9.50	47.6	19.04	42.85	38.09	11.90	30.95	0.00	2.38	0.00

表5-8中实验班学生语言水平分布数据显示：[100-90]优秀等级人数实验前为4人，实验后20人；[90-80]良好等级人数实验前为8人，实验后18人；[80-70]中等水平人数实验前16人，实验后5人；[70-60]及格水平人数实验前13人，实验后为0；[60-0]实验前人数1人，实验后0人。见表5-8。

5.4.2 学习者语言能力对比分析

表5-9　语言能力成对样本检验

	前测				后测				成对差分均值	t	Sig.
	最低	最高	均值	标准差	最低	最高	均值	标准差			
语言能力	44.22	92.63	80.04	9.87	69	95	87.58	5.70	-7.49	-4.16	.000
阅读	21.13	23.87	22.50	4.40	29.11	31.42	30.26	3.71	7.76	9.09	.000
写作	7.18	9.52	8.30	3.34	8.87	11.30	10.23	3.79	193	2.57	.014

表5-9中实验班学生语言能力成对样本检验显示：经过32周的学习，实验班学生语言能力后测成绩（87.58±5.70）与前测成绩（80.04±9.87）对比发现，学生的语言能力显著性差异，t（42）=-4.16，p < 0.05（p=.000）。实验班学生

阅读后测成绩（30.26±3.71）与前测成绩（22.50±4.40）对比发现，学生的阅读能力发生显著性差异，t（42）= 9.09，p < 0.05（p=.000）。实验班学生写作后测成绩（10.23±3.79）与前测成绩（8.30±3.34）对比发现，学生的写作水平发生显著性差异，t（42）= 2.57，p < 0.05（p=.014）。见表 5-9。

5.5 整体性教学的干预后效

上一小节我们依次报告了教学干预前后学生思辨能力和二语水平整体表现和分项表现。由于作文文本中观测学生思辨认知技能表现较思辨情感气质而言，相对直观和全面，因此我们以思辨认知技能为主线，阐述并分析研究进程中，受试学生思辨能力与语言学习相互作用的机理与影响因素，并选取高分组与低分组 2 名个案学习者为例，阐释思辨能力、书面阅读与书面表达能力的迁移与反作用影响以及基于同一主题再写活动中，不同学习者在阐释、分析、推理、评价、自我调节技能中所体现出的语言特征与思辨能力的差异性。

5.5.1 学习者语言能力与思辨能力整体变化与分析

（1）阐释技能

表 5-7 是实验班学生创作文本中阐释技能的表现情况。实验班学生阐释技能均分（3.47）在五项认知技能中表现最好，最低分为（3.19）与最高分（3.76）表明实验班学生阐释技能较前测相比，发展幅度较大，介于中等和较高级水平。

阐释技能处于较低水平的作文文本有 5 篇，处于中等水平有 24 篇，较高水平有 5 篇作文，处于最高级有 8 篇。在全部作文文本中，对"朋友圈发布的内容和频率反映了我们的性格"所述观点，依照表达观点有无限定词分为五类："完全同意" 2 篇、"同意" 8 篇、"部分程度上同意或不同意或中立态度" 19 篇、"不同意" 9 篇、其他 4 篇。比例各占：0.05%、19%、45%、21.4%、0.09%。下面列表显示不同学习者在阐释认知技能中所运用的语言表达、词语选择、句式变换等语言特征。

1. 完全同意原文观点：

1. I couldn't agree more.

2. I quite agree with the author.

2. 同意原文观点：

1. Post on our We chat say something about our personality.

2. I agree with the author's point of view that the content and frequency of····.

3. 部分程度上同意或不同意原文观点：

1. I don't totally agree with the content you share and how frequently you

2. I don't think his point of view is comprehensive.

3. I don't think so. The content we shared on We chat is just our daily life. It is just reflect our emotions on something or somebody，but it doesn't mean that it is ourselves.

4. I don't think this can fully represent···

"中立态度"

1.People's opinion are always different once they talk about the relationship between human personality and behavior. Those who think they don't matter. But many people think otherwise that they think human behavior is in influenced by human personality. Therefore，I think people's behavior and personality are related.

2.Currently，we all use the we chat to chat. And we all recognize the moments can record our life marks. In this way ，we are likely to appreciate your personality from the pictures and words.

3.I think his comment is very relevant. Because···

4.When I read the article, I have another standpoint. What people learn from the internet is what they they want to show people.

4. 不同意：

1.I don't agree with the idea that···

2.I don't think you can see a person's personality from what they post···

5. 其他如"模糊含混"、与主题无关

1.I think the people who post frequently on we chat are cheerful people.

2.We chat is becoming increasingly popular···

　　作为教学人员，我们针对学生阅读材料而发表的个人观点和看法是需要辩证分析和评价的。在论证性文本中，作者的观点有时是隐晦的，因此阅读文本可以不需明确作者的观点。而在我们的同题再写作活动中，有明确说明写作要求，那么学生需将个人观点于文本中明确。因此"含糊不清抑或是与主题无关"，被视为低分析认知表现。需要特别说明的是"部分同意或部分程度上不同意""中立态度"的阐释技能则是属于分析认知技能高水平表现，体现出较好的思辨思维，如上述所列举的第三类情况。表示"完全同意"或"完全不同意"的观点与"部分程度上同意或反对"的观点并没有对错之分。观点间的区别在于，由于加入"totally""fully""probably"等限定词的阐述使用，比较容易帮助作者加强文本的说服力程度和结论范围的合理性。阐释认知技能在思辨能力的分析环节也起着很重要的作用，我们留在分析认知技能维度给出详细阐述。

在阐释认知技能子项中，还涉及对结论的阐释。结论部分是概括和重申个人立场，给出合适的限度，不超出前提可以支持的范围，避免说过头话。（董毓，2010：420）学生在结论阐述的表现主要分为：无结论、结论过于简单，结论紧扣观点三种情况。如结论过于简单的文本语言："all in all, the content and frequency wiith which we share on We chat somehow reflect our personalities"。结论具有高度的文本结论部分："Now, there is a word called doulble standard, which means to have different attitude towards different people. It is possible that he has one attidute towards this thing on the internet, but have another attitude when it happens around him. Therefore, We chat does fully represent a person's personality." 阐释认知技能分项评价是采用整体评价法进行打分，文本结论部分的表现也影响学生在此技能的总体分数。对于学生运用阐释认知技能进行文本结论的表现，我们与学生访谈后进行分析，主要在于三方面原因：一、教师在阅读文本教学时将主要重点放在对阅读文本主体骨架即论证过程的强调，未强调强化学生在论证结构上的结论部分。二、学生在以往的英语写作或阅读中未形成对结论的表达意识。三、教材阅读文本在论证结论上的不足，产生了硬币效应，为我们提供了绝佳的思辨思考的空间，也带来非良性的学习效应。学生在论证结构方面所存在的问题，需在后续教学中重点反思。

（2）分析技能

表 5-7 是实验班学生创作文本中分析认知技能的表现情况。实验班学生分析技能均分 3.26 在五项认知技能中表现上佳，最低分为 2.99 与最高分 3.54 表

明实验班学生分析认知技能较前测发展幅度呈现显著性差异，分析认知技能介于中等和较高级水平。

正文部分是写作者详细展开写作论证的部分，需要对论点、理由和推理逐个进行论述。（董毓，2010：20）阐释观点后，需要学习者对论题进行分解分析，整合信息，组织并阐述写作分论点。创作活动中的分析认知技能体现在很多维度，由于我们主要是针对论证文本的评价，着重对学生论证要素的提炼和观测。如在阐释认知技能的分析所述，学生基于阅读材料的主题再创作的观点分为五类，其中写作文本中表示"完全同意"与"其他观点"的创作文本中未表现出学生对阅读论题而产生的积极思考力和多角度看问题的分析能力。我们重点探讨创作文本中其他四种观点：即"同意""部分程度上同意或不同意或中立态度""不同意"。通过识别和分析学生的创作文本我们对文本，中的论点和论据进行了概括，见表5-10。

表5-10　实验班学生作文论点和论据汇总

"同意"朋友圈发布内容和频率反映个人个性的分论点
1.Everyone's personality is different，and different personality determines different behavior.
2.Personality affects behavior and personality affects preferences.
3.The shared content should be consented and recognized by him first，it can reflect his values.
4.The inner feelings of the poet could be analyzed from the poem，so the content can be used to map out a person's individual character.
5.The content you post must be something you like，therefore，it must reflect or reveal your personality.
"部分程度上同意或不同意或中立态度"相关分论点
6.Person's personality cannot be fully reflected.
7.The social network is everyone's waistcoat to some extent.
8.It is not necessary that one's personality will be displayed thoroughly through wechat.
9.Some people who are introverted also express their feelings through the moments. A lot put on the mask on their moments too.
10.What people learn from the Internet is what they want to show people.
11.Frequent posting can be a sign of insecurity and a desire to be noticed，so we couldn't come to the conclusion of the reflection of personality.
12.What the people post may be the work need to be shown.it has low connection with his personality.
13.What you say is really the tip of the iceberg，we could peek some features but not all of them.
14.It is too single. In society some young people are reluctant to share their lives. Her habits are different from others.
"不同意"朋友圈发布内容和频率反映个人个性的分论点
1.The internet is virtual. It is not real.
2.Something posted may be used to hide some reality.

续表

> 3.Some soul soother like Evangelist doesn't understand the content himself, how can he motivate others.
>
> 4.Some messages may be intentionally or unintentionally posted by the people, it is not scientific to judge people from the people.

从对学生创作文本论点的归纳来分析，同原阅读文本作者持有同一立场的学生普遍认为性格决定行为，行为是性格的外在表现。持中立态度的学生则认为网络发布的内容和频率主要取决于发布人的工作性质和发布人的发布目的，朋友圈所展示的内容是有选择性的，因此人的性格是不能由朋友圈的发布内容和频率来全面体现的。持反对意见的同学则认为：网络是虚假、虚拟的交流工具，由此人们在网络上的言语与行为也不可信。除模糊不清或跑题的现象外，持有上述四种立场的同学都是基于一定的角度和出发点分析问题，所作出的思考和分析也是建基于一定的理性思维原则和参照体系进行的。看问题的立场和角度就决定了选取的事实和理由，决定解释、推理和结论。（董毓，2010：43）班级中有 45% 的学生对阅读文本的主题持中立态度，而还有 55% 的学生仍是单角度看问题。

持中立态度的文本中，"What people learn from the Internet is what they want to show people""What the people post may be the work need to be shown.it has low connection with his personality"是学生论点表述频率最高的一点。事实上，第 1 点分论点是在阅读教学中评价论点和论据的一致性层级任务工作中，我们所没有提及和讨论的一点。第 2 点内容是我们阅读评价层级的教学中，在讨论区由学生协同讨论而列举过"微商"的案例。在创作活动中，学生基于这条案例将个人观点概括为"工作性质决定发布内容和发布频率，与个人个性是低相关"，这也是学生基于个体经验而做出的概括和分析。但同样的课堂环境，余下 55% 的同学为何没有在同期内产生思维上的学习协同，这是一个发人深思的问题。因为在阅读文本的层级任务教学中，我们已经对原阅读文本的论证进行了评价，为何还会出现这个问题？虽然较前测相比，持"中立态度"的同学人数已经有所增加，但增幅未达到预期。通过与学生访谈我们了解到，部分学生确实认为作者的观点在某种程度上是合理的，朋友圈发布的内容和频率确实反映了某些人的性格特点，但是个人在做出书面表述时言语未能与思维匹配，因此对写作文本进行了简化。不排除这方面的原因，但是我们需要对此作出更多角度的原因剖析。另外还有一个有意思的现象，持"其他观点"的 4 位同学（语言水平班级排位略低），对原阅读材料更多的是进行概括和模仿，较其他同学而言发生了更多的学习协同，思辨表现不足。

一般而言，单个论点或信息要点需从一个段落的方式呈现。（董毓，2010：20）在学生创作文本中，我们能够明显地看到前测中作文论证以整段形式出现的学生人数占比降低，后测中 42 名同学中只有 6 位同学的作文文本未依照论证图式结构进行。

（3）推理技能

表 5-7 是实验班学生创作文本中推理认知技能的表现情况：实验班学生推理技能均分 3.17 较前测均分 2.52 由较低等级发展为中等水平。最低分 2.92 与最高分 3.41 表明实验班学生推理认知技能较前测最低分 2.24 与最高分 2.80 相比，发展表现尚佳，属于稍高于中等水平。推理认知技能处于较低水平的作文文本有 9 篇，处于中等水平 16 篇，较高水平 17 篇。在阐释和分析认知技能部分，我们对"朋友圈发布的内容和频率反映了我们的性格"所述观点进行了分类，我们发现学生在阐释技能环节处于最高级水平的 8 篇作文文本，未在推理环节表现为最高级水平。推理，是决定论证好坏的一大关键因素，即使文本中所述观点是真实、合理的，而不合适的推理还是会导致错误的结论。（董毓，2010：61）与阐释和分析认知技能类比，推理认知技能处于中级与较高水平的作文接近 78.6%，表明超半数学生在阐释观点后能够基于阅读材料提供证据对论点进行支撑。

在理解论述性文本教学干预中，我们以网评全球最美 72 个单词为前导研究，并在后续的教学中，尤其以论证性文本教学为重点。在形式逻辑中，一个"完满论证"，需满足两个基本条件：①前提为真，或至少可以接受；②推理有效。（董毓，2010：189）

以 42 号作文为例，学生在创作文本中是在一定程度上同意原阅读文本的观点，创作文本分论点一："On one hand, personality affects behavior, on the other hand, personality affects preferences." 分论点分别以 "silent people, active people" 两种人群的个性特征与行为表现进行论证，理由可接受且与论题相关，但不满足充足性的论证原则。第二分论点："On one hand, personality affects behavior, on the other hand, personality affects preferences." 分别以 "sentimental people, cheerful and optimistic people" 两类人群的个性特征与行为表现进行支撑。42 号学生在创作文本中对观点阐释相对严谨，由于使用限定词 "一定程度上"，客观上确保创作文本逻辑论证的第一个前提的可接受性。第二个前提是需满足文本的推理有效。推理有效主要是讨论理由的复杂性和判断标准。讨论理由的品质，主要依据 "可接受—相关—充足" 三元标准审查论证理由。以批判性思维专家们的标准，判断一个理由是否符合三元标准是非常严苛和复杂的审查过程。我们关心的是在三元标准的参照下，如何引领学生避免站在单立场，避免被虚假的理由牵着鼻子走。依据读写思辨能力框架，在保障前提为真的前提下，从多角度考虑问题。换言之，在最大限度上保障理由的充足性创作文本需要学会运用图尔敏模型的关键要素——反驳。同样以 42 号创作文本为例，以 "三元标准" 进行审查，作文在前两个标准是可接受且相关的，但在充足性方面稍欠缺。对性格 "personality" 的划分出现标准与概念界定不统一、理由不充足的问题，导致创作文本中合理的论点未产生出更为合理的推理过程。

对于中级和较高级水平的推理能力，最大区别在于作者是否能够站在多角度思考问题，并提供多种类型的理由支撑论据。我们将学生在创作文本中对原阅读文本论点进行反驳的阐释理由进行归类，见表 5-11。

表 5-11　读写文本中所表现的反驳实例

1. Nowadays, there are a lot of "keyboard me" in China, who are carefree to comment on anything, due to the convenience of the Internet. The same goes for "水军", which is not the whole story.   2.Marketing members and We chat business on the internet are frequently sending messages , but ⋯   3. Some use we chat to develop sideline business.   4. I don't think you can see a person's personality from what they post⋯   5. Some double labeled people may behave frequently and express sarcasm freely on moments, have adverse behaviors in reality.

我们主要工作放置在审查文本的论证结构和比较分析 "什么是好理由"。我们在阅读教学第三层级评价与批判思考任务中，班级同学在开放性讨论社区主要提出的反例为："键盘手、网络喷子"。除表格中所选词语外，其他同学还使用 merchants、keyboard man、sprayer。而在学生创作文本中除了上述两种反例作为对论题的反驳外，还出现了 "微商" "yesman" "水军" "双重性格的

人"。用词的差异性与新型反驳案例的出现在一定意义上说明学生能够批判性思考论题而做出思考的结果。

当然，在评价推理关系时，我们审查创作文本的论证理由质量还需对论证推理过程中潜在的"谬误"进行评测。在 38 号作文中，学生在创作文本中认为阅读文本中作者的观点是"不全面的"，因此在创作文本中有这么一条："in my opinion, social network is everyone's waistcoat now, so there are a lot of network fraud"，创作文本以"keyboard"进行说明。在图尔敏模型中，寻找反驳与防范谬误是重要的两个论证要素。学生在创作文本中的推理技能主要表现在阐释理由，寻找反驳点。但当学习者过于急切地想要证明自身观点的时候，往往意识不到自身的逻辑谬误。（孙旻，2017：40）学生的创作文本对分论点概念与意义阐释不清以及论断绝对，在分论点中，将网络当做"每个人"的虚假外衣，并以键盘侠的发布行为和发布内容论述个人观点。很明显这里出现了因果谬误，这也促使我们进行教学反思。在鼓励学生从多方面、多角度搜寻主题材料、建设论证理由时，也需要对自己的文本推理进行解析，挖掘隐含的假设。如隐含的假设即使是大众已经接收的原则和观念，也需将他们深挖出来，发现推理所依存的根源，了解知识和论证的理智基础，有助于理解推理的本质。如果我们可以找到具体证据反驳它，就对论证过程具有"革命性"的效果。（董毓，2010：61）

通过学生在推理认知技能前后测所发生的显著性差异 T=-5.95，P < .05（p=.000），我们非常清晰地看到学生在创造性阅读所发生的推理认知技能方面的变化。超过半数的学生能够学习从反面立场或观点入手，提供证据和理由，质疑阅读文本作者的论点。分析推理的相关性和力度方面所发生的学习协同是对阅读内容的汲取与个人思维的创造性输出协同发生的。（董毓，2010：224）

（4）评价技能

表 5-7 是实验班学生创作文本中评价认知技能的表现情况：实验班学生评价技能均分 3.26 较前测均分 2.17 由较低等级发展为中等水平。最低分为 2.97 与最高分 3.55 表明实验班学生评价认知技能较前测最低分 1.90 与最高分 2.43 相比，发展幅度较大，处于中等与较高水平之间。评价认知技能处于较低水平的创作文本有 10 篇，处于中等水平的有 10 篇，较高水平的有 19 篇作文，最

高水平的有 3 篇。

在分析学生阐释、分析、推理认知技能表现时，我们已经做过说明，依照学生阅读理解自评弱项而进行的层级任务教学干预，对阅读文本论点和论据的一致性做了大量的评价与讨论，并从师生交流中归纳出论证文本具备的图式结构和语言要素。学生在创作文本中所体现出的评价技能主要是对阅读文本论证一致性的评价，主要体现在评价权威、评价论点、评价论证结构。原阅读文本以心理学家的性格分类佐证自身观点的形式，为学生提供批判性思考的空间。那么在学生的作文中，自然就会对权威观点、信息来源等方面进行考证质疑。在学生的创作文本中，思维方面的协同非常明显。思维的认知技能是相互交叉的。由于分析观点、阐释、推理认知技能中我们已经对学生文本所体现的反例进行归纳，那么在分析论点、评价文本论证理由方面我们就不做赘述。对创作文本中学生的评价认知技能进行评价主要分析学生在教学干预前后挑战权威态度而发生的变化。事实上，对来自权威观点的态度方面也是在审查推理有效性环节有过阐述。在这里之所以单独做出分析，是因为我们发现学生虽然在评价认知技能方面表现出显著性差异，但主要是评价认知技能的分项表现提高了思辨评价认知技能的整体表现。

在我们阅读教学中，曾依据"信誉和合理的怀疑""引用的可靠性和完整性"（董毓，2010：216）带领学生对所谓的"权威"信息做出过质疑。学生在阅读课堂对于教师示范性挑战权威观点的做法反应不一。受传统观念的影响，部分同学认为写在教科书中的内容，是经得起推敲的，我们没有理由对此产生怀疑。个别同学已经意识到网络信息鱼龙混杂，可能会出现虚假的信息。班级42 篇创作文本中，只有 2 篇文章发出对权威观点的质疑声音。如下示例：

（In the reading passage，Bernardo Tirado said，there are four personality types. However，what he said does not include everyone.）No.40

（In the reading passage，there are not too much information about Bernardo Tirado. We don't know whether he said is authorative.）No.26

在阐释观点环节，正如我们对学生创作文本归纳出的 5 类观点表明，学生能对阅读文本作者观点发出不同声音，有批判性思考的态度和意识。但就针对"评价权威"提高评价认知技能的教学而言，非常艰辛。体现在两方面：第一，信息搜集过程阻力非常大，对提供完整的引用来增强评价的理据力度造成障碍。正如在阅读教学中教师所做的示范性步骤，我们尝试通过网络搜索引擎搜寻文章的完整出处，尝试在原生态文章中寻找心理学家的完整引言。从标题、出处等方面进行信息搜集，但未得到满意的答案工作。第二，大部分学生包括教师对权威的意识长期形成刻板印象，难以短期改变。阅读中的表现协同于写作中，体现为写作文本对权威进行评价的发声还不明显。

（5）自我调节认知技能

表 5-7 是实验班学生创作中自我调节认知技能未发生显著性差异，t（42）=−1.82，p < 0.05（p=.077）。自我调节认知技能均分 2.12 较前测均分 1.62 相比，由较低等级发展为中等水平。最低分 1.67 与最高分 2.57 表明实验班学生推理认知技能较前测最低分为 1.23 与最高分 2.01 相比，有 0.5 分的发展。虽然增幅不明显，但由于本项技能训练挑战难度大，通过实验学生在自我调节认知技能所取得的小进步可以为后续深入研究提供视角。

自我调节认知技能主要是学习者监控自己的认知活动，特别是将分析与评估技能应用于自身的推论性判断，以质疑、检验、确认或修正自己的推论或结果。（武宏志，周建武，2005：7）很多情况下，无论阅读活动还是写作活动，学生主观意识上具备自我调节的能力，但很多时候读写活动完成后，学生多停留在词语拼写、语法错误等语言细微层面的自我矫正。学生往往没有学会运用量表的相关策略描述语优化自我调节能力。中国英语能力等级量表在读写活动都有设计描述语，教师或学生个体都可以有意识地利用以指导自己的读写活动。在我们的阅读教学干预中，学生在阅读理解能力自我调节的描述语任务中未表现出弱项，因此阅读教学中我们未加入具体的策略训练，而根据思维导图的特性作为指示性文本材料用于阅读教学和写作教学，作为读写思维呈现的表征工具，既锻炼自身分析、归纳等思维能力，也是推动自身进行思维检测的工具。第四层级创造性阅读任务活动中，我们没有特意设计相关训练，主要以思维导图进行写前写作思维的表征工具进行体现，教师基于图尔敏模型对论证导图给予反馈和引导。其次，根据计算机人工智能与教师提供的语言层面与内容层面的修改建议进行文本完善与调节。

层级任务教学干预中学生的自我调节技能主要体现在自我评估和自我修正两方面。检验论点是否准确；检验核心概念的清晰性、一致性；检验论据对论点支持的全面性、一致性；检验语言层面的准确度并进行修正、调控。黄芳（2013）在《大学生批判性思维能力培养方式实践探索中》中发现其实验班所有学生自我反思能力在案例分析中的体现为零。她认为学生具备自我反思能力，且由于体现方式不同存在差异性，但该项能力在书面的作文中较难体现出来。而在我们的实验观察中，我们发现，在教师反馈与机器智能反馈的外在干预下，学生能够体现出一定程度的自我调节能力，尤其以机器反馈所作出的自我调节行为最为显著。

首先，我们阐述在过程性读写任务中，经教师反馈后学生发生自我调节技能的表现特征。黄芳（2013）认为自我调节能力属于隐性能力，不具有显性功能，在教学任务中难以有所体现。在我们的教学实验中，我们则有不同的发现。通过对上述阐释、分析、评价、推理四项技能的数据呈现和分析，我们能够明晰地观察到学生在教学干预前后，在观点阐述、论证理由、提供反驳上所做出的调整和修正。我们也可以将其描述为阅读中对语言、思维、文本结构三方面的意义建构，不同程度地正迁移到写作表达而发生的学习协同。协同包括对原阅读文本的模仿，也蕴含对原文本的创造。以观点阐述与评价理由为例，持"部分程度上同意或不同意原文观点与中立态度"的观点，就是学生在自身文本论证能力上发生自我调节认知技能的发展。除理解论述文本外，说明性文本阅读教学中，基于前三层级阅读理解任务分析后，学生在第四层级任务写作产出中对原说明文本在说明透彻性、例证等方面都进行了补充。

其次，我们阐述在读写任务的过程性活动中，基于人工智能反馈后学生自我调节认知技能的表现特征。基于机器的人工智能评分主要集中在语言层面的纠错，对内容和逻辑结构的把控效果不明显，学生在机器平台的调节和修正表现，很大程度上属于自主的学习行为。我们将学生三次过程性读写作文的表现进行了统计，见表5-12。

表 5-12 实验班学生读写作文修改汇总

		实验班读写作修改频次与百分比							
Has net-based technology only bring us the fake confidence	次数	1	2	3	4	5	8		
	人数	22	9	4	4	2	1		
Some people say: "The content you share and how frequently	次数	1	2	3	4	5	6	11	12
	人数	11	20	1	6	1	1	1	1
Our senses and memories are more connected than we think	次数	1	3	5	8	19			
	人数	20	18	2	1	1			

从表 5-12 可以看到学生在第一次同题再写作活动中修改频率分布为 1、2、3、4、5、8 次；在第二次同题再写作活动中修改频率分布为 1、2、3、4、5、6、11、12 次；第三次同题再写作活动中修改频率分布为 1、3、5、8、19 次。我们基于批改网的数据观察发现学生的文本补救行为在三次活动表现中显示发生 1 次修改的人数分布为 22 人、11 人、20 人；显示发生 2—3 次修改的人数分布为 9 人、20 人、18 人；显示发生 4—19 次修改的人数分布为 7 人、10 人、3 人。班级最高修改频率由最高 8 次发展为 19 次，少数学生对自己学习活动的监控、检测和完善意识超出同类学习者。根据学生提交的 3 项写作任务修改轨迹观察，基于 CSE 量表的层级性任务教学干预中学生是具有一定的自我反思和调节能力的，只是因学生对不同的文本话题发生的反思意识和行为表现不同。虽然学生在不同话题下的自我调节行为未表现出显著性差异，但从发生自我调节的频率和人数不难发现，学生的元思辨认知在逐步发展。可以肯定的是基于 CSE 量表的读写教学干预蕴含学习拉平效应，书面理解与书面表达相互作用的机理可以促进学生发生自我调节的行为。这种有意思的发现至少为教学中发展学生的自我调节能力提供了一个有益的视角和尝试。

5.5.2 个案学习者语言能力与思辨能力变化与分析

我们以实验班高分段 No.40 与低分段 No.03 创作文本为例，具体说明学生在读写任务前后思辨能力表现的差异。No.40 作文前测与后测表现说明学生在论证文本上所体现的思维差异性。见表 5-13。

表 5-13　个案学习者作文体现的思辨技能情况

	阐释	分析	推理	评价	自我调节	总分
No.03 post	2	2	2	2	1	9
No.40 post	4	4	4	3.5	4	19.5
No.03 pre	2	1.5	2	2	1	8.5
No.40 pre	3	3	3	3	1	13

（1）阐释认知技能

阐释认知技能与解释认知技能在解释阐明事物意义与关联方面存有很多交叉点，不易区分，因此本书中我们将两项子技能合并归为阐释技能。通常意义上，阐释与其他认知技能紧密度比较高。在创作文本中，阐释认知技能主要指能够清晰地明确主题、表达论点，论述清晰、透彻，能够对信息进行合理的归类并进行阐释。从阐释认知技能能力看，No.03 处于较低水平，No.40 处于较高水平。

两篇创作文本的作者都清晰地表明了个人观点，3 号作文作者对原阅读文本持赞同态度，40 号作文对原阅读文本持反对态度。创作文本结构组织来看，3 号作文是整段呈现，未进行逻辑层次划分。40 号作文以段落划分逻辑关系，在文章主体部分使用"first of all、secondly、therefore"等连词进行逻辑连接。从阐释内容来看，3 号作文提出分论点，使用内向型与外向型人格的习惯性外在表现进行论述，但是论述深度不够，全面性欠缺。此外，3 号作文文本没有结论阐释，因此 3 号创作文本中的阐释技能处于较低等级。40 号创作文本在观点阐述上非常得体，使用"in a sense，incomplete，fully"等程度副词对观点和结论起到限定作用，加强了观点表述的合理性。在阐述分论点时，分别从"内容未必能全面地反映个性"与"发布频率也许是个人的虚假行为"两个层次进行论述，且从不同实例进行深度阐释，加深说服力。40 号学生能够使用有序的逻辑连词对论点与分论点进行逐步阐释。

（2）分析认知技能

从分析认知技能看，No.03 处于较低水平，No.40 处于较高水平。分析认知技能是思维能力中最为重要的部分，它起着从阐释到评价推理过渡的作用。（黄芳，2013：100）创作文本中分析认知技能主要是在对阅读材料进行整合和分析的基础上，对文本论题能够进行分解，并从不同角度进行比较、思考。在阅读教学中我们已经带领学生对阅读文本进行了三层级的任务分析，尤其是评价文本的论点和论据的一致性是我们的重点。原阅读文本作者的观点为："The content you share and how frequently you post say something about your personality."

3 号创作文本中学生同意原阅读文本作者的观点："I agree with him"，从"because everyone's personality is different，and different personality determines different behavior"进行话题分解。

40 号创作文本中学生则持反对态度："I don't agree with that in a sense"，从"some people"所反映出的共性行为特征过渡到"other people"典型性人群反映出的个性行为特征。两篇创作文本对阅读材料的整合程度抑或是学习协同效应不同。03 号作文将原阅读文本中"informers and voyeurs"归为"内向型人群"，将"me mees and evangelist"归为"外向型人群"，并将内外两种人群的内在性格特征与外在行为特点进行匹配，以此作为创作写作论点。40 号作文则发生较多的语言协同与内容协同。学生将原阅读材料整合并对论题从正面说明，提出了自己的见解，认为原阅读材料作者的观点是不全面的。较 03 作文而言，40 号作文通过特例人群指出原阅读文本论断的不合理之处，如下所示：

First of all，as for the content of sharing on Moments，it cannot be fully reflected personality. Those who share updates on We Chat may be just what he wants you to see.

Secondly，the frequency of sharing on We Chat could be that person's fake behavior.

03 号与 40 号创作文本在分析认知技能上的差异主要体现在对阅读文本材料的信息整合能力与对论题进行分解的分析能力上。

（3）推理认知技能

创作文本中的推理认知技能主要体现在考虑相关信息，并从数据、陈述、原则、证据、判断、信念、意见、概念、描述、问题或其他表征形式上进行辨识和把握，得出合理结论所需的因素。（武宏志，周建武，2005：5）。上述对推理概念的描述提供了很多表征形式，提供了提高学生推理能力的事实基础。

从推理认知技能看，03 号作文处于较低水平，40 号作文处于较高水平。

两篇创作文本的主要区别在于作者对阅读教学中"好理由"的标准理解和运用上的差异。"可接受—相关—充足"三元标准是判断并指导我们用于写作表述证据的依据。与个别同学创作文本中有分论点而无论据的情况相比，03 号创作文本中有阐明分论点也有提供论据，如 No.03 中"for example，but are normal phenomenon"，对 03 号学生来讲，阅读文本中的四种人物性格正好可以归为外向性格与内向性格人群，而从两类人群的性格特点与外部表现的一致性说明对原文本作者的观点持同意的态度。从理由的三元标准来判断 03 号创作文本基本满足了理由的可接受性与相关性，但未满足充足性的标准。

40 号创作文本在满足前两个标准的基础上，较好地满足了理由的充足性标准，提供了充足的证据，阐述理由，加强推论关系的逻辑力量。在首段中阐述"微信使用高频用户热爱生活喜欢分享"对原阅读文本作者的观点表示赞同，如下例：

Indeed，Some people publish their life from morning to night，from leaving home to returning home on social software with high frequency and rich content. This type of people tend to love social contact，record life，be enthusiastic about life and have a sense of ceremony. They are willing and happy to introduce themselves to the outside world and share their life.

40 号创作文本的作者在推理认知技能比较突出的表现在于，首先，学生可以基于原阅读文本的观点，从客观数据、事实陈述、原则等表征形式中搜寻某些缺失的理据信息。其次，学生可以从反例观点，形成多样化看待论题的立场。如从个人行为的动态变化和键盘侠两种反例，说明朋友圈的发布内容和频率也存在虚假行为的可能性，进而更加合理地证实并支撑自己的观点。对原阅读文本论点的反驳能提高自己立场的合理性，也是我们在阅读教学中反复强调和补充的重点。在同题再写作任务中，显然从语言使用、论证结构、理由质量等方面 40 号同学比 03 号同学有较好的思辨能力表现。这也是阅读理解教学需要与书面表达紧密结合实施的有利证据。

（4）评价认知技能

创作文本中的评价主要体现在评价阅读文本中作者的观点主张、评价论证，而在自身写作中对经验、信念等表征所形成的信息进行重构，增强写作论证的可信度。从评价认知技能而言，03 号作文处于较低水平，40 号作文处于中等水平。

03 号创作文本评价认知技能整体表现不理想。第一，未提出反驳性意见。学生在作文中对原阅读文本的观点表示赞同，表明作者基于阅读未能发生思辨性的创作行为。依据图尔敏模型对原阅读文本进行分析，阅读文本的论点断论、论证过程、反例、结论等论证语步存在诸多不合理性，在阅读教学中我们已经对论证要点进行过示范和讲解。思辨性思考可以体现在学生对文本观点持有相同意见，但对于已然被评估为原阅读文本论证的缺陷，即理由的不充足性方面，学生需在自己的创作中对论证理由加以完善和重构；第二，没有对专家权威性观点表达意见，个人观点言辞缺乏理性。

40 号创作文本评价认知技能呈现中等表现，相对于其他认知技能而言，评价认知技能发展不明显。在创作文本中，学生有提到权威观点，并对心理学家所说进行反驳，认为其论断未必能包括所有人，如文中所提到："In the reading passage，Bernardo Tirado said，there are four personality types. However，what he said does not include everyone." 但在分论点论述部分没有进一步使用实例反驳心理学家的论断。其次，在阅读教学中，评价论点和论据的一致性，从信息来源的审查、来源的公正性、引证的可靠性和完整性几个关键点进行示范与讲解，但是在学生创作活动中没有发现相对应的表现和应用。不足之处在于，作者未能清晰、有序地对理由进行审查并展开论证。与 03 号创作文本比较而言，40 号文本的创造性体现在：作者能够对权威专家提出不同观点，这是传统思维下学生思辨思维表现出的巨大进步。

（5）自我调节认知技能

自我调节认知技能由于在短期内很难有显性提高，因此我们将对自我调节认知技能的观测置于过程中的表现进行考察。03 号学生自我调节显示为较低水平，40 号学生显示为高级水平。03 号作文仅仅在段落组织上进行了简单修改，40 号学生在历次作文提交记录显示，文本自我修正次数达到 10 次。40 号学生在发现问题或错误后表现出比较出色的补救措施和行为实施。我们可以从下图看到学生的自我调节行为记录与自我调节轨迹。从创作文本修改轨迹的过程来看，40 号学生的自我调节表现很好，因此在此项给了其最高级的分数。见图 5-1 与图 5-2。

版本	时间	成绩
1	2020-05-30 14:09:36	74
2	2020-05-30 14:10:53	--
3	2020-05-30 14:10:59	--
4	2020-05-30 14:10:59	--
5	2020-05-30 14:10:59	--
6	2020-05-30 14:11:00	74
7	2020-05-30 14:13:24	74
8	2020-05-30 15:39:35	83.5
9	2020-05-30 15:41:14	83.5
10	2020-05-30 15:54:20	79
11	2020-05-30 15:55:15	83.5

图 5-1　No.40 学习者作文修改记录

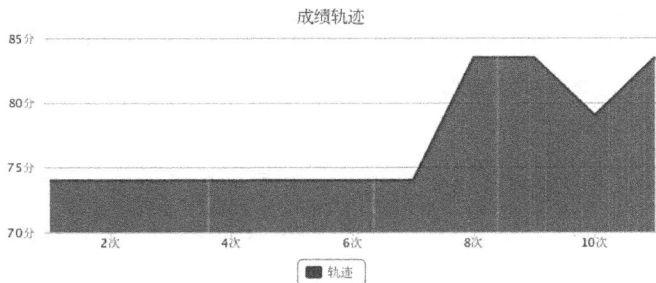

图 5-2　No.40 学习者作文成绩轨迹

No.03 pre

Talk【标题】

I agree with him.[文章观点] Because everyone's personality is different, and different personality determines different behavior[分论点]。For example, informers and voyeurs can be kind of like introvert people, they are less likely to post friends, because they don't like their daily life too much exposure, Me Mees and evangelist and are like kind of extroverts, they are warm, like to talk, also like to communicate with others, they like to share their lives on the Internet, such as the circle of friends, vent their own desire to talk, this is two more special differentiation, but are normal phenomenon.

No.03post

Talk【标题】

I agree with him.[文章观点] Because everyone's personality is different, and different personality determines different behavior[分论点]. For example, informers and voyeurs can be kind of like introvert people, they are less likely to post friends, because they don't like their daily life too much exposure. Me Mees and evangelist and are like kind of extroverts, they are warm, like to talk, also like to communicate with others, they like to share their lives on the Internet, such as the circle of friends, vent their own desire to talk, this is two more special differentiation, but are normal phenomenon.

I support the author's point of view, the frequency and content of the message will show your personality.

No.40 pre

What You Share Really Shows Personality?【标题】

I don't agree with that. Strictly speaking, I think this view is incomplete. It does not include everyone. Those who regularly share updates on We Chat may just want to share things with others. As for a person's personality, it cannot be fully reflected. For example, a person with a lively personality may not be dynamic. Maybe it's because I'm lazy, or maybe it's because I don't want to share it with others. Everyone has their own areas of expertise, and the network reflects things are not comprehensive. In my opinion, the social network is everyone's waistcoat now. They use the Internet to hide a lot of facts, so that there are a lot of network fraud. And the frequency of sharing on We Chat could be that person's fake behavior. Nowadays, there are a lot of "keyboard men"in China, who are carefree to comment on something with the convenience of the Internet. A person who is very quiet with people may be very active on the Internet. The same goes for tweets in We Chat, which is not the whole story. They hide things they don't want people to know. Therefore, the dynamic of We Chat does not necessarily represent a person's personality. We have to find the problem from different perspectives.

No.40 post

What You Share Really Shows Personality?【标题】

I don't agree with that in a sense. Strictly speaking, I think this view is incomplete. [文章观点]（In the reading passage, Bernardo Tirado said, there are four personality types. However, what he said does not include everyone.）[评价] Indeed, Some people publish their life from morning to night, from leaving home to returning home on social software with high frequency and rich content. This type of people tend to love social contact, record life, be enthusiastic about life and have a sense of ceremony. They are willing and happy to introduce themselves to the outside world and share their life. [正面理由] [对原文协同] However, for others things are different.

First of all, as for the content of sharing on Moments, it cannot be fully reflected personality.（Those who share updates on We Chat may be just what he wants you to see）[分论点]. For example, a person with a lively personality may not be dynamic. Maybe it's because I'm lazy, or maybe it's because I don't want to share it with others. Everyone has their own areas of expertise, and the network reflects things are not comprehensive. In my opinion，the social network is everyone's waistcoat now. They use the Internet to hide a lot of facts，so that there are a lot of network fraud. [反驳理由]

Secondly，the frequency of sharing on We Chat could be that person's fake behavior [分论点].（Nowadays，there are a lot of "keyboard men"in China，who are carefree to comment on something with the convenience of the Internet. A person who is very quiet with people may be very active on the Internet. The same goes for tweets in We Chat，which is not the whole story. They hide things they don't want people to know.）[反驳理由]

Therefore，the dynamic of We Chat does not necessarily represent a person's personality. It can be only be said that to a certain extent，the content shared by We chat and the frequency of posting show our personality. We have to consider the issue from different perspectives. [结论]

基于阅读进行写作训练似乎更能促进学生去积极思考；同时，阅读材料中蕴含的写作条例与语言特征也更易于在学生的写作中发生正向迁移（徐浩、高彩凤，2007）。上述内容为基于CSE量表的层级性任务教学干预对思辨能力与语言能力影响的实验数据分析和讨论。为避免量化与质性数据报告混淆，采用了以写作主题为主线的分析方式，将学生在创作文本中所发生与体现的思辨能力与语言能力的变化进行了整体汇报和分项汇报。创作文本的分析与前期阅读教学的课堂观察、学生访谈进行了联系。经过32周期的学习与训练，学生的思辨能力在认知技能和情感特质维度有所增强，语言能力也有小幅度的增长，但还不足以全方位体现，留待我们后续研究做进一步的深化与反思。

第六章

C S E

结论和思考

　　思辨能力的重要性在当今社会已经不言而喻。在高等教育、职业教育、基础教育中许多教师和学者已经并且正在积极地贡献自己的智慧。中国英语能力等级量表是以语言运用为导向，蕴含着对思辨能力的鼓励和发展，（刘建达，2019：193）其最终目的是提升国家外语教育水平和学生外语能力（刘建达，2019：3）。量表自 2015 年经过三年的充分论证已经顺利完成并于 2018 年 6 月在全国正式实施。CSE 量表已经面世，最大的问题是如何应用于教学实践。服务于学习、教学和评估的 CSE 量表给我们的语言学习带来很多教学方法与学习方法的启示。我们的研究也正是基于 CSE 量表将语言学习与思辨能力培养相结合而做出的一种努力和尝试。研究的首要任务需着力挖掘量表所蕴含的思辨元素，并在教学干预中加以运用与发展。我们首先综述研究中挖掘出的隐性思辨元素：在隐性的学习活动中，学习者取得多个方面思辨认知技能与情感特质的进步，较为一致地体现在进行自我诊断与评估的意识和方法、学习目标的设立与自我调节；课外资源检索与阅读评判；其次，阐述实验研究数据中与思辨能力、语言能力相关的显性表现与外部特征；再次，阐述研究的启示与反思，并对未来研究的展望与期待。

6.1　研究发现

6.1.1　隐性思辨元素

（1）英语能力的自我评估

CSE 量表鼓励教学实施形成性评价，倡导学习者是学习责任的主要承担者。（刘建达，2019：193）学习者的自我评估是学习者承担学习责任的开端，是学习者对自我英语学习的反思和认知，也是开启学习者学习进程中语言与思辨能力协同发展的第一站。有研究表明，CSE 量表对学习者的自我评价有着积极的作用（刘建达，2019：194）。在教学中，我们发现实验班学生有兴趣并有意愿基于 CSE 量表描述语进行自我评估。CEFR 声称可通过描述语支持学习者进行自我评估，提供以学习者为中心的语言学习方法（刘建达，2019：194）。研究发现 CSE 量表的"能做"描述语有较好的信度，但必要的培训非常有必要。（Runnels，2013）由于受试学生首次接触描述语，存有理解难度。学习者作为学习主体，理应成为评估学习的参与者。自我评价作为学习评估的重要组成部分，不仅鼓励学习者积极参与学习评估。（刘建达，2019：194）而且能够发展学生的思辨能力。因此，量表基于描述语调动学生进行学习反思和思考时，也需考虑加强学生运用量表描述语进行自我评估的能力。

（2）英语学习目标的设定

评估自身的英语水平后，学习目标的确立和执行过程对学习者语言能力与思辨能力有积极的促进作用。我们的研究最初是以教师与学生两条主线实施的干预计划。教师根据阅读学习评估与诊断数据，确订合理的教学目标并执行，学生根据自身的阅读学习诊断制订适合自己的学习目标并执行。目标的设定过程对学习者而言，同样蕴含大量的思考和反思。在研究初期，班级 42 名同学中，有 14 名学生自愿参与课外英语拓展练习并制订了学习目标。14 名同学基本对学习目标根据 SMART 原则进行了 2 次修正。学习目标的设定满足 SMART 原则：明确具体（specifice）、可量化（measurable）、能力可及（attainable）、实事求是（realistic）、有时间限制（time-bound）。（刘建达，2019：195）学生在第一轮目标设定中所出现的问题：宏观不具体、目标跨度大，如直接设定四级考试目标、目标无时间限制。教师干预下，14 名同学针对目标设定原则对原目标进行分析、比较，进行了自我修正。在课程结束之际，有 2 名同学为教师手把手帮助其进行学习目标制订而感动。目标的制订需要学习者能够积极能动，被动、不情愿的学习不会有效地激发其思辨意识。

（3）资源检索与阅读评判

学习目标的执行过程主要依靠学习者的自主学习、自主监控和自主调节。

资源的检索与阅读是学习目标执行过程中比较重要的环节。资源检索与阅读评判主要是指学生课外拓展练习中查询与收集与自身阅读弱项相关的信息资料并进行阅读和思考，课内教学材料相关的资源检索未包括在内。学习诊断不仅对班级整体薄弱文本有明确可依的分析和指导，对学习者个体薄弱文本有具体的描述语指向。如班级内张同学经过诊断发现自身擅长的阅读文本为描写性材料，其次为叙述性文本材料，文本表现比较薄弱的为说明性材料，尤其以科普知识类说明文较弱。信息搜索与收集就需要学生有意识地探查并补充说明性材料，并进行阅读与思考。任务执行的过程中学习者容易出现不能持续性补充薄弱文本资料的情况。薄弱文本的资料从一定角度上来讲，是学习者阅读理解的障碍点。思辨情感特质维度中的开放性思想表现为心灵开放的人们容忍分歧的意见，并对自己可能的偏见很敏感。学习者理应理性对待自己学习的薄弱文本材料，并敢于挑战、尝试坚持和钻研，这是思辨者不可或缺的思维态度。

6.1.2 显性思辨元素与语言特征

通过对实验班学生的思辨能力、英语阅读能力与写作能力的教学干预下的调查，我们对测量数据所表现的显性思辨特征和语言特征进行总结：

（1）思辨能力客观测试结果显示，学习者整体思辨技能水平与控制班级相比出现显著性变化，其中最明显的发展体现在阐释认知技能、分析认知技能、推理认知技能、评价认知技能。但自我调节认知技能变化不大；在思辨情感特质维度整体水平与控制班级相比未出现显著性变化，但在实验班前后测的配对样本检测中，实验班学生在分析能力、系统化能力、求知欲和认知成熟度维度的发展方面发生了显著性的变化。在第五章节中我们详细论证了学生在上述思辨分项的变化与阅读教学活动的相关性，同时也论证了学生在自我调节技能方面未取得显著性变化的原因与影响因素。

（2）语言能力客观测试结果显示，学习者整体语言水平与控制班级相比出现显著性变化，其中在阅读和写作技能上发展比较显著。基于 CSE 量表的层级性任务将读写活动结合的教学模式可以增强学生的阅读能力，这一发现与"读写结合能够有效地促进低年级学生阅读能力的提高，（刘伟、高海云，2006：18；王初明，2012）结论一致。但是，我们的实验发现与"读写结合的教学模式并不能更大效率地提高英语专业低年级学生的阅读能力"（徐浩、高彩凤，2007：186）的结论有所不同。为此，我们特意比对了其实验处理方法，其方法简要介绍如下："在实验班中，泛读课的内容与对照班基本相同；但写作课上作为例证来分析、讨论的材料尽可能多地使用泛读课教材中的内容或课堂上使用的其他材料，写作作业的话题与内容基本上与泛读课上读过或要求课下完成的阅读内容相关。实验处理的本质就是将写作的教学大纲融入泛读的教学大纲中——先讲读的方法，紧接着就练习对应的写作技能——使二者有机地结合在一起。"（徐浩、高彩凤，2007：185）究其主要原因，在于其实验课中泛读课与写作课的课堂内容无密切的直接联系。紧跟阅读之后续写，协同效应马上显现，这正是外语教学所追求的学习效应。（王初明，2012：5）另外，基于CSE量表的层级性任务不仅强调将阅读的教学融入写作表达的材料与过程中，也同时强调创写是对阅读材料的批判性写作，是对原阅读材料作出思考和批判鉴赏的基础上进行完善和创新，写作的知识与能力反过来应用并迁移到后续阅读的能力去。这一点是值得在今后的教学探索中重视并加以应用的。基于量表的层级性任务教学可对学生的写作能力产生积极的促进作用。（徐浩、高彩凤：186；刘伟、高海云，2006：18；王初明，2012）

6.2 教学启示与反思

基于CSE量表的教学干预实证研究给我们带来大量启示与反思。首先，实证结果证明：基于CSE阅读分量表培养大学生思辨能力是值得探索的一种新方向；其次，从中长期的发展来看，假设各学段以中国英语能力等级量表阅读分量表为参考标尺进行英语教学，能最大限度上保障学生思辨能力发展的系统性和可持续性；最后，基于CSE阅读分量表的层级性任务将读写结合的教学干预能够给我们英语教学中协同发展学生的语言和思辨能力提供更好的解决方式。

6.2.1 有助于提高外语教学的整体成效

基于CSE理解书面能力分量表的四层级任务设置的目的不是使学习者纯粹地接受语言信息和学习语言结构，阅读的过程也意味着思考和辨析。（刘富利、王颖、周玉芳，2019：129）识别与提取书面信息的能力、概括与分析书面信息的能力是对阅读低阶思维的要求。"批判与评价书面信息的能力"与创造性阅读的能力，就是对学生阅读过程中的高阶思维而提出的客观要求。本书中基于 CSE 阅读理解能力描述语实施了四个层级的阅读教学干预。阅读后紧跟同题写作，是对原阅读文本理解与组织的重构与再构。写作的过程是加固原阅读文本的结构图式、模仿原阅读文本的语言和文化内涵，形成自己见解与评判的创造过程。在整体的教学研究中，研究数据给我们的教学带来很大的启示与反思。

首先，阅读诊断能够优化教学，先诊后教，较传统教学方式更具针对性。教师应该加强对中国英语能力等级量表的认知，充分发挥其对大学英语教学的指导作用和促进作用。以研究中所使用的阅读理解能力量表为例，阅读理解能力总表 1 项，书面描述、书面叙述、书面说明、书面指示、书面论述、书面互动分量表 6 项，阅读理解策略分量表 1 项，阅读理解能力自我评价量表 1 项。研究中用于阅读诊断的描述语可以使用自我评价分量表，也可以将上述分量表描述语全部包括在内。考虑到专门用于学生自评的量表用于诊断和体现某一水平等级的语言表现过于简洁，研究中用于诊断阅读的描述语未直接采用阅读理解能力自我评价量表。此外，总表描述语概括性极强，一条描述语涵盖多个技能点，容易对受试者的判断造成干扰。为能有效并且不造成阅读认知负荷，我们用于诊断学生阅读理解能力的描述语涵盖 6 项分量表、1 项策略分量表、自我评价分量表。我们基于阅读诊断数据，根据授课对象与授课教材文本选材的特点，在叙述性文本、说明性文本、论述性文本、指示性文本四个文本类型进行了一系列连续性的阅读教学干预。基于上述描述语所形成的阅读诊断质量是可行的。（具体数据参考第三章节）当然大学英语教学可以根据学材特点与学生学情特征，灵活实施学习诊断。我们认为依据量表促学评价的理念和方法处理量表与阅读教学或其他语言技能的关系，并充分利用评价的反馈信息改进教学，是一种有意义的探索，可以为日后教学提供参考。

其次，基于 CSE 量表阅读分量表进行的教学干预应将阅读与写作结合作为整体进行教学。量表以"学习者为中心"，尤其鼓励学习者间的合作学习和思辨性思维。（刘建达，2017，2019；王守仁，2018）实证研究数据证明受试班学生在读写结合的教学干预下，阅读与写作成绩都有了显著性的发展。当然学生成绩的提高除了层级性任务的教学干预，还受诸多因素的影响。但我们可以在一定程度达成一点共识，即基于 CSE 阅读分量表的层级性任务将阅读与写作结合作为整体性进行教学干预，是一种对阅读、写作、思维三者产生积极促进作用的促学形式。"读写结合构念"的提出由来已久，早在 1978 年亨利·威多森（Henry Widdowson）就提出阅读与写作应作为整体进行教学。（张丽，2013：7）在读写相关性中表明：写作能力与阅读能力以及阅读量呈正相关。（张丽，2013：7）在第二语言环境中，语言教师采用读写任务不仅有助于发展学习者二语习得能力，而且有利于发展学生的阅读理解能力和批判能力。读写结合具有自身独特的促学优势。较其他读写结合模式相比，基于 CSE 量表实施的层级性任务更具体、规范、有深度地将读与写融合为一个整体。读写结合模式的特点是阅读文本为学生提供阅读输入。（张新玲，2009：76）基于 CSE 量表的层级性任务将阅读与写作活动结合，前三层级任务中的"读"，不是学生个体对输入信息的加工和分析，而是从信息识别与提取、概括与分析、评价与批判三个层次对阅读理解能力的教学训练。教师对阅读文本的明示教学，既涵盖语字词句短篇的语言特征，也涵盖对主题、结构、内容、风格等方面的思辨性评判，能提高学生对源文阅读的技巧、态度和意识。第四层级性任务创造性阅读后续紧跟写作，能够激发其最佳写作行为，利于学生将阅读中所形成的写作意识、写作技巧与图式结构等知识迁移到写作活动中，优化写作效果。读写结合的过程不仅是分析、推理、概括等思维技能的提升，也极大地刺激和激发学生的思维品质。

再次，教师需考查学生的思辨能力。思辨能力的重要性我们不需多言。简言之，思辨能力能更好地促进学生的学习和终身发展。教师应该充分了解授课对象思辨能力的现状，在思辨性读写结合的活动中才能更有效地提升学生的思辨能力水平。德尔菲项目组、文秋芳（2012）曾对大学生思辨能力现状做过大规模调查，给我们了解大学生思辨能力的现状提供了宝贵的实证数据。但由于年级、专业、时代性、学生特性都是逐渐发展的，因此教师最好能够对自己的学生进行实地调查，才能更好地使英语教学实现精准对接。

最后，教师需提升自身思辨能力的素养。目前，外语专业教师绝大部分都是外语专业毕业生。与学生一样，教学内容对教师的思辨水平没有形成多大的挑战性。长此以往，我们的思辨水平很可能在低水平上徘徊。（文秋芳，

2012：149）虽然不能一概而论，但大学英语教师对自身外语语言技能的关注普遍多于对思辨水平的关注。CSE 量表蕴含大量的思辨元素，鼓励思辨思维。但如果教师自身的思辨水平不高，基于量表的读写教学恐怕也要流于形式。良好的任务设置、问题激发是建立在教师对阅读文本内容精心设置和主动认知的基础之上的。教学科研是提供教学质量、提升思辨能力的重要环节。（文秋芳，2012：149）从事教学的相关教师需加强自身的思辨意识与方法。

6.2.2　有助于形成思辨能力培养的新范式

国内培养学生思辨能力的途径主要是开设专门的思辨思维课程和与学科相结合开展思辨思维培养两种常见的方式。设置专门的课程进行专门的训练，内容包括逻辑学、思辨、科学方法论等。在国内有个别高校开设了类似的课程，如武汉大学、汕头大学、华中科技大学、北京语言大学，其中华中科技大学的董毓老师开展的批思课程较具影响力。设置专门的课程这种方式需要专门的教师从事思辨授课，需要大量经费投入；与学科相结合的方法指通过常规的课堂教学发展学生的批判性思维。（黄芳，2013：38）在英语学科中融入思辨能力的培养已经很为常见，前期研究也取得了不少的研究成果和贡献。（李莉文，2010；孙有中，2011；文秋芳，2011；等等）这些措施和思考为以后的教学指明了方向，但总的来说还是基于"自上而下"的角度，不仅实施周期长，而且在操作中容易出现以偏概全、考虑不周等现象。（阮全友，2012）学生的思辨能力培养仍需更加完善、科学的培养方式。中国英语能力等级量表的宗旨和理念本蕴含对思辨能力的鼓励，本书仅仅抛砖引玉，但这是一个有意义的尝试，后续研究中可以将中国英语能力等级量表与大学生思辨能力的培养结合，在英语学科中做更多大量的研究。基于 CSE 量表培养大学生语言学习的过程，不再是讲授语言本身，而是通过学习学科知识来获得运用目标语言与思辨思维的综合能力。

6.2.3　有助于各学段间形成语言能力与思辨能力协同发展的培养体系

目前中国知网所查阅到的文献中，在学科中培养学生思辨能力的研究周期各不相同，16 周与 32 周相对常见。所存在的共性问题为：在学科中培养学生的思辨能力受授课时长的限制，思辨能力的培养不能形成系统性和持续性。在英语学科中，基于中国英语能力等级量表的研究则使得思辨能力培养的可持续性成为现实可能。中国英语能力等级量表为我国建立了统一的语言能力等级量表，不仅能为某一学段的外语教学提供标准，还能为各阶段的外语教学提供有序衔接的基础。（刘建达，2019：107）量表建设理念和宗旨是鼓励思辨思维的，以本书中所采用的阅读理解能力分量表为例，阅读理解能力分为3个认知层级：识别与提取书面信息的能力、概括与分析书面信息的能力、批判和评价书面信息的能力。量表描述语所使用的认知动词从基础信息的识别与提取、概括与分析，延伸深化到思辨能力的高阶思维要求。从微观层面的阅读教学中，思维认知与语言能力的培养是有序衔接、螺旋递进的深化关系。从宏观维度看，从基础阶段、提高阶段、熟练阶段对阅读理解能力的要求可以依据上述三层思维认知层次展开。并不是说只有大学生才能欣赏议论性文本，小学生或初中生从基础阶段也可以欣赏适合小学生或初中生认知水平的论述性文本。（王淑花，2012：82）量表从语言使用、话题内容、情节和结构的复杂度三点体现不同级别上的语言使用者所理解的文本材料的特征。（王淑花，2012；刘建达，2019：108）量表中所承载的思维认知特点同样因不同语言水平的使用者而有所区分。统一的语言能力等级量表，在语言教学中起到"量同衡"的作用（刘建达，2019：03），基于量表培养学生的思辨能力可以提升我国外语教学的系统性和科学性，提供外语教学的整体成效。（刘建达，2019：03）同理，基于量表在外语学科中开展学生思辨能力培养，有助于提升思辨思维教学的系统性和科学性，提高外语学科中思辨教学的整体成效。

6.3　研究局限与展望

由于受很多条件的限制，本书所做的研究在执行过程中还存在一些不足和局限。一是本书中针对学生的学习干预所投入的精力和时间欠缺。量表蕴含对思辨元素的鼓励和发展，我们所做的研究计划原是按照教师教学干预与学生学习干预两条主线进行，从实验开始教师的教学干预执行顺利，但学生自身的自主学习干预未能执行彻底。自主学习分为完全独立于外界影响的自主学习性前摄自主和教师指导介入下的自主学习行为后摄自主。（刘建达，2019：17）教师在半干预指导学生设定目标，计划时间、制订学习档案袋后，认为后期学生进行阅读自主学习是可行的，但非常遗憾的是自主阅读学习的实施和执行只坚持了 14 天时间，所留遗憾期待后续进行深入研究。二是本次研究所调查的学生人数不够多，虽然已经满足统计学意义的实验条件，但研究结果的代表性还不够广泛，并不能代表其他院校的大学英语学习者，毕竟不同的院校因各种因素的不同，基于量表所做的执行会有所差异，这些都会影响到学生思辨能力的发展。三是因为大学英语授课时间为两个学期，时间有限，研究者不能对我们的研究对象进行逐一访谈和深入了解，也未能进行长期历时跟踪研究。由于研究条件有限，质性研究方法未能对量化研究进行深入的辅助分析。

虽然本书还存在诸多不足，但令人欣慰的是，我们将量表运用于外语教学进行阅读诊断并探查到学生的阅读理解弱项，成功地进行了四轮教学干预研究，对学习者的语言水平有很显著的促进作用，也为大学英语学习过程中协同发展学生思辨能力的研究提供了一个新方向。我们还不能停止研究的步伐，仍然需要基于量表做更多、更深入、更有深度的实践和实证，充分发挥中国英语能力等级量表对大学英语教学的指导作用。

参考文献

Barrett, T.C. Taxonomy of reading comprehension. Reading 360 monograph [M]. Lexington: Ginn & Co, 1972.

Bernhardt, E. B. Progress and procrastination in second language reading [J]. *Annual Review of Applied Linguistics*, 2005.

Bernhardt, E. B. Reading development in a second language: Theoretical, empirical, and classroom perspectives [M].Norwood, NJ: Ablex, 1991.

Blattner, N.H. & Frazier, C.L. Developing a performance-based assessment of students' critical thinking skill [J]. *Assessing Writing*, 2002(1).

Brantmeier, C. Advanced L2 learners and reading placement: Self-assessment, CBT, and subsequent performance [J]. *System*, 2006.

Brantmeier, C., Vanderplank, R., & Strube, M. What about me? Individual self-assessment by skill andlevel of language instruction [J]. *System*, 2012.

Brown, N.A., & Dan, P.D., & Cox, T.L. Assessing the validity of can-do statements in retrospective (then-now)self-assessment [J]. *Foreign Language Annals*, 2014, 47(2).

Butler, Y.G., & Lee, J. The effects of self-assessment among young learners of English [J]. *Language Testing*, 2010, 27(1).

Common European Framework of Reference for Languages: Learning, Teaching, Assessment. Council of Europe. Cambridge, 2001.

Coste D, Cavalli M. Education, Mobility, Otherness: The Mediation Functions of Schools. Language Policy Unit , Council of Europe, 2015.

Cotterall S. Promoting learner autonomy through the curriculum: principles for designing language courses [J]. *ELT Journal*, 2000, 54(2).

Dickinson L. Autonomy and motivation a literature review [J]. *Systems*，1995, 23(2).

Edward M. Glaser. An experiment in the development of critical thinking [M].New York, Bureau of Publications, Teachers College, Columbia University, 1941.

Ennis R. Critical thinking [M]. Upper Saddle River : Prentice-Hall, 1996.

Ennis, R.H. A Concept of Critical Thinking [J]. *Harvard Educational Review*, 1962 (1).

Ennis, R.H. A taxonomy of critical thinking skills and dispositions [M] //Baron J B. Sternberg R J. Teaching thinking skills : theory and practice, New York : Freeman, 1987.

Ennis, R.H. Problems in testing informal logic [C].Critical Thinking, Reasoning Ability, the Second International Symposium on Informal logic. Windsor : University of Windsor, 1983.

Facione P A. Critical Thinking: A statement of Expert Consensus for Purposes of Educational Assessment and Instruction [R/OL].Newark : American Philosophical Association. (Eric Document No.ED315423) , 1990.

Facione P A. Critical Thinking: A statement of Expert Consensus for Purposes of Educational Assessment and Instruction: The Delphi Report [M].California: The California Academic Press, 1990.

Facione, N.C. & Facione, P.A. Externalizing the critical thinking in knowledge development and clinical judgment [J]. *Nursing Outlook*, 1996(3).

Far R, Tone B. Portfolio Assessment Teachers' Guide. Grades K-8 [M]. Orlando, Florida: Harcourt Brace Jovanovich, 1993.

Gough, P. B. One second of reading [A]. In F. Kavanaugh & I. G. Mattingly (eds.), Language by ear and eye: The Relationship between Speech and Reading [C]. Cambridge, MA: MIT Press, 1972.

Hitchcock D. 张亦凡，周文慧译. 批判性思维教育理念 [J]. 北京：高等教育研究出版社，2012.

Hitchcock. Critical thinking. A Guide to evaluating information [M]. Toronto：Methuen, 1983.

Holec H. Autonomy in foreign language teaching (first published 1979, Strasbourg: Council of Europe) [M]. Oxford: Pergamon, 1981.

Jane Willis. A Framework for Task-Based Learning, Addison Wesley Longman Limited, 1996.

John H V. A Case Study of Change in Region 15 Public Schools: Implementing the Use of the Writing Portfolio to Assess Student Progress, K-12 [D].University of Sarasota, 1997.

John J，Van Leisburg P. How Professionals View Portfolio Assessment [J]. *Reading Research and Instruction*, 1992, 32(1).

Just, M. A. & Carpenter, P. A. A theory of reading: From eye fixations to comprehension [J]. *Psychological Review*, 1980.

Just, M. A. & Carpenter, P. A. The Psychology of Reading and Language Comprehension [M]. Boston: Allyn & Bacon, 1987.

Krashen, S. Second Language Acquisition and Second Language Learning [M]. Oxford：Pergamon, 1981.

La Berge, D. & S. J. Samuels. Toward a theory of automatic information processing in reading [J]. *Cognitive Psychology*, 1974.

Little D. Learner Autonomy: Definitions, issues and problems [M].Dublin:Authentik, 1991.

Littlewood W. Defining and developing autonomy in East Asian contexts [J].*Applied linguistic*, 1999.

LORIN W. ANDERSON. 布卢姆教育目标分类学修订版（完整版）：分类学视野下的学与教及其测评 [M]. 北京：外语教学与研究出版社，2018.

North B, Panthier J. Updating the CEFR descriptors: The context. Cambridge English: Research Notes, 2016.

North B. The development of a common framework scale of language proficiency [J]. *The Modern Language Journal*, 2000.

North Docherty C. Validating a set of CEFR illustrative descriptors for mediation. Cambridge English: Research Notes, 2016.

North, B. The CEFR in Practice [M]. Cambridge University Press, 2014.

Paul, R.W. & Elder, L. Critical thinking: Learn the Tools The Best Thinkers Use. Upper Saddle River, NewJersey:Prentice Hall, 2006.

Paul, R.W. Critical thinking: What, why and how? New Directions for CommUnit y Colleges, 1992.

Ross, S. Self-assessment in second language testing: A meta-analysis and analysis of experiential factors [J]. *Language Testing*, 1998.

Runnels J. Student ability, self-assessment and teacher assessment on the CEFR-J's can do statements [J]. *The language Teacher*, 2013.

Stapleton, P. Assessing critical thinking in the writing of Japanese university students: Insights about assumptions and content familiarity [J]. *Written Communication*, 2001.

Stapleton, P. Critical thinking in Japanese L2 writing: Rethinking tired constructs [J]. *ELT Journal*, 2002.

Strong-Krause, D. Exploring the effectiveness of self-assessment strategies in ESL placement [C].In G. Ekbatani & H. Pierson (Eds.), Learner-directed Assessment in ESL. Mahwah, NJ: Lawrence Erlbaum Associates Publishers, 2000.

Summers, M. M., & Cox, T. L., & Mc Murry, B.L., & Dewey, D. P. Investigating the use of the ACTFL can –do statements in a self-assessment for student placement in an Intensive English Program [J]. *System*, 2019.

Tigchelaar, M., Bowles, R. P., Winke, P., & Gass, S. Assessing the validity of ACTFL can-do statements for spoken proficiency: A Rash analysis [J]. *Foreign Language Annals*, 2017.

Valencia S. A portfolio approach to classroom reading assessment: the whys, whats and hows [J]. *The Reading Teacher*, 1990.

Widdowson H.G. Teaching language as communication [M]. Oxford University

Press, 1978.

Wllis, J.A framework for task-based language learning, Addison Wesley Longman Limited, 1996.

Zimmerman B J. Academic studying and the development of personal skill: A self-regulatory perspective [J]. *Educational Psychologist*, 1998.

博赞 . 思维导图 [M]. 卜煜婷，译 . 北京：化学工业出版社，2017.

蔡慧萍，罗毅 . 过程——体裁英语写作教学法的构建与应用 [M]. 杭州：浙江大学出版社，2015.

蔡基刚 .CEFR 对我国外语教学的影响 [J]. 中国大学教学，2012(6).

岑艳琳 . 思维导图在大学英语阅读课程教学中的应用研究 [D]. 上海：华中师范大学，2011.

柴绍明，丁美荣 . 计算机支持的思维导图在大学英语阅读教学中的应用 [J]. 中国教育技术装备，2006(8).

常经营，兰伟彬 . 布鲁姆教育目标分类的新发展 [J]. 南阳师范学院学报，2008(5).

巢宗祺 . 义务教育语文课程标准修订概况（下）[J]. 课程·教材·教法，2012，32(4).

陈则航，邹敏，陈思雨，李晓芳 . 英语写作中的思辨能力表现研究 [M]. 北京：外语教学与研究出版社，2018.

陈则航 . 英语阅读教学与研究 [M]. 北京：外语教学与研究出版社，2017.

崔小清 . 影响大学生英语自主学习的课程因素 [M]. 北京：光明日报出版社，2019.

董毓 . 论批判性思维教育在创新机制改革中的地位 [J]. 工业和信息化教育，2016(6).

董毓 . 批判性思维原理和方法 [M]. 北京：高等教育出版社，2010.

杜威 . 民主主义与教育 [M]. 王承绪，译 . 北京：人民教育出版社，1990.

杜威著，姜文闵，译 . 我们怎样思维·经验与教育 [M]. 北京：人民教育出版社，1991.

方文礼 . 外语任务型教学法纵横谈 [J]. 外语与外语教学，2003(9).

方绪军，杨惠中，朱正才.制定全国统一的语言能力等级量表的原则与方法 [J].
现代外语，2008(4).

傅萍，彭金定.思辨性英语阅读教学提问模式研究与应用 [M].长沙：中南大学
出版社，2019.

傅荣.论欧洲联盟的语言多元化政策 [J].四川外语学院学报，2003(3).

高媛.基于数字化平台的大学英语写作教学与研究 [M].成都：西南财经大学出
版社，2017.

辜向东，林禹宏，刘珂彤.CSE 阅读量表在高中生自我评价中的有效性及影响因
素 [J].福建基础教育研究，2019(7).

谷振诣，刘壮虎.批判性思维教程 [M].北京：北京大学出版社，2006.

顾锡涛，张媛媛.英语阅读理论与策略概览 [M].上海：复旦大学出版社，2019.

郭宝仙.国际视野下我国中小学生外语能力量表的编制 [J].全球教育展望，
2014, 43(11).

韩宝成，常海潮.中外外语能力标准对比研究 [J].中国外语，2011, 8(4).

韩宝成，黄永亮.中国英语能力等级量表的研制——语用能力的界定与描述 [J].
现代外语，2018, 41(1).

韩宝成.国外语言能力量表述评 [J].外语教学与研究，2006(6).

韩宝成.国外语言能力量表述评 [J].外语教学与研究，2006(6).

韩金龙，秦秀白.体裁分析与体裁教学法 [J].外语界，2000(1).

何莲珍，陈大建.中国英语能力等级量表结构探微——听力描述语的横向参数
框架与纵向典型特征 [J].外语界，2017(4).

洪民，詹先君.应用电子档案袋培养英语阅读能力实证研究 [J].长江大学学报
（社科版），2014, 37(6).

洪民，詹先君.应用电子档案袋培养英语阅读能力实证研究 [J].长江大学学报
（社科版），2014.

洪炜，石薇.读后续写任务在汉语二语量词学习中的效应 [J].现代外语，2016,
39(6).

胡健.档案袋在学生自主学习能力培养中的应用 [J].山西师范大学学报（自然
科学版），2014, 28(S2).

黄芳. 大学生批判性思维能力培养方式实践探索 [D]. 上海: 上海外国语大学，2013.

黄光扬. 正确认识和科学使用档案袋评价方法 [J]. 课程·教材·教法，2003.

黄建敏，魏周. 中国英语能力等级量表框架下英语专业学生思辨能力培养研究 [J]. 教育教学论坛，2020(10).

黄远振. 英语阅读教学与思维发展 [M]. 南宁: 广西教育出版社，2019.

黄远振. 英语阅读教学与思维发展 [M]. 南宁: 广西教育出版社，2019.

姜琳，陈锦. 读后续写对英语写作语言准确性、复杂性和流利性发展的影响 [J]. 现代外语，2015.

姜琳，涂孟玮. 读后续写对二语词汇学习的作用研究 [J]. 现代外语，2016，39(6).

金艳，揭薇. 中国英语能力等级量表的"口语量表"制定原则和方法 [J]. 外语界，2017(2).

康霞. 英语写作教学理论与实践教学 [M]. 北京: 北京邮电大学出版社，2017.

李朝辉. 有效合作学习的策略研究 [D]. 长春: 东北师范大学，2003.

李朝辉. 有效合作学习的策略研究 [D]. 长春: 东北师范大学，2003.

李传亮，刘瑜. 思维导图呈现法 [M]. 北京: 文化发展出版社，2019.

李莉文. 英语专业写作评测模式设计: 以批判性思维能力培养为导向 [J]. 外语与外语教学，2011(1).

李为山，高雨婷. 形成性评价视域下的英语阅读能力提升——专业学位研究生英语阅读电子档案袋研究 [J]. 教育教学论坛，2018(42).

李雪平，曾用强. 高中生英语阅读能力的自我评估 [J]. 外语测试与教学，2019(1).

李玉龙，辜向东.《中国英语能力等级量表》研究综述 [J]. 外语与翻译，2019，26(1).

廖秀慧. 基于思维导图的高中英语阅读教学应用研究 [D]. 漳州: 闽南师范大学，2013.

林梦婷. 词块教学在初中英语限时阅读训练中的应用研究 [D]. 福州: 福建师范大学，2017.

林雯.档案袋在我国的研究及应用现状分析 [J].开放教育研究，2005(4).

刘富利，王颖.英语阅读中的批判性思维研究 [M].北京：科学出版社，2019.

刘建达，韩宝成.面向运用的中国英语能力等级量表建设的理论基础 [J].现代外语，2018，41(1).

刘建达，彭川.构建科学的中国英语能力等级量表 [J].外语界，2017(2).

刘建达，彭川.构建科学的中国英语能力等级量表 [J].外语界，2017(2).

刘建达.基于标准的外语评价探索 [J].外语教学与研究，2015(3).

刘建达.我国英语能力等级量表研制的基本思路 [J].中国考试，2015(1).

刘建达.我国英语能力等级量表研制的基本思路 [J].中国考试，2015a，(1).

刘建达.中国英语能力等级量表研究 [M].北京：高等教育出版社，2019.

刘骏，傅荣.欧洲语言共同参考框架：学习、教学、评估 [M].北京：外语教学与研究出版社，2008.

刘梅.大数据时代的英语写作教学与研究 [M].苏州：苏州大学出版社，2018.

刘梅.大数据时代的英语写作与研究 [M].苏州：苏州大学出版社，2018.

刘晓宁.我国思维导图研究综述 [J].四川教育学院学报，2009，25(5).

楼荷英.自我评估朋辈评估与培养自主学习能力之间的关系 [J].外语教学，2005.

罗清旭.批判性思维理论及其测评技术研究 [D].南京：南京师范大学，2002.

罗清旭.批判性思维的结构、培养模式及存在的问题 [J].广西民族学院学报（自然科学版），2001(3).

吕婷婷.任务型教学法任务设计在对外汉语初级口语教学中的运用 [D].北京：北京语言大学，2007.

马武林，陈钰.思维导图辅助高中英语语篇教学理论探讨 [J].现代教育技术，2008(3).

倪锦诚.交互作用阅读模式的认知过程及其有效性研究 [D].上海：上海外国语大学，2013.

庞维国.自主学习——教与学的原理与策略 [M].上海：华东师范大学出版社，2003.

彭金定.大学英语教学中的"学习者自主"问题研究 [J].外语界，2002(3).

戚亚军，唐丽娟 . 语篇生成的认知操作模型假说———二语写作教学的认知心理学视角 [J]. 外语界，2007(5).

秦秀白 . 体裁教学法述评 [J]. 外语教学与研究，2000(1).

任文 . 再论外语专业学生的思辨能力："缺席"还是"在场"？兼论将思辨能力培养纳入外语专业教育过程———以英语演讲课为例 [J]. 中国外语，2013，10(1).

阮全友 . 构建英语专业学生思辨能力培养的理论框架 [J]. 外语界，2012(1).

盛一英 . 以读促写，读写结合———一项英语写作教学实验研究 [J]. 南昌教育学院学报，2005(2).

孙旻 . 中国高校英语演讲学习者思辨能力发展个案研究 [M]. 北京：外语教学与研究出版社，2017.

孙桐，陆路 . 英语多项匹配题对培养大学生逻辑思维能力的价值探析 [J]. 中国考试，2019(11).

田艳 . 智能化英语自主学习 [M]. 北京：外语教学与研究出版社，2018.

王初明，牛瑞英，郑小湘 . 以写促学———一项英语写作教学改革的试验 [J]. 外语教学与研究，2000(3).

王初明 . 从"以写促学"到"以续促学" [J]. 外语教学与研究，2017，49(4).

王初明 . 读后续写何以有效促学 [J]. 外语教学与研究，2015，47(5).

王初明 . 读后续写———提高外语学习效率的一种有效方法 [J]. 外语界，2012(5).

王初明 . 互动协同与外语教学 [J]. 外语教学与研究，2010，42(4).

王初明 . 内容要创造语言要模仿———有效外语教学和学习的基本思路 [J]. 外语界，2014(2).

王初明 . 如何提高读后续写中的互动强度 [J]. 外语界，2018(5).

王初明 . 外语教学三大情结与语言习得有效路径 [J]. 外语教学与研究，2011，43(4).

王初明 . 以"续"促学 [J]. 现代外语，2016，39(6).

王初明 . 运用写长法应当注意什么 [J]. 外语界，2006(5).

王初明 . 运用续作应当注意什么？[J]. 外语与外语教学，2019.

王丽，范劲松 . 国外商务英语能力等级量表研究述评 [J]. 解放军外国语学院学报，2017，40(5).

王敏，王初明. 读后续写的协同效应 [J]. 现代外语，2014，37(4).

王瑞. 大学英语写作教学档案袋评测研究 [M]. 哈尔滨：黑龙江大学出版社，2016.

王守仁. 中国英语能力等级量表在大学英语教学中的应用 [J]. 外语教学，2018，39(4).

王淑花. 中国学生英语理解能力量表的构建及验证研究 [M]. 北京：知识产权出版社，2012.

王巍巍. 中国英语口译能力等级量表构建与应用——以口译教学中的形成性评估为例 [J]. 外语界，2017(6).

王雅琴，徐未芳，杨巧章. 自主学习导向下的大学英语教学法革新路径探索 [M]. 长春：吉林大学出版社，2019.

魏永红. 外语任务型教学研究 [D]. 上海：华东师范大学，2003.

文秋芳，刘润清. 从英语议论文分析大学生抽象思维特点 [J]. 外国语 (上海外国语大学学报)，2006(2).

文秋芳，王建卿，赵彩然，刘艳萍，王海妹. 构建我国外语类大学生思辨能力量具的理论框架 [J]. 外语界，2009(1).

文秋芳，中国外语类大学生思辨能力现状研究 [M]. 北京：外语教学与研究出版社，2012.

文秋芳. 论外语专业研究生高层次思维能力的培养 [J]. 学位与研究生教育，2008(10).

吴介焜，赵雯.《中国英语能力等级量表》语法描述语研究——以写作中的准情态动词为例 [J]. 外语测试与教学，2018(4).

武宏志，周建武. 批判性思维—论证逻辑视角 [M]. 北京：中国人民大学出版社，2010.

武宏志. 批判性思维的苏格拉底模型 [J]. 延安大学学报 (社科版)，2014，36(1).

徐昉. 英语写作教学与研究 [M]. 北京：外语教学与研究出版社，2012.

徐浩，高彩凤. 英语专业低年级读写结合教学模式的实验研究 [J]. 现代外语，2007(2).

徐思煌.浅析形式图式对英语说明文阅读理解的作用 [J].科技信息，2009(35).

许艺，穆雷.中国英语口译能力等级量表的策略能力构建——元认知理论视角 [J].外语界，2017(6).

杨惠中，桂诗春.制定亚洲统一的英语语言能力等级量表 [J].中国外语，2007(2).

杨惠中.中国语言能力等级共同量表研究 [M].上海：上海外语教育出版社，2012.

杨莉芳.融合思辨能力与跨文化交流能力的语言测试任务设计——以"国际人才英语考试"为例 [J].外语界，2018(2).

杨永林，董玉真."以读促写，以写促读"——"体验英语"视角下的教学模式新探 [J].中国外语，2010，7(1).

翟洁.读后续写的理论与实操 [M].沈阳：辽宁大学出版社，2018.

张殿玉.英语学习策略与自主学习 [J].外语教学，2005(1).

张浩，张成军.基于 e-portfolio 的高校师范生教师职业素质训练的整合设计 [J].南京师大学报（自然科学版），2002(S1).

张红霞，王同顺.电子档案袋——外语写作测评的新理念和新方法 [J].外语电化教学，2004(1).

张丽.基于读写的高中英语阅读教学模式 [D].福州：福建师范大学，2013.

张新玲，曾用强.读写结合写作测试任务在大型考试中的构念效度验证 [J].解放军外国语学院学报，2009(1).

张新玲.读写结合写作任务研究综述 [J].天津外国语学院学报，2009(1).

张新玲.批判性思维培养和读写结合写作教学的接口 [J].北京第二外国语学院学报，2009 (10).

张秀芹，张倩.不同体裁读后续写对协同的影响差异研究 [J].外语界，2017(3).

郑春萍.在线自我调控学习 [M].北京：外语教学与研究出版社，2017.

朱正才.中国英语能力等级量表效度研究框架 [J].中国考试，2016(8).

朱智贤，林崇德.思维发展心理学 [M].北京：北京师范大学出版社，2002.

图书在版编目（CIP）数据

CSE对大学生思辨能力的反拨效应研究/徐海艳
著.—杭州：浙江大学出版社，2022.5
ISBN 978-7-308-22472-7

Ⅰ．①C… Ⅱ．①徐… Ⅲ．①大学生－英语－语言
能力－研究 Ⅳ．①H319.3

中国版本图书馆CIP数据核字（2022）第053083号

CSE对大学生思辨能力的反拨效应研究

徐海艳　著

责任编辑	胡　畔	
责任校对	赵　静	
封面设计	雷建军	
出版发行	浙江大学出版社	
	（杭州市天目山路148号　　邮政编码　310007）	
	（网址：http://www.zjupress.com）	
排　　版	杭州林智广告有限公司	
印　　刷	广东虎彩云印刷有限公司绍兴分公司	
开　　本	710mm×1000mm　1/16	
印　　张	17.25	
字　　数	300千	
版 印 次	2022年5月第1版　2022年5月第1次印刷	
书　　号	ISBN 978-7-308-22472-7	
定　　价	68.00元	